U0581767

服务外包蓝皮书顾问及编委会

服务外包蓝皮书

BLUE BOOK OF SERVICE OUTSOURCING

上海服务外包交易促进中心支持项目

中国服务外包产业发展报告

(2016–2017)

CHINA'S SERVICE OUTSOURCING INDUSTRY DEVELOPMENT REPORT (2016–2017)

主　编◎王晓红　张素龙　李庭辉

人民出版社

策划编辑:郑海燕
责任编辑:吴明静
封面设计:王欢欢
责任校对:吕　飞

图书在版编目(CIP)数据

中国服务外包产业发展报告.2016—2017/王晓红,张素龙,李庭辉 主编. —北京：
　人民出版社,2018.3
(服务外包蓝皮书)
ISBN 978－7－01－018639－9

Ⅰ.①中…　Ⅱ.①王…②张…③李…　Ⅲ.①服务业-对外承包-研究报告-
　中国-2016—2017　Ⅳ.①F726.9

中国版本图书馆 CIP 数据核字(2017)第 296095 号

服务外包蓝皮书

中国服务外包产业发展报告(2016—2017)

ZHONGGUO FUWU WAIBAO CHANYE FAZHAN BAOGAO(2016—2017)

王晓红　张素龙　李庭辉　主编

人民出版社 出版发行
(100706　北京市东城区隆福寺街 99 号)

北京龙之冉印务有限公司印刷　新华书店经销

2018 年 3 月第 1 版　2018 年 3 月北京第 1 次印刷
开本:710 毫米×1000 毫米 1/16　印张:21.5　插页:3
字数:340 千字

ISBN 978－7－01－018639－9　定价:85.00 元

邮购地址 100706　北京市东城区隆福寺街 99 号
人民东方图书销售中心　电话 (010)65250042　65289539

主要编撰者简介

    王晓红　中国国际经济交流中心信息部副部长、《全球化》副总编、编委会副主任，兼任上海交通大学、北京航空航天大学、福建师范大学等多所大学教授，商务部服务贸易专家委员会委员、中国藏学研究中心学术委员会委员、中新经纬特聘专家。1998 年毕业于中国社会科学院研究生院财贸经济系，获经济学博士学位。2002 年进入东北大学博士后流动站从事研究工作。长期从事国际贸易投资、服务经济等领域研究。公开发表出版学术专著及论文 300 万字。出版个人专著 5 部，其中《中国服务外包：跨越发展与整体提升》荣获 2013 年商务部"全国商务发展研究成果奖"三等奖；《中国设计：服务外包与竞争力》，荣获 2009 年商务部"全国商务发展研究成果奖"三等奖。在《人民日报》《经济日报》《光明日报》《求是》《经济学动态》《财贸经济》《改革》《国际贸易》《宏观经济研究》等权威报刊公开发表学术论文 180 余篇。主笔撰写的内参多次获得党中央、国务院有关领导的重要批示。其中《关于大力发展创新设计的建议》《当前我国外贸形势分析及对策》《推动民营企业对外直接投资的政策建议》《制造业创新设计行动纲要》（建议稿）《关于建设粤港澳大湾区创新设计圈的建议》等，先后获得习近平、李克强、张高丽、汪洋、刘延东、马凯、路甬祥等国家领导人重要批示。

主持参与国家部委、国家社科基金重大项目等课题 40 余项。作为课题主持人先后主持了工信部课题《制造业创新设计发展行动纲要研究》《我国中小企业公共服务平台需求与建设研究》，中财办课题《"十三五"时期扩大对外开放战略研究》，商务部课题《中国软件出口发展报告 2014-2015》《中国软件出口发展报告 2016-2017》，国家发改委课题《生产性服务业准入条件研究》《中国工业设计产业发展政策研究》，国家知识产权局课题《创新型工业设计企业知识产权保护的研究》等重大课题研究。承担商务部《中国国际服务外包产业"十二五"发展规划纲要》编制工作。承担国家社科基金重大项目《扩大我国服务业对外开放的路径与战略研究》（14AZD084），其中主持《服务全球化与服务外包：趋势、路径与战略选择》子课题研究。主编《服务外包蓝皮书—中国服务外包产业发展报告》《工业设计蓝皮书—中国工业设计发展报告》《设计蓝皮书—中国创新设计发展报告》《中国软件出口发展报告》《中国时尚产业蓝皮书》等。

张素龙 复旦大学高级管理人员工商管理硕士（EMBA），工程师。现任上海浦东软件园股份有限公司党委书记、总经理。中国软件行业协会常务理事、中国软件园区发展联盟首任理事长、上海市软件行业协会副会长、浦东新区软件行业协会理事长，上海对外经贸大学客座教授等。在软件和信息服务业的空间开发、集成服务与科技投资等方面具有较高的理论水平和丰富的实践经验。在浦东新区政府工作时，曾参与编制浦东新区第十个

国民经济"十五"规划，浦东新区科技发展规划、科技扶持政策等；担任浦软公司总经理以来，组织完成建设"创业苗圃＋孵化器＋加速器＋基金"的创新创业全产业链；发起"中国软件园区发展联盟"，整合全国更多国有或民营资本的软件园区资源；先后发布实施"浦软创业＋"5年行动计划及浦软"互联网＋服务"计划，聚力于打造园区科技创新、产业发展、商业融合的智慧新社区。发表有《上海浦东软件园股份有限公司连锁开发与管理模式的战略思考》等文章。

金世和 1982年至1992年大学任教期间,参与编著出版《运筹学》《现代化管理手册》、《现代化管理实务》、《管理数学》、《应用数学》、《现代化管理方法》书籍和教材，发表有关模糊数学及其应用、企业系统工程、多目标规划、影子价格的探索、投入与产出优化模型等论文数十篇。1993年起先后担任上海金桥（集团公司）和金桥出口加工区管委会研究室主任、总师室主任、总经济师以及中国服务外包研究中心副主任、上海市服务外包研究中心法人代表、常务副主任，现任中国服务贸易协会专家委员会首席服务外包专家，上海服务外包交易促进中心顾问、战略合作委员会主任。曾率中国专家组负责中国第一个援外软课题《中国援缅甸蒂洛瓦工业特区规划》的编制和特区筹建工作，期间还参与摩洛哥、吉尔吉斯斯坦、赞比亚等国家的《关于设立中国对外经贸合作区规划》编制和合作区筹建工作，曾获多项国家和地方研究成果奖。2007年起负责起草商务部《中国国际服

务外包产业"十二五"发展规划》、《中国服务外包示范园区设置标准指导意见》、《中国服务外包培训机构设置标准指导意见》、《中国服务外包指数研究》、《中国服务外包示范城市综合评价体系研究》、《国家支持服务外包发展政策解读》、《中国国际服务外包统计操作指南》等，担任《中国服务外包发展报告 2007 ～ 2012》、《中国对外投资和经济发展报告》副主编，先后担任上海、苏州、杭州、广州、长沙、福州、厦门等示范城市以及宁波、南通、洛阳等城市的《服务外包产业发展中长期规划》课题组负责人。2014 年编著《中国服务贸易与欧美主要差距分析》、《服务外包信用评价体系》、《服务外包评价体系实施细则》、《服务外包交易指数 2014》~《2016 研究报告》等，近年先后在国际商报、《全球化》杂志等公开发表。2013 年出版个人专著《中国服务外包产业研究与实践》。

　　李庭辉　中国生产力学会理事，上海生产力学会常务理事，中国服务外包研究中心顾问，经济学研究员。长期从事区域经济发展战略、产业发展和经济政策研究。曾先后任浦东改革与发展研究院金融研究室主任、上海市浦东新区综合研究所所长。主持和参加了 100 多项国家、上海市和浦东新区政府委托的重大决策咨询课题研究，包括《浦东资本市场发展战略研究》(国务院研究室委托项目)、《上海实施聚焦张江战略研究》(上海市委、市政府重大调研项目)、《促进现代服务业发展的体制机制研究》(国家发展改革为体改司委托项目)、《缅甸仰光蒂洛瓦工业特区产业规划研究》(商务部援外项目)、《上海 (浦东) 开放服务贸易系列研究》(上海市政府发展研究中心委托项目)、《浦东推进人民币金融创新拓展 CDB 功能研究》、《浦东

新区推进综合配套改革调研》、《浦东率先实现经济增长方式转变实证研究》、《长江三角洲经济一体化研究》、《浦东金融业实行混业经营操作方案研究》等。2010 年 8 月至今，任中国服务外包研究中心顾问、特邀研究员。参与了中国国际服务外包"十二五"规划前期研究、负责《中国服务外包发展报告》2010-2011、2012、2013、2014、2015、2016 年度报告编著（副主编）和《中国国际投资合作发展报告》2010、2011-2012、2013、2016 年度报告编著工作。主持和参与了厦门市、福州市、南通市、洛阳市、浦东新区等城市服务外包中长期发展战略规划工作。

沈啸强　公共管理硕士，上海浦东软件园股份有限公司外包中心经理。先后曾获"2014 年度中国服务外包行业领军人物""桐乡市互联网经济发展专家咨询委员会——特聘专家""珠海市服务外包行业协会服务外包产业专家""中国——阿拉伯国家技术转移专家咨询委员会专家委员"等荣誉，发表《软件产业园区社区建设研究》等论文。

目　录

V　国际经验篇

VI　国内案例篇

经济转型发展与科技创新驱动

（代序）

徐匡迪

当前，世界经济已经进入一个科技创新驱动的新时代，以信息技术、生物技术、能源技术、新材料技术为主导的世界新一轮技术革命和产业革命，将成为推动全球经济增长、结构调整、产业转型升级的新引擎和新动力。中国长期的发展实践也表明，依靠投资拉动、劳动力成本竞争、过度消耗资源能源的粗放型增长模式已经不可持续。"十三五"时期，我们必须走出一条依靠科技创新驱动、经济转型升级的新路子。习近平总书记指出："纵观人类发展历史，创新始终是推动一个国家、一个民族向前发展的重要力量，也是推动整个人类社会向前发展的重要力量。创新是多方面的，包括理论创新、体制创新、制度创新、人才创新等，但科技创新地位和作用十分显要。我国是一个发展中大国，目前正在大力推进经济发展方式转变和经济结构调整，正在为实现'两个一百年'奋斗目标而努力，必须把创新驱动发展战略实施好。"

一、中国实施创新驱动发展战略刻不容缓

首先，当前中国经济面临"三期叠加"带来的一系列挑战。产能过剩现象十分严重，传统产业改造任务相当繁重，水资源、土地资源、能源和其他矿产资源全面告急，环境容量严重不足。特别要看到的是，中国实现现代化意味着全球现代化人口要增加一倍，如果像西方国家那样消耗能源，不但我们自己无法承受，全球资源环境也难以承受。大量投入资源和消耗环境的经济发展方式已经难以为继，这些经济发展中的矛盾和问题都必须通过科技创新来加以解决。

其次,从发展趋势来看,中国经济转型升级已经成为常态。一是2010—2014年中国投资增长率总体呈现下降趋势;二是中国已经逐步进入"刘易斯拐点",低廉劳动力的无限供给基本结束,劳动人口呈现递减趋势,劳动力成本上升,依靠低价劳动力成本的竞争已经难以为继。

最后,中国在科技创新方面还落后于美国、欧洲等发达国家和地区。毋庸置疑,新中国成立以来,中国在科技创新方面已经取得了骄人成绩,神舟飞船上天、嫦娥探月、"蛟龙号"潜海、银河大型计算机等重大领域的科技创新,都向世界昭示了我们的综合国力,但我们必须看到差距。改革开放之初,"三来一补"带来的只是一般技术,但现阶段中国需要的是高端技术、关键技术。

二、网络技术、大数据将成为未来科技创新的驱动力

(一)网络技术将使传统产业发生革命性变革

网络经济对传统产业影响的六大模式为:一是面向消费者模式,也就是所谓的B2C模式,美国Dell公司在这方面做得很成功;二是整合供应链模式,整合供应商上游管理,如海尔的供应商管理;三是中介模式,如阿里巴巴为买方卖方搭桥,把"广交会"开到了互联网上;四是全面服务模式,整体服务流程转型到互联网上,如携程取代了传统的旅行社模式,招商银行以高度信息化的网银在线提供理财服务等;五是内容提供模式,如华尔街日报、彭博咨询等;六是整体网络化模式,美国加利福尼亚的思科和高通可以称得上是这种模式的经典案例。

1.网络技术使制造业三大要素融为一体

未来网络技术的应用将使制造业的三大要素融为一体。一是智能机器网络,即以新的方式将无数的机器、设备、设施群和工业网络,与先进的传感器、控制装置和应用软件相连;二是先进分析工具,即运用物理分析法、预算法和自动控制技术以及材料、电气工程等方面的精深专业知识,分析机器和大型系统的运行情况,以改进机器性能,并提高机器系统与网络的效率;三是工作人员随时随地互联互通,支持更加智能的设计、操作和维护,更加优质的服务和更高水平的安全。

网络技术将有效地提高工业生产效率。据估算,在美国能够直接应用网络

技术创新的行业,经济产值达 323 万亿美元以上。预计到 2025 年,网络技术将应用于全球近一半的经济产出中(约 82 万亿美元)。据预测,如果工业应用网络技术能使生产率年增长 1%—1.5%,未来 20 年美国的平均收益将比现在提高 25%—40%;如果世界其他地区的生产率增速达到美国的一半,未来 20 年全球 GDP 将增加 10 万亿—15 万亿美元。

网络技术在航空部门有着巨大应用潜力。比如,GE 航空发动机从单纯制造向服务业转化,大约有 2 万架商用飞机依靠 4.3 万台 GE 喷气式发动机运行,其中每台发动机包含 3 件能单独测量并监控的部件,诸如压缩机、燃气轮机、涡轮叶片等"旋转设备",若能实现"智能飞机"在航行运转中与驾驶员交流,将在引擎维护、燃油消耗等方面大大提高效率。GE 航空发动机正在从智能制造向适时服务转化,GE 公司计划把计算机科学家和软件研发人员的数量增加到 400 人,并在 2015 年之前向网络研发中心注入 10 亿美元资金,这个项目会给实体工业带来前所未有的数字智能化。全球燃气发电机组的效率每提高 1%,就能节省燃料消费 660 亿美元,GE 计划把传感器安装到所有设备上,不管燃气轮机还是医院病床,以及公司所有的制造领域内,估计这样的机会可能带来 1500 亿美元价值。

First Wind 公司是美国最大的风电公司,拥有和经营着 16 个风力场,该公司对 GE 生产的风力涡轮机进行了试验性升级,安装了更多的传感器、控制器和优化软件。新的传感器可以测量温度、风速、叶片的位置和螺距,能搜集的数据量是过去的 3—5 倍。这些数据经由 GE 的软件和网络中心进行搜集与分析,可以对每一个涡轮机的运行进行调整、提高效率。目前,升级两个风力场的 123 台涡轮机已经增加了 3% 的输出,相当于每台涡轮机一年可以多生产 12 万度电,这两个风力场的年收入将增加 120 万美元。

中国也利用网络技术提供产品运行的监测服务。如,在矿山安全方面,过去着重监测瓦斯和渗水,现在山西省已扩展到监测矿山井下生产全过程,包括通风量、温度、湿度、下井人数等,并与产量和运输量、耗电量对应。监测系统的维护与数据收集、挖掘等实施外包管理,大大降低了煤矿事故率,整个监测系统由服务公司承建,收取外包费 0.1 元/吨煤。另外,在大型设备在线监测及故障诊断系统领域也有应用。如,陕鼓动力集团为 215 家用户的 1224 台电厂鼓风机组服务，年收入 20 亿元，占公司收入 1/3，将过去销售设备的一次性收入扩展为长期售后服务支持。

2. 智能制造将引领第三次工业革命

从图 1 我们可以看出人类科技创新与工业化发展的演进历程与阶段。2010 年德国提出工业 4.0 计划，将物联网和服务应用与制造业相联。他们认为，工业 1.0 时期（始于 18 世纪）是机械生产代替了手工劳动，经济社会从以农业、手工业转型到了以工业及机械制造带动经济发展的模式；工业 2.0 时期（20 世纪初期），工业形成生产线，通过零部件生产与产品装配的成功分离，开创了产品大规模批量生产的新模式；工业 3.0 时期（20 世纪 70 年代以后），随着电子工程和信息技术应用到工业过程，实现了生产过程高度自动化，工业机器人逐步替代人工作业；工业 4.0 时期（未来 10 年），将通过网络技术来决定生产制造过程，实现"工厂的智能化制造"。

在工业 4.0 时代，生产就是信息处理过程。在智能工厂中，接到客户订单后的一瞬间，工厂就会立即自动地向原材料供应商采购原材料，原材料到货后将被赋予数据，"这是给 XX 客户生产的 YY 产品 ZZ 工艺中的原材料"。准确来说，并不是"赋予"原材料信息，而是智能工厂使用了含有信息的"原材料"。在生产过程中，原材料一旦被错误配送到其他生产线，它就会与生产设备开展"对话"，返回属于自己的正确生产线。即便是原材料嵌入到产品之后，由于它还保存着路径流程信息，将会很容易实现追踪溯源。这个过程将整个生产制造环节进行信息化的汇总管理，制造过程本身就是一直在处理信息。

3. 网络技术使电子商务异军突起

电子商务是商业领域的根本性革命，它是以电子信息技术为手段，把原来传统的销售、购物渠道移到互联网上，买卖双方不谋面地进行各种商业和贸易活动。电子商务目前包含 B2B、B2C、C2C 三种主流模式，与生产性服务业相关联的电子商务则主要是 B2B 和 B2C 两种基本模式。

目前，中国网络零售市场增长速度是全球最高的，正成为全球最大的网上零售市场，未来几年网络零售将迎来发展井喷期。过去六年中，中国网络零售总额增长了 49 倍，占社会商品零售总额的比重提升了 21 倍。网民的购物覆盖率已经达到 42%，有将近两亿网购人群，超过了英、法、德三国总人口。

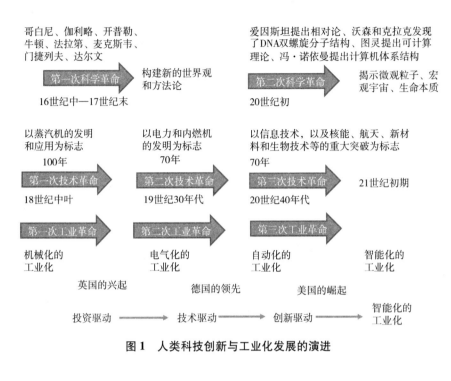

图1 人类科技创新与工业化发展的演进

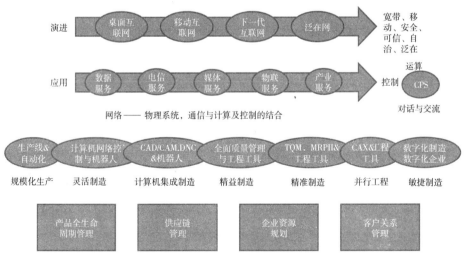

图2 网络应用于智能制造

资料来源:邬贺铨:中国工程院咨询报告《信息化与新产业革命》,2014年8月(图1—图2)。

2012年,仅阿里巴巴旗下的淘宝和天猫就实现了一万亿元的销售目标,淘宝无线累计访问用户突破3亿,年度支付宝交易峰值9.4亿元,无线客户端的交易额是 2011 年的 6.6 倍。阿里巴巴于 2009 年开始推出"双 11"促销活动,2012年突破 250 亿元,是美国"网络星期一"销量的两倍,有 2 亿多网民登录天猫和淘宝参加这一购物狂欢活动,带来 1.06 亿张订单;2013 年,天猫"双 11"交易额突破 1 亿只用了 55 秒,当天大猫支付宝总交易额达 350.19 亿;2014 年,"双 11"交易额突破 571 亿元,其中移动交易额 243 亿元,占比 42.6%,物流订单达 2.78亿个。2012 年,腾讯电商旗下易迅网累计订单金额突破 68 亿元,订单数量超过1200 万,会员数量达 350 万,是 2011 年的三倍;2013 年,易迅网的销售额达到200 亿元。京东商城已经基本覆盖所有移动终端平台,京东音乐、京东电子书、京东云盘、京东应用商店等客户端也纷纷上线。

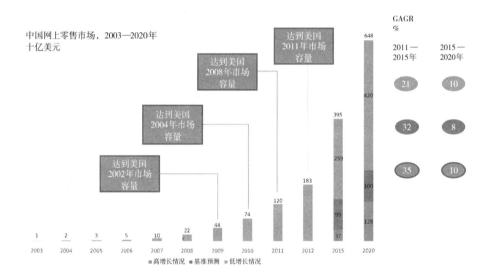

图 3 2003—2020 年中国网上零售市场增长情况

在线消费提升了中国整体消费规模,尤其对欠发达地区消费的影响更为明显,四线城市消费者的在线消费份额最高。目前,服装、娱乐及教育、家庭设备用品,是最大的网络零售商品品类。

4.网络化物流是电子商务的交易手段与保证

现代物流促进了电子商务发展,同时又是电子商务发展的瓶颈之一。在电子商务的影响下,现代物流理论更加系统化,包括商流、物流的分离,物流供应链理论的不断完善,以及物流的"第三方利润源"等。传统物流配送需要很多、很大的仓库,而电子商务的网络化和虚拟化使物流企业将各地的仓库在网上相联,形成一个网络配送服务体系。

发展电子商务要求物流过程实现信息化、网络化,使物流技术逐步趋于标准化、自动化和智能化。如,航运业开发出基于4PL(第四方物流)模式下的集装箱拖车电子商务平台。缩短船舶在港时间、提高装卸效率,最直接的因素就是码头前沿装卸设备岸桥的工作效率提高,而拖车的高效作业是码头前沿岸桥高效装卸实现的后方保障,并成为制约港口服务效率提高的重要一环。按照货通网络提出的价值和业绩、供应链能力的矩阵模式,4PL是在3PL供应链整合基础上的新发展模式,重点从电子商务方面提供相应的解决方案,是虚拟供应链上的集成服务。网络技术使物流业的发展呈现出以下趋势。

第一个趋势是物流业的规模迅速扩大、信息化水平迅速提升。2009年中国快递业的接件量是18.6亿件,2010年为24亿件,2011年为36.7亿件,2011年快递业务收入为758亿元。目前,中国已有京东、苏宁易购、凡客、亚马逊、易迅等几家电商企业自建物流体系。

第二个趋势是社会化电子商务(Social),如Facebook、Twitter等。把这个现象上升到理论的高度来看,基于社会资本理论,社会化媒体集中了"集体的智慧",其影响力大大超过传统媒体。据互联网调查,有超过70%的互联网用户相信来自其他消费者的推荐,而不是商家广告。保洁公司的"Pampers"品牌,用Facebook店创下了每小时1000笔交易的记录,这是"朋友影响朋友"社会化电子商务的成功案例。凡客的粉丝团通过微博促进网上销售、扩大品牌影响力,使得销售额从7亿元增长到20亿元。曲美家具三周时间通过团购活动实现销售超过1.3万套家具的成交量,成为家具业电子商务的佳话。

第三个趋势是本地商务(Local)。最明显的代表是美国2012年最火的Group on,还有Facebook Places、Google等互联网大鳄,以及Living Social、Open Table等新公司,这些都是本地服务的典型代表。基于位置的服务(Location-Based Service,简称LBS)一定会展示出新兴移动技术带来的革命。在汽车行业,马自达与Facebook合作,设计了一种"签到"服务(Facebook Deal),用户通过移动终端到达马自达的4S店,并且通过Facebook Deal签到,就可以8折优惠购买一辆跑车。Nissan、IBM、Intel、Dell等品牌通过虚拟社区Second Life进行产品推广，与游戏和虚拟社区结合在一起。

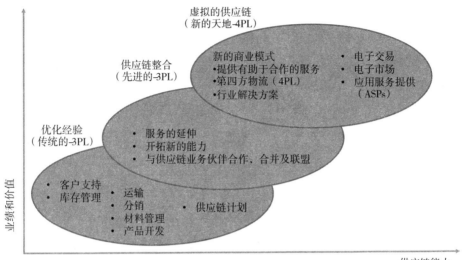

图4 从业绩、价值、供应链能力对4PL的理解

5. 网络金融改变传统金融业态

电子商务通过网络渗入金融，正在改变传统的金融业态。互联网金融的发展，尤其为解决广大中、小、微企业的融资服务带来根本变革。目前，电商企业涉足的金融业务主要分为三种类型。

一是运用小微企业在电商平台的运营数据为企业提供信贷、担保服务。阿里巴巴在网络平台上的小卖家，依据自身的各项运营数据就能获得贷款。阿里巴巴三年来累计为22.7万家店铺提供了贷款，达700亿元人民币。

二是面向个人用户的金融理财产品和信用支付服务。支付宝联合基金公司推出余额宝业务，为网购群体打通了低门槛购买基金理财的渠道，在一元钱起买、随时可赎回的业务运营创新带动下，上线18天余额宝用户数就突破250万，成为国内用户规模最大的货币基金。

三是专门面向网络经济的金融服务。由阿里巴巴、中国平安、腾讯等公司联手设立的众安在线财产保险股份有限公司，将进行专业网络财产保险公司试点，给互联网平台、电子商务商家、网络购物消费者等提供服务。阿里巴巴平台上76%的小微企业融资需求在50万元以下，目前已服务过的22万户网商中，单个客户的货款金额平均仅为 6 万多元。国家一直鼓励银行扶持中小企业,但中小企业没有不动产、只有货物,无法获得银行贷款,而京东则通过大数据分析可以知道这些货物值多少钱、能不能卖出去。电商创新金融业的共同点是,从放贷到风险防控都通过互联网技术解决。目前,阿里金融的员工约 300 人,其中技术开发人员、数据分析人员分别约有 100 人,他们根据店铺运营状况、个人消费情况等数据分析,三年来累计为 20 多万家企业提供"7×24 小时"的不间断服务,这是传统金融业难以做到的。互联网金融正在改变和形成新的理财习惯,让随时随地的"碎片化理财"成为可能。

(二)大数据与云计算成为未来网络经济的巨大商机

数据就是 21 世纪的石油。2012 年 3 月,美国奥巴马政府宣布"大数据的研究和发展计划",涉及美国六个联邦政府部门,承诺首期投资超过两亿美元。大数据的应用可使美国制造业的产品开发和组装成本降低 50%,使零售业净利润增长 60%。2013 年 2 月,中国科技部公布的 973 计划中,信息科学领域的重要支持方向之一即为大数据计算的基础研究。京东商城正在投入巨资研发一项大数据应用,将使电商物流从过去的多次移动简化到两次移动(工厂—配送中心—用户),甚至一次移动(工厂—用户),将物流成本控制在销售额的 6% 左右。淘宝网每天的活跃数据量已经超过 50 万亿字节,这是一个巨大的金矿。美国认为业务分析可以改变企业命运,与大数据分析相关的市场需求量将从 2010 年的 5.7 亿美元增长到 2020 年的超千亿美元。

大数据分析可广泛应用于金融、保险、商贸等各个领域。这里举一个基于大数据分析提供农业保险服务的案例。一位 Google 的前雇员创办了 Climate 公司,从美国气象局等数据库中获得了美国各地几十年的降雨、气温和土壤状况及历年农作物产量的数据,做成精密的图表,从而预测任意一家农场下一年的产量,向农户出售个性化保险,如果出现未能预测的恶劣天气损坏庄稼,该公司将及时赔付,获得农户欢迎,并取得巨额利润,目前该公司已被 Google 高价收购。

目前,针对大数据及云计算的应用,欧盟正在设立"隐私保护"标准供各国效仿,而美国更多地强调倾向于企业利益的行业自我调节。从一些欧洲立法者的观点来看,美国代表似乎更关心保护企业,而不是消费者,美国的全部努力可

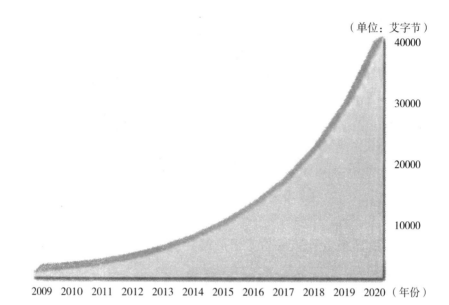

（单位：艾字节）

图5 未来全球数据总量的预测

资料来源：IDC's Digital University Study，spon sored by EMC，December 2012.

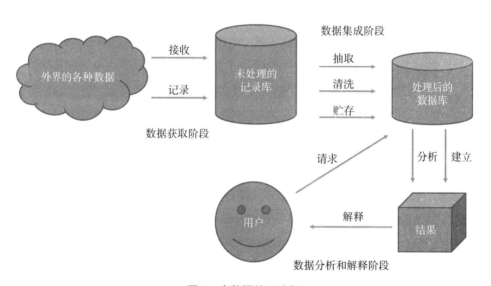

图6 大数据处理流程

能产生事与愿违的结果，从而使一些欧洲官员制定更广泛的措施。欧洲议会议员菲利普·阿尔布雷克特（Jan Philipp Albrecht）表示："我的理解是美国商会和商务部基本上只是在满足硅谷的利益，可以这样说，这将给欧洲的监管机构带来沉重的压力。"美国则认为，欧盟的一些条款对美国官员和贸易集团来说似乎太严格，美国代表指出美国的方式适用于依行业而定的隐私法，可以使行业自我调节更灵活一些。美国众议员约翰·克里（John Kerry）表示："我们希望欧洲能更多地制定针对多个利益相关者的标准，而不是生硬的和落后于互联网发展速度的标准。"

云计算是颠覆性的技术。2011 年 2 月，美国政府宣布了"云优先"（Cloud First）政策，规定所有新建的政府信息系统，必须优先考虑云平台。美国政府 IT 预算的 25%（200 亿美元）将用于云计算应用上。到 2015 年，虽然共有云市场仍然仅占全球 5%—10% 的企业 IT 支出，但它会改变大多数企业的 IT 消费观念。未来共有云的主要应用范围为：云计算"原生"应用，特别是构架在 LaaS 云环境下的应用；电子商务托管应用，面向互联网的电子化应用，如电子商务、SaaS 和电子市场（E-marketing）。企业云的主要应用范围为：通用商业应用，基于高可靠性的基础架构，但不是关键应用；核心商业应用，复杂性高、数据敏感，通常是关键应用。

三、结　语

综上所述，促进网络经济健康发展是中国传统制造业、商业、金融业创新与转型的重要途径；网络经济对工业的渗入，使制造业与服务业高度融合，是传统工业、社会服务业转型升级的重要手段；电子商务与现代物流是现代服务业的主要发展趋势，随着网络技术进步，电商在中国还有很大发展潜力；互联网金融正在改变传统的金融业态，解决小微企业信贷与风险防范是互联网金融健康发展的关键；大数据和云计算的到来，将开启网络经济的新时代。因此，中国必须牢牢把握这次新技术革命带来的机遇，顺势而上，以科技创新驱动，打造中国经济升级版；以提高人民消费水平和生活质量为目标，全面提升经济发展质量。

I 总 报 告

服务外包:推动服务全球化和价值链高端跃升

王晓红①

本文从理论层面阐述了服务外包已经成为推动新时期服务全球化与价值链攀升的重要动力和引擎。并从这一维度出发,分析了全球离岸外包加速发展、研发创新加速、服务外包市场深度融合等特征及数字经济时期发展的新趋势。分析了中国服务外包成为推动服务贸易增长和产业向价值链高端跃升的主要引擎,提出了以创新驱动战略为引领,全面提升中国服务外包国际竞争力的战略思路。

一、服务外包:理论演进与创新

进入 21 世纪以来,互联网信息技术高速发展,推动了服务的生产、消费和资源要素在全球范围内高效配置,加速了各国间产业的相互渗透、相互融合、相互依存,带动了服务外包、服务贸易增长和服务业态创新,有力地支撑了服务全球化持续发展。服务贸易成为拉动全球贸易增长的主要动力,2013—2016 年期间全球服务贸易平均增长率高于货物贸易,其主要因素是服务外包的快速发展。服务外包通过互联网信息技术使服务消费与生产在地理空间上分离并产生跨境流动,使服务产品变得可储存、可传输、可贸易,由此加速了服务在全球范围流动,提高了各国服务贸易参与度和服务贸易效率,丰富了服务贸易业态多样性,成为全球服务贸易发展的主导方式。与此同时,服务外包已经成为发展中国家

---

① 王晓红:中国国际经济交流中心信息部副部长、教授。

和新兴经济体承接国际服务业转移的主要方式和发展国内现代服务业的主要路径。随着大数据、物联网、移动互联网、云计算等新一代信息技术广泛应用，以及全球贸易投资自由化、便利化的深化发展，将带来服务外包产业的进一步繁荣发展，服务外包将继续成为推动服务全球化及全球价值链攀升的重要引擎。

近年来，随着国内外学者们对服务全球化、服务外包、全球价值链问题的广泛关注，其创新性研究探索也在不断涌现。江小涓（2008a，2008b）在提出服务全球化、国际服务外包的定义时指出，服务全球化即服务的生产、消费和相关生产要素的配置跨越国界，形成一体化的国际网络，各国服务业相互渗透、融合和依存，国际化的服务供给和消费不断增加。国际服务外包是服务全球化的一种特殊形式，即企业签订境外供应合约完成过去在内部进行的服务活动。信息技术的发展使各种与信息生产相关的服务可以低成本、远距离提供，由此产生劳动力"虚拟跨境流动"[1]，降低了距离、成本差异和各国移民政策等因素对劳动力的限制，因此服务外包的大量出现加速了服务全球化。并指出，服务外包的经济行为直接或间接地促进了发展中国家融入服务全球化时代，在利用新兴技术促进国内服务外包转型升级的同时，利用服务外包积极融入全球价值链体系，促使国内产业升级，从而加快服务全球化进程。王晓红（2008、2012、2014）研究认为，中国通过承接国际服务外包获得明显的结构升级效应。通过对80家国内设计公司的问卷调查得出结论，承接国际服务外包加快了本土企业规模化、品牌化、国际化发展并推动价值链不断向高端攀升，具有显著的技术外溢效应；通过对中国西部五个城市的调研得出结论，服务外包已经成为推动中西部地区开放型经济水平的重要突破口。并指出，随着全球一体化生产服务体系逐渐形成，经济全球化已经进入以服务为主导的"全球价值链"时代，服务外包不仅是服务全球化的重要标志，而且是跨国公司全球价值链分解、协作、重构的重要载体。王子先（2014a，2014b）研究认为，随着国际分工和贸易边界拓展，跨国公司价值链向全球延伸，世界经济开始进入全球价值链时代，全球价值链体系也已由制造主导向服务主导转变。服务外包则是全球价值链的核心环节和关键点，为全球价值链

---

① 参见江小涓等：《服务全球化与服务外包：现状、趋势及理论分析》，人民出版社2008年版，第33页。

深度分解提供了可能性和前提条件,并成为全球价值链分解、优化重组与治理的重要途径和企业更有效整合全球资源、培育国际竞争新优势的战略举措。服务外包网络是跨国公司全球生产服务体系及其供应链的重要组成部分。并指出了当前全球离岸服务外包已经不满足于降低成本和提高效率,而是通过离岸转移技术资源开发新产品,通过流程重组分解外包高端知识流程,呈现出向高端化、多元化转型的趋势特征。黄烨菁、权衡和黎晓寅(2014)以印度为例,提出印度IT产业依托接包形成的外向型发展道路对国际价值链的分工与组织方式的创新形成了积极的推动力。巴格瓦蒂(Bhagwati)等(2003)认为,服务外包规模的扩大会推动外包输出国生产力的发展和经济效益提升,从而对整体经济的发展产生有利影响。穆罕默德(IR Mohammed)(2013)认为,服务外包促使企业创造更大价值来促进外包价值链升级。米尔伯格(Milberg W S)和温克勒(Winkler D)(2013)认为,全球价值链的发展不仅重组了全球经济,而且加快了发展中国家产业结构的调整,并为发展中国家参与国际分工提供了更多机会。

服务外包成为推动服务全球化与价值链攀升的主要动力,其主要作用体现在以下方面。

第一,加速服务要素全球流动,促进服务资源优化配置。服务外包通过互联网信息技术使服务发包方的搜寻范围扩展到全球,服务提供商在国内或国外都可提供跨境服务,推动了服务人才、技术、资本、信息、物流等要素的全球流动。服务外包通过打破传统资源配置的方式,改变服务要素的成本和报酬,推动服务要素的全球流动和资源优化配置。实现国家和地区之间的服务资源禀赋差异、服务成本差异、服务模式差异和组织方式差异的合理组合,不仅使发包国能够以最快捷的方式组合获取全球服务业资源,也使接包国以最快的速度创造新的经济增长点。对于发包国企业而言,通过充分利用接包国物美价廉的人力资本、创新资源及其他生产要素,形成了国内与国际服务要素资源的有机组合与匹配,有效降低了企业人力、物流、土地、环境、能源、创新等成本,提升创新能力与创新效率、服务质量与服务效率,并迅速融入东道国市场与文化,实现企业全球利润空间的增长。对于接包国企业而言,通过承接国际服务外包能够充分利用本国服务资源要素的比较优势,推动服务出口和服务走出去,在与发包国共享全球服务市场、服务资源、信息资源和新技术、新业态、新模式、新的管理方式的同时,快速扩大全球服务市场,推动服务业国际化进程。

第二,加速全球价值链分解、重构与优化,促进产业生态链体系形成。价值链治理的概念首次被格雷菲(Gereffi)提出,用来描述价值链上的权力分配关系。服务外包在信息技术与全球服务要素优化配置的共同作用下,使全球价值链发生深度分解,加速形成新的全球服务网络体系。一是拥有核心技术、先进理念的大型服务企业占据全球价值链高端,价值链上的增值节点,尤其是高附加值节点的数量上升;而在发包企业下依附着大部分位于价值链中低端、从事较低附加值业务的接包企业,形成了共生共享、共存共荣的完整的全球产业链和价值链生态体系。据统计,2014 年全球前十名的服务外包公司均位于全球价值链高端,以从事管理咨询、解决方案、专业服务等高端业务为主。二是跨国公司作为全球价值链治理的主导者,以外包合同为纽带,在全球价值链不同环节聚集各类上下游合作伙伴,推动了全球价值链由制造主导向服务主导转变。如戴尔、惠普、IBM 等一批制造型跨国公司转变为服务型制造企业,同时又不断释放外包服务,带动了中小服务提供商发展。三是全球市场竞争促进了全球创新加速和服务专业化发展,许多原来由单个企业独立完成的研发、设计、物流等服务逐渐通过外包方式由 N 个企业完成,形成了企业价值链在全球范围内分解和重构,由此提升了全球产业链的附加值。如制药企业外包网络不仅促使医药产业价值链深度分解,而且成为提升企业能力的重要手段和跨国公司的战略资源。杨丹辉(2012)研究指出,目前近50%的制药公司外包业务,而在 20 世纪 90 年代这一比重仅为5%,许多制药企业与专业技术公司、供应商之间建立了外包关系,实现了研发创新资源共享。四是随着服务外包企业的转型升级、服务外包领域广泛拓展、服务外包模式不断创新,促使全球价值链发生结构性变化,产生不断升级效应,使全球价值链不断优化。

第三,成为优化全球创新链,推动创新全球化的重要途径。一是服务外包为研发全球化提供了渠道,优化了全球创新链体系。跨国公司为了适应日新月异的新技术革命和新产业革命发展的要求,加快创新速度、提高创新效率、降低创新成本和风险,开展全球创新战略和资源布局,越来越多地将研发、设计外包给第三方服务提供商,并建立长期稳定的合作伙伴关系,在客观上推动了全球创新提速、专业化研发设计服务企业加快发展及众包、众创、众筹等新型业态的不断涌现。二是众包模式的产生使传统封闭式创新改变成开放平台式创新,推动了创新全球化深入发展。随着大数据、云计算、物联网、移动互联网等新一代信息技术的广泛应用,研发设计全球化的趋势不断增强,在外包模式上出现了"众包"等方式。众包通过互联网平台将外包细分,在全球范围内寻找最专业的个人或团队来完成,提高了创新效率。如宝洁公司利用全球数以万计的工程师、科学家为其研发产品,源源不断地提供新技术服务;苹果的软件数量有 90 多万个,其中 70 多万个采用众包模式,内部仅开发 20 多万个。三是众包平台提高了大众对创新的贡献度和参与度,使每一个人都可以成为创新者。如许多企业采用搭建互联网平台的方式向消费者征集创意设计方案等。由于众包具有专注于特定领域、节省长期雇佣成本、提高人力资本利用率、防范创新风险等优势,日益成为大型外包企业广泛应用的一种新模式。许多跨国公司开始逐步减少长期型、大额服务外包合同,将其拆分为多种类型、小额外包分包给众多企业和个人。据2012 年高德纳咨询公司(Gartner)对众包的成熟度、接受度及未来趋势评估结果表明,众包在未来 10 年内将处于膨胀期。

第四,推动发展中国家产业结构加速演进,实现工业化向服务化跨越。服务外包提高了各国参与全球分工的可能性,也为落后国家带来了产业结构快速升级、经济跨越式发展的历史机遇。一是服务外包促进后发国家参与服务业为主导的全球价值链分工体系,加快实现由农业化、工业化时代转向服务经济时代的跃升。如印度、爱尔兰、菲律宾等国家通过承接国际服务外包打破了"农业—工业—服务业"的传统升级路径,加速了信息化、现代化和服务化进程,缩短了在全球价值链分工体系中由低端迈向中高端的过程。印度通过承接国际软件外包成为世界软件和信息服务业强国,斯里兰卡、肯尼亚、越南等国家也通过承接服务外包加速了新型工业化和信息化发展。二是后发国家通过承接服务外包增加了高技术含量的工作岗位,带动了本国高端服务业发展。如 2015 财年印度服务外包创造直接就业岗位 370 万个、间接就业岗位超过 1000 万个,2014 年爱尔兰软件外包业创造直接就业 10.5 万人,2014 年菲律宾服务外包从业人员达到 100万人,2010—2014 年期间年均增速 20%。三是通过学习效应和外溢效应带动本国产业升级。后发国家通过承接服务外包,可以学习借鉴发达国家先进技术和先进管理方式,获得扩大国内高端人才就业、提升人力资本素质以及提升服务价格、提高服务质量、创新服务模式等多重外溢效应，从而培育本土服务提供商加速成长，促进本国服务国际化水平的提升。

二、全球服务外包：主要特点与发展趋势

金融危机以来，全球经济复苏缓慢、治理重构、政局不稳、金融动荡、汇率波动以及逆全球化思潮带来贸易保护主义加剧等因素，都导致全球贸易增速处于艰难困境之中。受其大环境的影响，全球服务外包增速有所放缓。尤其是美欧发达国家为了改善经济增长和就业困境，通过新的税收政策和政治手段来减少中国等新兴市场国家承接本国的外包业务，并颁布相应的就业法案来阻止本国企业将就业机会转移给离岸外包服务商，从而导致2016年部分离岸外包业务的延缓发包。但是，这些因素并没有改变全球服务外包持续稳定增长、价值链高端攀升的总体态势。

（一）全球服务外包平稳增长，离岸外包加速推动服务全球化发展

2009年受金融危机影响全球服务外包进入低谷，2011年开始稳步回升。据IDC数据，2014年全球服务外包市场规模同比增长5.4%，这一表现优于当年全球GDP增速2.6%和贸易增速3.4%的水平[①]。2016年全球IT服务、业务流程外包和研发设计三大项服务支出合计约18006.2亿美元，较2015年增长5.1%；其中IT服务支出9439.5亿美元，较2015年增长4.2%，占比52.4%；BPO服务支出4861.4亿美元，较2015年增长5.8%，占比27.0%；研发设计（R&D）支出3705.3亿美元，较2015年增长6.9%，占比20.6%。

离岸外包的快速发展反映出服务全球化加速的态势。2012—2015年离岸外包的增速均高于同期货物贸易、服务贸易和服务外包增速。2011—2015年期间全球服务外包市场复合增长率达到5.4%；全球离岸服务外包市场复合增长率达到18%，其中ITO、BPO、R&D三大领域复合增长率分别为16%、17.9%、

---

① 这里全球GDP增速2.6%采用世界银行数据。全球贸易增速3.4%采用国际货币基金组织数据，包括货物贸易和服务贸易。

22.2%。2015 年全球离岸服务外包市场规模为 1989.1 亿美元,同比增长 18%（见表 1-1、图 1-1）。2016 年全球离岸服务外包市场规模为 2697.7 亿美元,较 2015 年增长 15.0%。

表 1-1　全球 GDP、货物贸易、服务贸易、服务外包增速比较　　（单位:%）

	2011	2012	2013	2014	2015
GDP	2.8	2.3	2.4	2.6	2.4
货物贸易	19.6	1	2	0.3	−12.8
服务贸易	11.8	2.6	6.1	5.6	−6
服务外包	5	5	4.8	5.4	5.4 （2011—2015）
离岸外包	14	18.6	17.9	8.6	18 （2011—2015）

注:根据世界银行、UNCTAD、IDC 统计数据整理①。

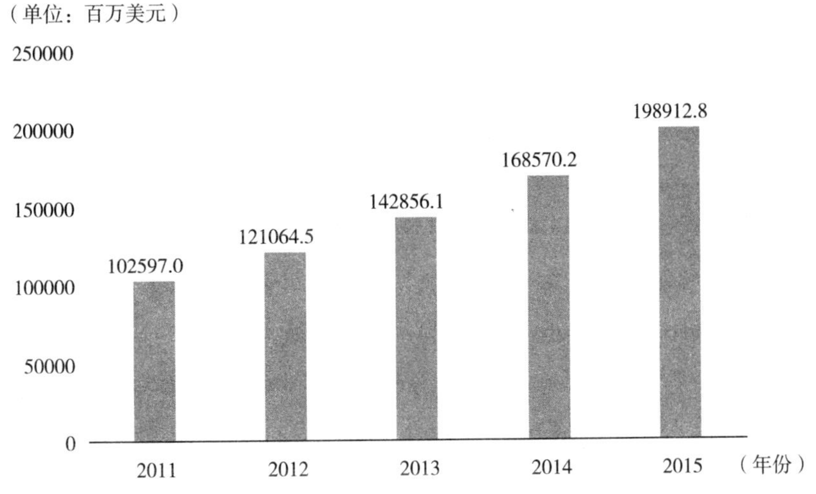

（单位: 百万美元）

图 1-1　2011—2015 年全球离岸服务外包市场规模

数据来源:IDC 2016 年统计数据。

————————

　　① 表 1-1 中全球 GDP 增速均采用世界银行数据,全球货物贸易和服务贸易增速均采用 UNCTAD 数据,服务外包和离岸服务外包均采用 IDC 数据。

（二）研发服务外包比重明显上升，服务外包价值链向高端攀升

从服务外包三大业务领域来看，2014年全球信息技术外包（ITO）、业务流程外包（BPO）、研发服务外包（R&D）市场规模分别为7416.1亿美元、3723亿美元、2559.3亿美元，占比分别为54.1%、27.2%、18.7%，同比增速分别为4.3%、5.6%、8.2%。2014年全球离岸外包ITO、BPO、R&D市场规模分别为899亿美元、397亿美元、533.8亿美元，占比分别为49.1%、21.7%、29.2%，同比增速分别为5.1%、4.5%、18.6%，分别相当于2013年（ITO为855亿美元、BPO为380亿美元、R&D为449.9亿美元）的1.1倍、1.1倍、1.2倍。

从细分市场来看，近年来科技含量高、附加价值高的信息技术和业务流程外包业务发展较快并日趋成熟，软件研发服务、企业业务流程设计、产品研发设计、生物医药研发等价值链高端业务日渐成为主要外包业务。发包行业除制造业外，金融、电信、能源、交通、医疗保健等现代服务业和新兴产业都成为主要外包领域。以云计算、智能化、数字化为依托的解决方案、数据分析挖掘等高端服务正在快速发展。尤其是受全球石油价格低迷影响，能源企业为降低成本外包明显上升。

可以看出，信息技术外包长期占主导地位的态势虽未改变，但增速下降；业务流程和研发外包呈快速上升趋势，尤其是在离岸外包中，R&D外包增速分别高出ITO和BPO增速13.5和14.1个百分点。一方面表明，在新一轮产业革命驱动下，研发全球化和创新全球化十分活跃，在创新模式上研发外包化的趋势越来越强烈；另一方面表明，研发外包的快速发展将有力地推动全球创新发展。同时在服务全球化驱动下，服务专业化、信息化、国际化趋势越来越突出，带动了物流、金融、人力资源、培训、呼叫中心等业务流程外包不断增长。

（三）全球服务外包市场融合度增强，相互依存度提高

美、欧、日作为主要发包国，发包总额占全球离岸外包总额的80%以上。2016年美国、西欧、日本的离岸发包额分别占全球离岸外包总额的58%、19%、11%。印度、中国作为主要接包国，2016年承接离岸外包分别占全球离岸外包市场总额的43.4%和15.9%。服务外包导致发达国家与欠发达国家、区域内与区域外的市场融合度、依存度不断提高，加快了区域经济一体化进程。目前依据

地缘、语言、文化相似性等优势，在全球已形成三大区域：美洲市场（Americas），欧洲、中东和非洲市场（EMEA，Europe，the Middle East and Africa）和亚太市场（Asia Pacific）①。由于发包国家通常将地缘相近、政治风险、政府支持、综合成本、人才规模和质量、信息安全、市场潜力、营商环境、文化包容等方面作为目的地国家的主要考量因素，三大区域市场中发包国与接包国的相互融合、相互渗透、相互依存程度越来越高，推动了全球服务外包市场融合发展。

1. 以美国、加拿大为发包方的美洲地区发包市场需求持续增长，印度、中国、马来西亚、菲律宾等亚洲国家及墨西哥等近岸拉美国家成为主要目的地

美国作为最大发包国通过不断拓展全球服务外包市场始终占据全球服务贸易的霸主地位。2015 年美国的离岸服务外包规模为 1193.5 亿美元，占全球离岸外包市场规模 60%左右；其中 2015 年美国软件发包规模占全球市场的55.3%，软件市场总收入 966 亿美元，占全球软件市场总额的 29.2%。2015—2020 年美国软件市场的预期复合年均增长率为 7.6%，预计 2020 年美国软件市场规模将达 1394 亿美元。亚洲国家具有人才素质高、成本较低等优势。印度是美国离岸的最大目的地，印度 2015 年 IT-BPM 离岸外包收入为 1080 亿美元，增长 10.3%；其中美国和英国业务占离岸外包市场近 80%的份额。菲律宾服务外包业务主要来自美国，其中呼叫中心成为发展最快的领域。拉美发展中国家在承接北美外包业务方面具有地缘与人文优势。根据科尔尼全球服务外包目的地指数（2014 年），墨西哥在全球 51 个发包目的地国家排名中列第 4 位、拉美地区列第 1 位，美国是墨西哥最大的发包国。秘鲁、巴西等国也积极发展业务流程外包，其中秘鲁成为 2015 年全球第 5 大 BPO 市场，巴西从第 18 名上升至第 8 名。

2. 欧洲、中东和非洲地区服务外包市场增长强劲，且大规模交易增多

欧洲市场以"近岸转移"为主，发包和接包主要在本地区完成。近年来，一些欧洲国家出于保护本国就业的考虑限制外包发展，导致该地区服务外包合同金额与数量有小幅波动，但整体较为稳定。2015 年欧洲软件信息服务外包合同

---

① 美洲地区主要包括美国、加拿大、巴西、墨西哥和其他拉美国家；EMEA 是欧洲、中东和非洲地区的简称，主要包括英国、爱尔兰、北欧、德国、奥地利、瑞士、法国、比利时、卢森堡、南欧、非洲、东欧、俄罗斯等国家和地区；亚太地区主要包括澳大利亚、新西兰、日本、韩国、印度、南亚、东南亚、大中华等国家和地区。

金额 413.4 亿美元,全球占比 26%,同比增长 4%,居世界第 2 位;2016 年约为 268 亿美元,较 2015 年下降 41%,仍居全球第 2 位。该地区发包国主要集中在英国、德国、法国、奥地利和瑞士,其中英国外包合同规模最大。接包国以东欧、爱尔兰、印度、中国为主要目的地,爱尔兰是欧洲最大的接包国。近年来,爱尔兰服务领域不断向移动技术、互联网、金融、教育等高端业务拓展。北欧、南非在制造业、高科技、财务会计咨询等领域的接包市场增速较快。保加利亚、罗马尼亚和匈牙利分别成为全球 BPO 第 3 名、第 4 名、第 9 名目的地①。

3. 亚太地区成为全球服务外包增速最快、交易最活跃的地区,且成为全球离岸首选目的地

全球业务流程外包前 10 名中有 4 个来自亚太地区。从发包方来看,日本是主要发包国家,主要目的地是以中国为主的周边国家。2015 年日本离岸服务外包市场规模 198.9 亿美元,居全球第 3 位。此外,新加坡、澳大利亚、新西兰、韩国、中国香港等国家和地区服务外包市场也在不断扩大,逐渐成为新兴发包地区。从接包方来看,主要目的地国家以印度、中国、马来西亚、菲律宾、泰国等为主。印度是全球最大的离岸接包国,其中 90% 的市场来自美国和欧洲,且承接金融、高科技、电信等高端外包业务具有明显优势。2015 财年印度服务外包产业(IT-BPM)约为 980 亿美元,同比增长 12%,其中信息技术(IT)和业务流程管理(BPM)离岸外包金额分别为 550 亿美元和 230 亿美元,分别增长 12.6% 和 11%。越南凭借低廉成本、优惠政策、语言优势等成为全球业务流程外包的首选地。菲律宾服务外包(IT-BPO)也成为支柱产业。

(四)服务外包继续成为推动服务全球化和价值链攀升的重要引擎

1. 全球服务外包加快向高端化、多元化、数字化转型

从全球新技术革命和新产业革命发展趋势来看,高技术产业、新兴服务业态等新动能加速成长,将促使越来越多的企业进入到全球价值链的高附加值环节中参与分工并获益,由此推动服务外包向高端价值链、科技密集型发展。从发包

---

① 高纬环球:《在世界何处? 业务流程外包(BPO)和共享服务地点排行榜》,2015 年 4 月。

方来看,企业更注重利用外包实现业务转型和构建核心能力以顺应数字经济发展的需要,因而促进接包企业向解决方案、系统集成、综合服务提供商转型,推动外包服务向高技术含量、高附加值领域发展。据 IDC 分析,2017 年全球 1000 家大企业已经将数字化转型作为公司的核心战略,到 2020 年数字化转型影响的行业增加值将达到 18 万亿美元,占全球 GDP 的 20%。此外,信息化、智能化在推动制造业和服务业融合的同时,也使 ITO、BPO、KPO 之间的范围界限越来越模糊,三大领域的融合性越来越强,继续推动 KPO 高速增长。根据 IDC 预测①,到 2018 年全球服务外包总规模达到 15238.8 亿美元,相当于 2012 年的 1.3 倍;其中 ITO、BPO、R&D 市场规模将分别达到 7918.2 亿美元、4292.3 亿美元、3028.3 亿美元,分别相当于 2012 年的 1.2 倍、1.4 倍、1.5 倍。2013—2018 年期间全球服务外包市场规模的年复合增长率达到 4.9%,其中 ITO、BPO、R&D 的复合年增长率分别为 3.8%、5.7%、6.8%。预计到 2020 年全球潜在的服务外包市场需求将达到 1.65 万亿—1.8 万亿美元。

到 2018 年全球离岸服务外包总规模达到 3542.5 亿美元,相当于 2012 年的 2.5 倍;其中 ITO、BPO、R&D 市场规模将分别达到 1630 亿美元、850 亿美元、1062.5 亿美元,分别相当于 2012 年的 2.2 倍、2.7 倍、3 倍。2013—2018 年期间离岸外包市场规模复合增长率达到 16%,其中离岸 ITO、BPO、R&D 的复合年增长率分别为 13.8%、17.5%、18.8%,由此可见 KPO 发展前景最为乐观。随着大数据、云计算、第三平台的广泛应用为服务外包的发展提供技术支撑,在软件设计开发、金融分析、远程医疗、数据分析和挖掘、知识产权、生物医药研发、创意设计等高附加值领域将产生强大市场需求,推动 KPO 市场加速成长。预计到 2020 年全球离岸服务外包规模约为 4500 亿美元,到 2021 年将达到 5125.7 亿美元,2016—2021 年的年复合增长率将达到 13.7%。

2. 服务外包将加速产业融合与业态创新

离岸外包利用互联网信息技术将加速制造业与服务业、传统服务业与新兴服务业相互融合与渗透,成为全球产业融合的助推器。服务外包在不断推动制

---

① IDC 国际数据公司:《全球服务外包产业发展现状和趋势》,转引自王晓红、刘德军主编:《中国服务外包产业发展报告 2013—2014》,社会科学文献出版社 2014 年版。

造业向智能化、数字化、网络化和绿色低碳化发展,推动商贸、旅游、金融、物流等传统服务业向信息化和现代化发展,推动研发、设计、传媒、教育、咨询等新兴服务贸易向规模化发展,其过程之中加速了产业融合创新。据统计,当前全球行业用户的 IT 支出中,与业务部门相关的占 65%;直接由业务部门决策新的 IT 项目比例由 2012 年的 25% 增长到 2016 年的 40%,意味着服务外包不断地嵌入各行业企业的服务过程,为企业带来更高价值。以众包众创、共享平台为特征的新业态将成为未来服务外包的主流模式。

3. 发包国与接包国竞合关系增强使更多国家从全球化中受益

金融危机之后越来越多的国家鼓励服务外包产业发展,全球有 70 多个国家和地区将承接国际服务外包确立为战略重点,并不断加大对企业能力建设的政策支持。未来时期各国竞争关系更加激烈,但合作也日趋深入,接包与发包在发达国家与发展中国家之间相互交织的现象越来越显著。发达国家作为主要发包方在继续占据全球高端价值链的同时,也逐渐承接外包业务;而发展中国家在承接外包的同时,也将释放服务外包市场需求。

从接包方来看,市场竞争越来越激烈。中、印两大接包国正面临其他国家的挑战,随着人力和土地等要素成本不断上升,如果不提升创新能力,其竞争优势将持续走低。一些发包企业开始寻求成本更低的接包市场,如柬埔寨、斯里兰卡、肯尼亚、越南、印尼、以色列、埃及、菲律宾、墨西哥、马来西亚等。

从发包方来看,美欧发达国家为了解决经济增长低迷和就业下降的压力,一方面通过税收减免政策、实施贸易保护主义等振兴本国实体经济,限制服务岗位外流、促进就业回流;另一方面也出台鼓励承接国际服务外包的相关措施,与发展中国家形成了一定竞争关系。

因此,未来将会有更多国家参与服务外包,承接国和发包国的竞争性也有所加剧,但发展中国家与发达国家的合作性、融合性、依赖性将越来越紧密。

（五）新技术、新产业将推动服务外包产业持续创新

基于大数据、云计算、物联网、第三平台等网络信息技术和数字技术的发展,将促使服务外包的内容创新、交付方式创新与商业模式创新,推动服务外包进入3.0 时代。服务外包 1.0 时代(2001—2006 年)主要是以节约成本为导向;进入服务外包 2.0 时代（2007—2012 年）之后，在节约成本的基础上更加注重资源整合利用。随着云计算与第三平台不断发展，"云外包"模式正在兴起，为服务外包模式提供了全新的技术架构支持，服务外包开始进入 3.0 时代（2013 年至今），这一时期更加注重以提升企业核心价值为导向，发包方和接包方形成了共同参与、共享资源、互利共赢的关系。

从服务内容来看，以信息技术、新能源、新材料、生物技术、人工智能、区块链、虚拟现实等引领的未来新产业革命将不断释放外包服务。为发包方提供数据存储、数据处理、数据分析等增值服务，提供研发设计、系统解决方案等高端综合业务及金融和财务管理、人力资源管理、企业战略管理等咨询业务越来越多。

从交付方式来看，第三方支付、移动支付、云端交付等新兴交付方式逐渐成为主流。基于 SaaS（软件即服务）、PaaS（平台即服务）、IaaS（基础架构即服务）的云平台服务能够有效降低服务成本、减少中间交易环节、大幅降低交易成本、减少信息不对称风险等。据 IDC 预计，到 2019 年全球近 50% 的公司会把 100% 的内部应用和基础设施业务转移到云计算环境中。到 2020 年全球信息、通信和技术（ICT）市场 40% 份额是由第三平台带来的，而 2012 年这一数字只有 20%。

从外包模式来看，网络平台将推动单一发包模式向众包模式发展。众包平台通过一对多的方式提高了服务规模效益。从目前欧洲市场来看，一些大型企业不再通过长期协议把重要业务发包给单一的服务供应商，而是根据不同环境和业务类型把业务分解后发包给一些规模相对小，但在某个行业领域更加专业的服务供应商。CSTO 企业是全球知名的中文软件外包和项目交易平台，汇聚全球 50 万家 IT 企业部门、上千万 IT 人士，为企业、个人提供各类软件外包解决方案。众包以平台为基础发布各类外包信息，有效地整合政府、企业、接包方、发包方等资源，发包企业将业务项目细化承包给自愿接包的企业或个人。在此市场上，充分利用了各类技术人才，提高了服务效率，也增加了发包企业提供项目的灵活性、专业性和丰富性。

三、中国服务外包：转型升级与创新发展

我国服务外包产业呈现良好发展态势，在促进服务贸易发展和服务业国际

化、信息化水平提升,促进产业转型升级和新动能成长,促进区域开放型经济平衡发展,促进大学生就业等方面都发挥了引领带动作用。

（一）当前我国服务外包产业发展的主要特点

1. 服务外包产业规模集聚扩大,成为拉动服务贸易增长的主要引擎

"十二五"以来,我国服务外包产业呈现高增长态势,目前离岸外包规模仅次于印度居世界第 2 位。2011—2015 年期间服务外包合同金额从 447 亿美元增长到 1309 亿美元,年均增长 31%;执行金额从 324 亿美元增长到 967 亿美元,年均增长 31%。2011—2015 年期间我国离岸执行金额从 238 亿美元增长到 646 亿美元,年均增长达 28%。2016 年我国承接服务外包合同金额 10213 亿元,同比增长 20.1%;服务外包执行金额 7385 亿元,同比增长 17.6%。其中 2016 年承接离岸外包合同金额 6608 亿元,同比增长 16.6%;离岸外包执行金额 4884.5 亿元,同比增长 16.4%,相当于 2011 年的 2.95 倍,虽增速放缓,但仍保持了两位数增长(见图 1-2)。

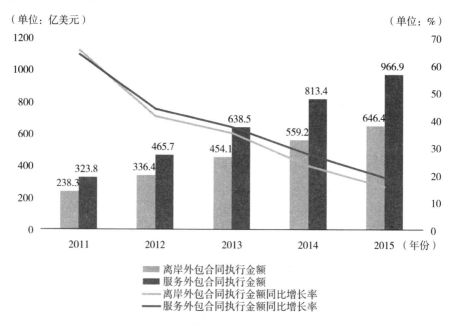

图 1-2　2011—2015 年中国服务外包执行金额、离岸服务外包执行金额

数据来源:商务部。

服务外包对服务贸易增长的贡献度日益突出。2011—2016 年期间我国离岸服务外包占服务出口总额的比重由 13% 提高到 25%，成为促进外贸发展的新动能。2011—2015 年我国服务贸易进出口总额平均增速为 14.2%，低于同期离岸外包执行金额增速约 14 个百分点。2015 年服务贸易进出口额 7130 亿美元，同比增长 14.6%，低于当年离岸外包执行金额增长率（15.6%）1 个百分点。

2. 价值链持续向高端跃升，结构升级效应明显

"十二五"以来，我国服务外包三大领域结构加快调整。2011—2015 年信息技术外包（ITO）、业务流程外包（BPO）、知识流程外包（KPO）的离岸执行金额占比由 58.2%、16%、25.8% 调整为 49%、14.2%、36.8%。2015 年我国承接 ITO、BPO、KPO 的离岸执行金额分别为 316.8 亿美元、91.7 亿美元和 237.8 亿美元，同比分别增长 8%、16% 和 27.4%。随着大数据、云计算的快速发展推动了服务外包模式创新，服务外包企业加快人工智能、区块链等新技术的研发应用，不断提高承接高端业务能力。2011—2015 年 KPO 执行金额平均增长率达 40.71%。2016 年我国承接 ITO、BPO 和 KPO 离岸执行额分别为 2293 亿元、809 亿元和 1783 亿元，同比分别增长 11.4%、35.9% 和 15.5%，占比分别为 46.9%、16.6% 和 36.5%。其中 KPO 占比较 2011 年上升了 11.5 个百分点，反映出服务外包价值链向研发设计等高端业务拓展的趋势。从上述三大业务领域的变化可以看出，ITO 虽仍占主导地位，但比重逐年下降；BPO 发展比较平稳，KPO 已经成为拉动服务外包增长的主要动力。此外，三大领域内部高附加值业务增长较快。随着外包企业创新能力、服务能力和服务质量不断提升，承接高端增值服务的外包业务日益扩大，如研发设计、数据分析和挖掘、整体解决方案、系统设计服务等。

从 ITO 的内部结构来看，软件研发及开发服务占主导，其次是软件技术服务、集成电路和电子电路设计、电子商务平台等领域。在 ITO 离岸业务中，2014 年软件研发及开发服务离岸执行金额占比 41.0%，软件技术服务、集成电路设计占比分别为 27.3%、11.5%，其中集成电路设计增速最快高达 100.8%，其次是测试平台、信息系统运营和维护服务，较 2013 年相比分别增长 88.4%、22.9%。2015 年软件研发外包离岸执行金额 217.9 亿美元，占比 68.8%；其次是软件技术服务、集成电路和电子电路设计。随着电子商务的快速发展,电子商务平台服务离岸执行金额同比增长 59.6%。

从 BPO 的内部结构来看,金融服务、人力资源、供应链管理外包等 BPO 业务表现出较好发展势头,涵盖的服务领域日益宽广。2014 年企业业务流程设计服务离岸执行金额占比最高达 35.3%,其次是企业内部管理、业务运营和供应链管理服务,占比依次为 31.9%、14.6% 和 13.3%。2015 年业务运营外包服务占主导,离岸执行金额 43.6 亿美元,占比 47.6%;其次是供应链外包服务,全年完成离岸合同执行金额 31.9 亿美元,占比 34.8%。随着服务专业化的发展,各类专业服务需求不断释放,加速了业务流程外包发展。

从 KPO 的内部结构来看,研发设计外包成为增长的主要驱动力。近年来,研发设计、工程咨询等知识流程外包后来居上成为发展的亮点,体现了我国服务外包产业向高端化发展的趋势。研发创新全球化趋势从客观上扩大了 KPO 的市场规模,外包企业技术创新能力不断增强,也加快了 KPO 业务成长。尤其是工业设计、工程技术、医药和生物技术研发、知识产权研究、数据分析与挖掘等知识流程外包发展较快。2014 年产品技术研发外包、工业设计外包、工程设计外包的离岸执行金额分别为 85.1 亿美元、44.8 亿美元、35.5 亿美元,分别占 KPO 业务的 35%、18.4%、14.5%。2015 年居前三位的是工业设计外包、工程技术外包、医药和生物技术研发外包三大领域,全年完成离岸执行金额分别为 67.6 亿美元、42 亿美元、37.6 亿美元,占比分别为 28.4%、17.7%、15.8%。

3. 服务外包企业规模实力增强,技术创新能力和国际化水平逐步提高

2011—2015 年我国累计新增服务外包企业 1.7 万家,截至 2016 年我国服务外包企业总数达 3.9 万家,相当于 2011 年的 2.3 倍,2008 年的 9.8 倍。2015 年承接离岸外包执行金额超 1 亿美元的企业增长到 86 家。2014 年有 9 家企业入选全球服务外包 100 强。2015 年服务外包上市企业达 101 家。

服务外包企业质量标准化水平和综合服务能力不断提升。2015 年企业认证数量累计达 14203 个,其中 13 项国际认证达 8774 个,分别同比增长 10.35%、20.47%;2016 年企业认证数量累计 1.6 万个,其中 13 项国际认证 1.04 万个,新增软件能力成熟度(CMM)等国际资质认证 927 项,单笔合同均价 527 万元,同比分别增长15.3%和5.6%。截至2016年我国软件和信息技术服务企业累计获得开发能力成熟度模型(CMM)等国际资质认证6750项。全国服务外包技术先进型企业一直呈增长态势,截至2016年技术先进型服务外包企业1225家。服务外包企业通过国际并购和国内重组逐步由成本驱动转向创新驱动,由提供单一技术服务转变为综合服务提供商,由承接单一项目转向与发包方长期战略合作关系。

此外,软件和信息技术服务企业不断加大基础技术研发投入,自主创新能力得到增强,从软件著作权登记数量的变化情况可以明显反映出这一态势。"十二五"时期我国软件著作权增长率保持在30%左右,2015年全国软件著作权登记量292360件,同比增长33.63%,相当于2006年的13.6倍;2016年达40.8万件,同比增长39.5%,首次突破40万件大关,也是2010年以来增长最快的一年。

4. 国际市场开拓能力不断增强,逐步形成面向全球的多元化市场格局

我国承接服务外包主要来源于美国、日本、欧盟和中国香港四大传统市场,目前已经拓展到东南亚、大洋洲、中东、拉美和非洲等201个国家和地区,尤其是"一带一路"建设有力拓展了新兴市场空间。

首先,四大传统市场比重不断下降,其他发达经济体市场稳步增长。从发包市场规模来看,美国、欧盟、日本、中国香港仍占主导地位,2016年执行金额分别为154.3亿美元、116亿美元、57.8亿美元、116.8亿美元。2016年承接美国、欧盟、日本和中国香港四大传统市场服务外包执行金额合计3085.9亿元,同比增长19.3%,占比63.2%,较2011年下降6.8个百分点。从发包市场占比来看,2012—2015年期间我国承接美国服务外包占比从26.6%下降到23.3%;承接日本服务外包占比从14.4%下降到8.48%,降幅最大;承接欧盟服务外包比较稳定,占比保持在15%左右;承接香港服务外包占比从10.1%上升到14.7%。因此,香港作为内地企业承接国际外包业务的主要来源地,正在发挥越来越大的作用。与此同时,2015年我国承接新加坡、韩国、中国台湾、德国、英国、荷兰的执行金额分别为33.1亿美元、29.7亿美元、28.7亿美元、20.1亿美元、15.4亿美元和12.2亿美元;承接服务外包执行金额增速较快的国家有意大利、芬兰、澳大利亚、法国。2016年我国承接新加坡、韩国、中国台湾、德国、英国、荷兰、瑞士的服务外包执行额分别增长 12.45%、20.22%、7.23%、43.21%、6.49%、29.9%、17.84%。

其次，"一带一路"沿线新兴市场加速拓展。2015 年我国承接"一带一路"沿线服务外包合同金额 178.3 亿美元，同比增长 42.6%；执行金额 121.5 亿美元，同比增长 23.4%。2016 年承接"一带一路"沿线国家和地区服务外包执行金额 841 亿元，同比增长 6.6%，占我国承接离岸外包比重的 17.2%，有力推动了中国技术、设计、标准和服务"走出去"。东南亚国家是主要发包地区，2015 年我国承接东南亚国家服务外包合同金额 89.9 亿美元、执行金额 63.2 亿美元，同比分别增长 30.6% 和 17.3%，居"一带一路"区域首位，占比 50.4% 和 52%。其次是西亚和南亚国家，2015 年我国承接西亚国家服务外包合同金额 43.5 亿美元、执行金额 25.2 亿美元，同比增长 113% 和 61.5%；承接南亚地区国家服务外包合同金额 22.8 亿美元、执行金额 17.85 亿美元，同比增长 40.1% 和 35.4%。此外，俄罗斯、蒙古及中亚五国与我国服务外包合作也逐渐增多，2015 年我国承接俄罗斯、蒙古及中亚五国服务外包合同金额 141.1 亿美元、执行金额 9.7 亿美元，同比增长 10.6% 和 14.5%。

5. 吸纳高端人才就业能力增强，人才素质不断提升

2011—2015 年服务外包产业就业人数年均增长率为 23.6%，2015 年服务外包产业吸纳就业总数 734.7 万人，同比增长 21%，相当于 2011 年（318 万人）的 2.3 倍。2016 年新增从业人员 121 万人，同比增长 16.47%，说明这一新兴服务业活力旺盛。截至 2016 年全国服务外包产业从业人员 855.7 万人。尤其是服务外包产业由北京、上海、广州、深圳等一线城市向二三线城市转移，河北、河南、湖北、江西等新增就业人员数量增幅较大。

大学生始终是服务外包产业就业的主体。2011—2015 年期间全行业大学生就业人数从 223 万人增加到 471.6 万人，占服务外包就业总人数比重的 66% 左右。2016 年服务外包产业新增大学（含大专）以上学历就业人数 80 万人，占新增从业人数的 65.9%，全行业吸纳大学就业 551.3 万人，相当于 2011 年的 2.5 倍，占比 64.4%。2015 年、2016 年大学生就业人数占比较 2014 年下降 2 个百分点左右，说明研究生比重有所上升。

此外，服务外包培训规模不断扩大，并形成了以外包企业、培训机构、职业学院为主体的人才培训体系。2011—2015 年我国服务外包受训人员数量从 103 万人增加到 191.2 万人。2015 年服务外包业新增受训人数 33.34 万,同比增长 186.2%。截至 2016 年累计培训就业人数达 216 万人。其中天津、广州、深圳拥有培训机构数量和大学生实习基地位居全国前列。

6. 服务外包示范城市的引领带动作用突出,产业园区的空间集聚效应越来越显著

首先,示范城市始终是服务外包产业发展的主体。"十二五"时期 21 个服务外包示范城市离岸外包合同金额从 2012 年的 398.3 亿美元增长到 2015 年的 765.2 亿美元,平均增长率为 24.7%;离岸执行金额从 2012 年的 304.9 亿美元增长至 2015 年的 561.1 亿美元,平均增长率为 23%,全国占比分别为 87.7% 和 86.8%。截至 2015 年 21 个服务外包示范城市共聚集服务外包企业 20920 家,占比 61.94%;从业人员 443.7 万人,占比 60.39%;企业累计认证数量达 9356 个,获得 13 项国际认证 5354 个,分别占全国总量的 60.4% 和 61.0%。2016 年全国服务外包示范城市已经增加到 31 个,完成服务外包执行额 6931.5 亿元、离岸外包执行额 4563.7 亿元,分别占比 93.9% 和 93.4%;北京、上海、广州、深圳四个城市离岸外包执行额 1385 亿元,同比增长 21.3%,占全国的 28.4%。2016 年新增的 10 个示范城市离岸外包执行额 384 亿元,同比增长 32.2%,高于示范城市和全国平均增速,成为服务外包产业新的增长点。

其次,示范城市依托自身区位和产业特色逐步形成差异化发展。从综合优势来看,根据商务部 2015 年发布的全国 21 个示范城市综合评价结果,南京、上海、广州、苏州、杭州在产业发展情况、成本要素、基础设施状况、人才培养与就业、政策措施五项指标的综合得分位居前 5 位。从产业基础来看,南京、苏州、上海、无锡、广州等五个城市表现更为突出,优质企业聚集度较高,高端业务优势明显。如,上海的高技术服务业收入和技术先进性型企业数量明显高于其他示范城市。从成本要素来看,大庆、厦门、西安、武汉和哈尔滨等城市优势明显;从人才培训与就业来看,广州、上海、南京、天津和济南等城市具有领先优势,这些城市具有较为丰富的教育资源,并且拥有一批社会培训力量。广州在服务外包企业新增就业人员和新增大学生就业方面表现突出,上海、成都分别在留学归国人员及外籍员工方面具有明显优势。

此外,服务外包园区已经成为集聚外包企业、人才和创新资源的重要平台。随着各地园区基础设施建设不断完善,在信息服务、研发、培训、融资、创业孵化、人才交流、市场交易等方面的服务能力日益增强,为入园企业提供了越来越好的创新发展环境。"十二五"以来,服务外包园区在业务规模、企业数量、从业人员、商业模式和技术创新能力等方面都表现出良好发展态势。据不完全统计,2015年全国服务外包园区300多个,相当于2011年的2倍,其中240个分布在示范城市。园区成为外包企业的主要集聚地和技术创新的重要基地。2015年上海5个服务外包示范区占全市服务外包执行金额的85.8%;北京市服务外包园区服务外包业务规模全市占比达89%,收入1000万美元以上的企业占全市的95.6%;天津、西安、厦门服务外包园区服务外包执行金额分别占全市的99.3%、95%、90%;西安软件园区聚集了当地90%以上的软件企业;武汉市90%以上的服务外包企业集聚在光谷软件园和武汉软件新城等示范园区。园区企业有效整合国内外创新资源,在基础研究、关键技术开发、平台建设等方面构建创新体系,加快自主知识产权开发和应用。截至2014年天津滨海高校新区软件园R&D投入累计达33.4亿元,外包企业各类著作权、专利申请量累计达7424项,新增国家级科技和产业化项目144项。济南齐鲁软件园以软件为核心,不断延伸至云计算、物联网、"互联网+"、大数据、智慧城市、信息安全、集成电路设计、智慧制造研发等高技术领域。

7. 东部地区辐射带动能力增强,区域发展更加协调融合

我国服务外包产业主要集中在东部地区,2016年东中西部地区服务外包执行额分别占比为87%、8.4%、4.6%。中西部城市由于基础设施改善、要素成本低、人力资源丰富等优势不断吸引服务外包企业集聚,其中成都、重庆、武汉、西安、合肥已经成为有一定影响力的服务外包交付中心,对跨国公司的吸引力越来越强。东部与中西部城市之间已经形成了明确的分工关系和融合发展的态势。如,一些总部位于北京、上海的外包企业纷纷在中西部城市设立交付中心,加速东中西部产业链融合,形成了"一线接单,二三线交付"的产业链布局,促进了中西部地区根据当地资源禀赋参与价值链分工,有效带动了中西部服务外包发展,提升了中西部开放型经济水平。

根据国务院发展研究中心《地区协调发展的战略和政策(2014)》报告中提

出的新的综合经济区域划分①,从发展规模来看,东部沿海、北部沿海和南部沿海三个经济区的服务外包规模持续处于全国领先位置,2014、2015、2016 年合计均占全国的 85%以上。其中东部沿海综合经济区(上海、江苏、浙江)规模最大、具有较高的集聚优势,2015 年共完成服务外包执行金额 541.6 亿美元、离岸外包执行金额 344.8 亿美元,占比 56%和 53.3%。其次是北部沿海综合经济区(北京、天津、河北、山东),2015 年共完成服务外包执行金额 147.7 亿美元、离岸执行金额 124.2 亿美元,占比 15.3%和 19.2%。再次是南部沿海综合经济区(福建、广东、海南),2015 年完成服务外包合同执行金额为 133.2 亿美元、离岸合同执行金额 93.1 亿美元,占比 13.8%和 14.4%。从增速来看,2015 年黄河中游综合经济区(陕西、山西、河南、内蒙古)扭转了 2014 年的负增长局面,服务外包执行金额和离岸外包执行金额同比增长分别达 200.9%和 39.6%,增速居首位;其次是南部沿海综合经济区,2015 年服务外包执行金额和离岸外包执行金额同比增长分别为 22.8%和 27%;长江中游综合经济区、东北综合经济区增速略有上升;东部沿海综合经济区、北部沿海综合经济区及大西南综合经济区均有所放缓;大西北综合经济区仍延续下滑趋势。

(二)我国服务外包产业发展面临的主要问题

1.服务外包企业整体实力较弱,国际化程度不高

目前中小企业占我国服务外包企业总数的 99%。2016 年 7 月普华永道发布"全球软件百强企业"报告,全球软件重点企业主要分布在美国,占比达 75%,排名前 20 的企业有 15 家为美国企业;其次为欧洲、加拿大和日本企业,占比为22%;中国企业仅有东软集团一家入围。2015 年 43 家火炬软件计划产业基地园区平均每家企业收入 6075 万元。目前,服务外包企业的国外交付中心还不多,国际并购整合能力不够。

---

① 根据国务院发展研究中心《地区协调发展的战略和政策》报告中提出新的综合经济区域划分,把全国(港、澳、台除外)划分为八大综合经济区域:黄河中游经济区(陕西、山西、河南、内蒙古)、长江中游经济区(湖北、湖南、江西、安徽)、东北经济区(辽宁、吉林、黑龙江)、北部沿海经济区(北京、天津、河北、山东)、东部沿海经济区(上海、江苏、浙江)、南部沿海经济区(福建、广东、海南)、大西南经济区(云南、贵州、四川、重庆、广西)、大西北经济区(甘肃、青海、宁夏、西藏、新疆)。

2. 承接业务长期位于价值链中低端，高端服务供给能力较弱

我国与印度相比高端专业技术缺乏，许多印度企业能够为发包企业提供全方位咨询和系统服务，而我国大多数企业缺乏整体解决方案、系统服务和集成能力。在国际离岸外包业务中，发包企业常常通过六西格玛（Six Sigma）和 ISO 这两项标准来评价接包方企业的质量控制能力。调查表明，我国只有 22% 的服务外包企业实施了六西格玛，60% 的企业采用 ISO 标准，而国际服务外包企业的这个比例分别为 47% 和 76%。可见我国服务外包企业在业务标准化程度方面还有较大差距。

3. 技术创新投入不足，中高端人才供给严重短缺

目前我国服务外包企业的技术研发投入仅占 4%，制约了技术创新能力的提升。服务外包企业难以享受国家重大招标项目政策，难以参与国家重大科研项目。尤其是一些服务外包企业通过海外并购在境外上市后成为国际企业，有了所谓"国际背景"之后，涉及系统集成、信息安全等国家项目通常被排斥在外，从而影响了这类企业开拓国内服务外包市场。中高端人才缺口较大成为制约外包企业发展的主要瓶颈，影响了企业承接高端业务竞争力。根据中国服务外包研究中心（2012 年）调查，有 40% 的企业认为难以吸引高端人才，38% 的企业认为难以招到中端人才，尤其是缺少具备丰富的垂直行业知识和商务运营经验、较强技术开发管理能力、较高外语水平的高端专业技术和管理人才。高精尖人才培养渠道狭窄，企业待遇不高对人才吸引力较弱等都是重要因素。

4. 综合成本过快增长，导致企业负担过重

近年来，企业人力成本及土地、资金、交通、通信、电力、税收等要素成本全面快速上升。据中国服务外包研究中心抽样调查，人力成本在服务外包企业总成本中占 60%—70% 左右，企业工资水平年均增幅 10%，加上 44% 的"五险一金"缴费，总体上使我国企业成本高于印度 20%—25%。2016 年全国软件开发者中，平均月薪 1 万元以上的开发者占 45%，较 2015 年上升 12%；月薪 2 万元以上的开发者数量占比增长 67%。据调查，2016 年一些软件企业人员工资总额增长 15.3%，人均工资增长 8%。2010 年以来，服务外包业开始逐渐从一线城市向二三线城市转移，但二三线城市的成本优势也在逐渐减弱。此外，由于国际金融市场动荡，汇率风险明显上升。综合成本上升导致许多外包企业不堪重负、惨淡经营,虽然营业收入增长,但利润下滑,严重影响了企业创新能力和市场竞争力。

5.公共服务体系建设尚待完善

目前,全国服务外包平台建设投入不足,技术研发、信息服务、市场交易、大数据、云计算等平台建设不完善,导致资源难以资源共享;行业协会在国际市场中缺乏影响力,导致我国在国际市场推介服务外包企业、树立服务外包品牌缺乏力度;行业标准制定不完善,使服务外包企业的服务标准、服务质量和服务水平参差不齐,尤其是在承接离岸业务时,不利于抱团获得海外订单。

(三)推动我国服务外包创新发展的战略思路

"十三五"仍是我国服务外包加快发展的战略机遇期。全球经济复苏进程加快,有利于美国和欧盟扩大全球外包市场;新技术和新产业革命推动全球创新加速,有利于扩大知识流程外包市场;大数据、云计算、物联网、移动互联、人工智能等新一代信息技术和数字技术不断涌现和应用,为服务外包创新发展提供了技术条件。但也必须看到,世界各国争相发展服务外包产业将导致全球市场竞争更加激烈。为此,要求我们扎实推进服务外包供给侧结构性改革,加快技术创新、服务模式创新和体制机制创新,推动服务外包标准化、数字化、智能化、融合化发展,努力构建在岸与离岸互动发展、东中西部融合发展、内外资企业共同发展的服务外包产业发展格局,全面提升我国服务外包国际竞争力。商务部等5部门印发的《国际服务外包产业发展"十三五"规划》(以下简称《规划》),是我国服务外包产业发展的顶层设计,它的颁布实施对于指导服务外包产业持续健康发展、不断提升国际竞争力具有重大战略意义。《规划》科学制定了到2020年我国服务外包产业的发展目标,并提出了"推进创新驱动、优化产业结构、推进区域协同发展、优化国际市场布局、培育壮大市场主体、强化复合型人才培养、提高标准化水平"的重点任务,从而明确了我国服务外包发展的战略思路。因此,应围绕《规划》实施步骤,积极推动我国服务外包产业转型升级。

第一,以创新驱动战略为引领,推动服务外包价值链向高端跃升。应着力提高软件研发、集成电路设计、云计算等信息技术外包的整体解决方案和系统集成能力;拓展金融、供应链管理、电子商务平台等业务流程外包的价值增值空间;扩大数据分析、工业设计、工程技术、管理咨询、医药和生物技术研发、文化创意等知识流程外包的规模效益。鼓励外包企业加大创新投入，在技术研发、交付模式、业务流程、经营管理等方面创新变革，支持有条件的外包企业参与国家重大科技招标项目，提升系统设计、整体解决方案等高端服务能力。加强服务外包园区大数据、云计算等创新平台、创客空间的建设，推动众包、众创、众筹等社会创新模式。强化服务外包标准体系建设，在重点领域制定一批具有国际领先水平的标准，提高主导权和话语权。

第二，以提高企业国际竞争力为导向，构建协同发展、互利共赢、竞争有序的服务外包企业生态。注重发挥领军企业在接包、品牌、创新、标准、网络渠道等方面的优势，带动中小外包企业参与国际竞争，打造中国服务外包整体品牌。支持服务外包企业通过国内企业重组快速壮大规模，通过开展国际并购获取关键技术、高端人才、品牌渠道等战略资源，提升核心竞争优势。同时，注重发挥外资企业优势，加强吸引跨国公司的信息技术、研发设计、物流供应链管理、财务结算、专业咨询等服务机构，鼓励在华跨国公司向内资企业外包服务。政府应进一步放宽市场准入，改善营商环境，提高出口退税效率，降低税费及房租、水电、土地价格，切实降低企业综合成本。同时加大在技术研发、引进人才、国际资质认证、培训教育等方面的财政补贴力度。

第三，以专业化、国际化、高端化为目标，加快服务外包人才体系建设。注重发挥高等教育的基础性和支撑性作用，支持"985""211"院校设置服务外包相关专业。建立创新创业和技能人才培养相结合的培训机制，发挥服务外包企业、培训基地、培训学院的作用，共同推动岗前培训、岗位培训、委托培训、定制培训、线上线下培训等多样化模式。不断完善国际化高端人才的引进政策和激励机制。

第四，以在岸促离岸为抓手，推动国际国内服务外包市场融合发展。金融危机之后，由于国际市场大幅萎缩，一批外包企业将重点转移到在岸业务，增强了规模效益和实力，由此带动了国际业务的发展。我国在岸市场规模巨大，对于夯实服务外包企业基础、做大做强提供了有利条件。随着"中国制造2025"战略推进，网络智能制造、服务型制造、绿色制造的发展将释放大量的软件与信息服务市场需求；数字化和信息化在政府、医疗、教育等部门的广泛应用也将产生大量外包服务。应引导支持外包企业服务国内市场，培育一批专业化、品牌化的优质服务供应商，为承接离岸外包奠定有力基础。

第五，以"一带一路"建设为契机，形成发达国家与发展中国家双向拓展的全球市场战略布局。多数"一带一路"沿线国家工业化和信息化滞后，为我国服务外包企业拓展国际空间，推动中国标准和品牌"走出去"提供了重要机遇。应在继续保持传统发包市场主导地位的同时，稳步开拓"一带一路"市场。利用基础设施互联互通、产能合作、装备合作的重大项目，带动研发设计、信息技术、供应链管理、广告创意、金融等服务外包。利用沿线自贸区政策优势，强化境外经贸合作区、产业园区等平台载体的服务配套功能，不断扩大服务外包规模。

Ⅱ 专题篇

全球服务外包发展现状与趋势

武连峰①

本文通过对服务外包发展的要素及发展阶段的分析,重点从全球服务外包产业规模、全球离岸服务外包市场格局、服务外包业务发包国的主要动因等三个方面分析了全球服务外包发展的现状,并根据新兴技术的发展所引发的数字化转型时代的到来分析全球服务外包发展趋势。

一、服务外包产业的定义和范围

传统服务外包(Outsourcing)是指客户将一个或多个完整的 IT 系统及活动、业务流程或整个业务功能的管理和执行转移给外包商和服务提供商。服务外包的价值特征通过有效地提高生产效率、新的业务机会、增加收入、降低运营成本、实现业务转向以及改善股东价值等方式而得到委托方的认可。

传统服务外包从业务种类上分为三部分:信息技术服务(ITO),业务流程外包与处理服务(BPO),设计研发(R&D);服务外包从交付模式上又可分为在岸和离岸两种形式(详细定义见图 2-1)。

二、服务外包发展的要素分析及发展阶段

(一)经济和政治要素分析

1. 资源配置全球化的趋势

随着经济全球化趋势的不断发展,信息、技术和资本等生产要素在全球范围

---

① 武连峰:IDC 中国副总裁。

图 2-1　服务外包的业务及交付区域界定

数据来源：IDC，2011 年。

内进行着重新分配,各个国家在全球化的进程中形成了相互联系、相互融合以及相互竞争的整体格局。在全球市场上,客户企业为了获得最大经营利润,将努力寻找成本最低且实施效果最好的国家来开展合作,从而实现对资源和业务流程的最合理配置。资源配置全球化的趋势推动着国际分工的日益深化,美欧等发达国家成为世界上最主要的发包国,而以印度、中国、菲律宾为代表的发展中国家凭借自身经济实力和产业特长,承接了全球大部分服务外包项目。

2. 贸易保护主义和就业回流趋势的影响

自从全球性金融危机以来,美国和欧洲发达国家作为世界最主要的发包国,都普遍面临着经济持续衰退、主权债务高企、财政赤字堪忧、失业率居高不下的困境。为了迅速改善本国低迷的就业水平,欧美国家通过新的税收政策和政治施压来减少中国等新兴市场国家承接本国的外包业务,并颁布相应的就业法案来阻止本国企业将就业机会转移给离岸外包服务商。以 2016 年美国大选为例,美国联邦政府、州级政府,乃至市级政府都会在选民对"外包回流"的强烈呼吁下作出妥协,影响宏观经济政策向"内包"的方向倾斜,进而导致 2016 年一部分离岸外包业务的延缓发包。但是从长远来看,西方国家一系列的保护主义措施仍然难以阻挡企业客户对低成本外包模式的刚性需求。此外,"外包回流"将驱使客户重新审视离岸外包服务商的名单,将外包业务转移给更具竞争力的国际服务商。

3. 汇率波动是双刃剑

近年来,国际外汇市场汇率大幅波动,直接影响公司外汇收入结算后以人民币计价的会计收入。随着国际经济环境的不断变化,汇率的持续变动产生汇兑损益,从而对服务外包承接国(如中国)服务商的财务状况造成重要影响。对资本充足的服务商而言,汇率波动也有利于其开展海外的收购并购,进而实现企业规模的迅速扩张和营收水平的有效提升。

4. 政治隐忧干扰发包方的决策

从 2015 年年初至今,世界政治环境风云突变,主要服务外包承接国的政坛动荡和外交摩擦将严重降低本国企业在服务外包市场的国际竞争力,因为海外客户普遍认为政治环境的不确定性将会增加运营风险和管理风险,而这些风险是难以凭借传统的测算模型进行估算的。例如具有显著地缘优势和多文化聚集优势的埃及,因为严重的国内动乱,流失了大量来自欧盟国家的服务外包订单。

(二)服务外包的发展阶段

1. 起步期

在 1960—1980 年间,世界范围的 IT 服务主要以硬件为导向,并逐步开展起软件测试和维护外包业务;同时,早期 BPO 服务商开始提供以数据处理为主的服务,服务商主要根据全球合同与跨国公司的客户签署合作协议。从客户的角度来看,一些有能力管理离岸关系的公司开始尝试将非核心业务外包给其他国家的第三方服务商。

2. 发展期

在 1981—2010 年间,全球产业链重组,服务业出现国际化加速转移趋势。企业终端用户对于服务外包的接受度开始提高,各国政府均出台了积极政策支持服务外包产业发展。由于市场壁垒较低,世界范围内相继涌现出各种类型的服务外包供应商,但是市场仍然相对分散,低端服务产品市场激烈竞争。为巩固加强竞争优势，一些大型离岸服务提供商开始建立战略联盟及全球离岸交付中心，强化本地化交付能力。

3.转型期

在2011—2020年间，世界各个服务外包承接国的比较优势逐渐形成，国际离岸外包服务市场进入专业化分工和协作阶段。以云计算、大数据、社交网络和移动互联为核心的新兴技术也在改变着服务外包的交付模式。例如基于云平台一对多交付模式得到发展，主要体现在BPO基于SaaS平台，软件外包基于PaaS平台，基础设施服务基于IaaS平台，服务外包进入转型期。

三、全球服务外包产业发展现状

（一）全球服务外包产业规模稳步增长

伴随着全球经济增速迟滞，西方国家陷入了结构性经济衰退周期，全球服务外包市场的增速趋于平缓。根据IDC的数据，2016年全球范围内的信息技术服务、业务流程外包和研发设计三大项服务支出合计约18006.2亿美元，较2015年增长5.1%。其中全球ITO服务支出达到9439.5亿美元，较2015年增长4.2%，占到了全球服务外包市场的52.4%；全球BPO服务支出达到4861.4亿美元，较2015年增长了5.8%，占到全球服务外包市场的27.0%；全球R&D服务支出达到3705.3亿美元，较2015年增长了6.9%，增长率在三部分中最高，占全球服务外包市场的20.6%（见表2-1）。

表2-1　全球ITO、BPO和R&D市场规模预测　　（单位：亿美元）

	2012	2013	2014	2015	2016	2017	2018	2019	2020	2021	16—21 CAGR
ITO	7929.1	8306.7	8684.3	9061.9	9439.5	9830.2	10216.1	10625.5	11065.5	11485.1	4.0%
BPO	3894.5	4068.5	4316.4	4597.0	4861.4	5122.1	5369.6	5617.2	5864.8	6112.3	4.7%
R&D	2841.6	3013.2	3224.0	3467.6	3705.3	3953.9	4182.1	4410.3	4638.6	4866.8	5.6%
总计	14665.3	15388.4	16224.8	17126.5	18006.2	18906.1	19767.8	20653.0	21568.8	22464.3	4.5%

数据来源：IDC，2017。

近年来，全球客户既面临着削减成本的压力，也面临转型创新的压力，而离岸服务外包作为优化成本结构、助力转型升级的有效手段,获得了蓬勃发展的机遇。2016 年全球离岸服务外包总支出为 2697.7 亿美元,较 2015 年增长 15.0%。到 2021 年,该数字将达到 5125.7 亿美元,2016—2021 年的年复合增长率达到 13.7%(见表 2-2)。

表 2-2 全球离岸服务外包市场规模及预测 （单位:亿美元）

规模	2012	2013	2014	2015	2016	2017	2018	2019	2020	2021	16—21 CAGR
ITO	743.0	855.0	980.0	1120.0	1255.0	1410.0	1590.0	1780.0	1970.0	2160.0	11.5%
BPO	320.0	380.0	450.0	532.0	630.0	740.0	860.0	980.0	1120.0	1270.0	15.1%
R&D	366.4	449.9	548.2	658.3	812.7	960.1	1132.0	1309.9	1497.8	1695.7	15.8%
总计	1429.4	1684.9	1978.2	2310.3	2697.7	3110.1	3582.0	4069.9	4587.8	5125.7	13.7%

数据来源:IDC,2017。

(二)全球离岸服务外包市场格局基本稳定

美国、西欧、日本是主要发包国家和地区。2016 年美国的离岸服务外包发包额居全球首位,占全球总额的 58%,西欧为全球第二大离岸服务外包需求市场,占比 19%,日本排在第三位,约占比 11%。

印度、中国成为主要的接包国家。IDC 预计,到 2021 年印度承接的离岸服务外包市场将达到 1670 亿美元,占全球的 32.6%,2016—2021 年 5 年的年复合增长率达到 7.4%。印度在全球离岸服务外包市场一直占据最大的市场份额,这得益于印度在"英语语系的适应力、人才库、国际标准的达成度、服务外包企业的综合竞争力"等方面优势明显。

(三)节约成本、整合资源、支持创新是发包国的主要动因

在日本,"降低成本和增补人才"是日本企业释放离岸服务外包需求的主要推动因素。83% 的日本企业认为是为了"削减成本"而采用离岸服务外包,70% 的日本企业则认为是为了整合外部人才资源"弥补日本人才的不足"(日本信息处理机构 IPA 数据)。

在欧洲,特别是西欧国家的企业决策者,选择服务外包同样基于成本和人才

资源的考虑。一是减少运行成本；二是补充本国在 IT 方面的人才和资源。

在美国，将非核心的业务转移至劳动力价格低廉的国家和地区能帮助其大大节约企业运营成本。同时，美国企业正努力开拓中国等发展中国家市场，开发适应本地的产品，支持创新也成为采用离岸外包的重要因素。

目前服务外包发展的动因已经进入 3.0 时代，如图 2-2 所示：

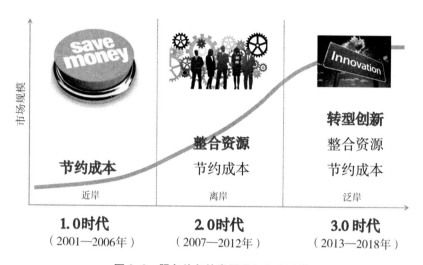

图 2-2　服务外包的发展进入 3.0 时代

四、全球服务外包发展趋势

全球整体经济仍然面临诸多挑战，行业竞争愈来愈激烈，数字化原生代开始引领未来的消费趋势，数字化转型已经成为绝大多数企业的战略核心，从而使服务外包市场发生较大的变化。IDC 认为，全球服务外包市场具有五大发展趋势：转型驱动、技术引领、云端交付、行业融合、人才为本。

（一）转型驱动：数字化转型成为行业用户的核心战略

数字化转型即是利用最新 ICT 技术实现业务的转型、创新与增长，包括改善用户体验、创新商业流程、智慧化产品与服务、提升综合营销能力、加强管理控制、探索新的商业模式等。IDC 研究表明，2017 年全球 67% 的 1000 强企业都将把数字化转型(DX)作为公司战略的核心。数字化转型已经上升为国家战略。德国的"工业4.0",美国的"工业互联网","中国制造2025"与数字经济等都是数字化转型。数字化转型正在驱动服务外包向纵深发展。

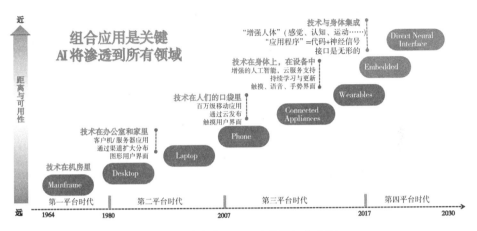

图2-3 技术发展不同阶段的组合应用

资料来源:IDC 2017年统计数据。

(二)技术引领:影响服务外包内涵的新技术不断涌现

各类新技术在不断丰富服务外包的内涵。第一平台主要包括主机和终端,技术主要在机房里;第二平台以PC为核心,包括客户/服务器应用等,技术主要在办公室和家里;第三平台主要包括云计算、大数据、移动、社交、机器人、3D打印、认知与人工智能、物联网、增强现实与虚拟现实、下一代安全等,技术更多地在我们的口袋中、身体上;第四平台的核心技术与人的身体会紧密集成在一起,未来会出现增强人体类产品和服务,在2030年中叶会成为市场的一个主流。

在技术引领趋势下,组合应用是关键,人工智能会渗透到所有的领域,技术是服务外包创新的源泉,也是增长最快的市场。

(三)云端交付:到2020年80%服务外包项目都与云有关

云计算在服务外包中的地位越来越重要,一是传统服务外包会大量采用云端交付模式,二是云计算对服务外包商的能力提出新的技术要求。IDC预计,到2020年80%服务外包项目都与"云"有关。云计算2.0时代已经到来,所具有的

图2-4 云计算2.0时代

特征是：

分布——到2018年85%以上的大型企业将采用混合（多）云的IT环境,到2019年43%的物联网数据将由边缘计算设备进行预处理。

可信——到2020年云计算将成为提供IT安全性和可靠性的主流平台之一,大约60%的企业会使用符合行业规范的云。

行业——到2018年行业协作云的数量将超过450个,是现在的3倍以上,到2020年80%以上的500强企业将通过行业云向客户提供数字服务。

智慧——到2019年40%的数字化转型举措,将由基于云计算的人工智能来完成,到2020年新型的基于云平台和计费模式的分析型应用将大行其道。

渠道——到2020年超过70%的云服务供应商收入将来自渠道合作伙伴。

（四）行业融合:从"+互联网"到"互联网+"

IT(信息技术)、CT(通信技术)、OT(运营技术)、RT(机器人技术)将进一步与行业融合,同时它们之间也将深度融合,基于API的各类行业微服务将不断涌现,如虚拟制造、预测性维护、人机协同、物流自动化、智慧产品、智能客服、机器学习等。到2020年全球近20%的运营流程将可自我修复和自主学习。服务外包与行业的融合趋势将更为明显,以前是行业+互联网,更多的是提升效率、降低成本、提升用户体验、加强管控。未来互联网的创新创业企业将用最新ICT技术实现产品和服务的智慧化,实现商业模式的创新,服务外包也将从支持角色

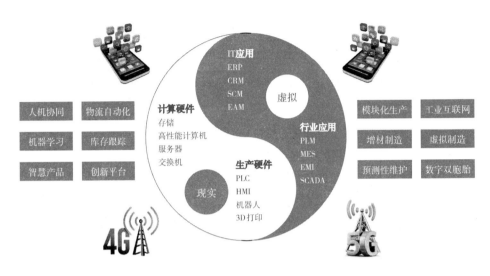

图2-5 新技术与行业融合

发展到引领角色,实现互联网+行业的颠覆性创新。

根据IDC的研究,在未来三至四年间,数字化转型将上升到宏观经济层面,从而在改变企业运营方式的同时重塑世界经济面貌,"数字化转型经济"时代已经来临。到2020年数字化转型影响的行业增加值将达到18万亿美元,占全球GDP的20%。

图2-6 三维领导力的数字化转型人才

（五）人才为本：具有三维领导力的数字化转型人才是关键

服务外包要成为引领角色，人才是关键。一是需要掌握新兴技术的开发人才，如人工智能人才，根据 IDC 的研究，到 2020 年全球对人工智能人才的需求将达到 500 万人，而 2017 年市场只有 50 万人，中间的缺口巨大；二是需要大量具备项目管理能力的中层次人才；三是非常需要既懂行业又懂技术的跨界领军人才，特别是具有数字化转型思维的 CEO、CFO、CIO、COO、CTO、CDO 等，他们应该利用最新的三维领导力模型（创新、整合、吸收），帮助行业用户实现 ICT 技术与业务深度结合的单点创新，进而把创新能力与行业用户的平台深度整合，实现创新在行业用户整体公司内的复制，同时促进行业用户 IT 部门不断吸收新技术、新文化，完成团队的转型与升级。

中国国际服务外包发展现状与趋势

李庭辉①

本文重点分析了 2015—2016 年中国国际服务外包产业发展的基本情况和主要特点，并根据中国国际服务外包产业发展面临的机遇与挑战，提出了在新形势下推动中国国际服务外包产业健康可持续发展的政策建议。

一、中国国际服务外包发展现状

（一）发展概况

2015 年和 2016 年是"十二五"规划实施的收官之年和"十三五"规划实施的起步之年，为推动供给侧结构性改革，中央和地方政府继续坚持对服务外包产业尤其是国际服务外包产业发展的政策扶持，在全球经济进入深度调整、国际服务需求下降的背景下，中国国际服务外包仍保持稳步增长态势。

来自商务部的统计数据显示，2015 年全年中国服务外包企业共签订服务外包合同金额 1309.3 亿美元，执行金额 966.9 亿美元，分别同比增长 22.1% 和 18.9%。其中，签订国际服务外包合同金额 872.9 亿美元，执行金额 646.4 亿美元，分别同比增长 21.5% 和 15.6%。2016 年继续保持增长态势，全年中国服务外包企业共签订服务外包合同金额为 1472.3 亿美元，执行额 1064.6 亿美元，分别增长 12.45% 和 10.11%。其中，国际服务外包合同额 952.6 亿美元，执行额 704.1 亿美元，同比分别增长 9.14% 和 8.94%，增幅比上年有所下降。

---

① 李庭辉：中国服务外包研究中心顾问、研究员。

中国国际服务外包业务来自全球 212 个国家与地区。其中，美国、欧盟、中国香港和日本是中国国际服务外包业务主要来源地，2015 年中国企业承接这四个地区的服务外包执行额分别为 150.6 亿美元、98 亿美元、95 亿美元和 54.8 亿美元，分别同比增长 17.5%、17.6%、28% 和 -9.8%，合计占中国离岸服务外包执行额的 61.6%。其中，来自中国香港的服务外包业务增长迅速，中国香港已经成为企业承接国际业务的主要交付地，成为对接国际客户的重要窗口；来自日本业务出现负增长，日元的持续贬值及中日政治关系遇冷一定程度上影响了企业与日本市场的深入合作。

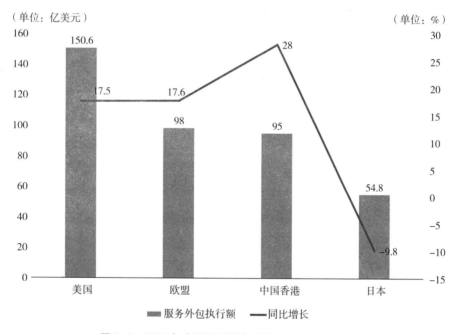

图 2-7　2015 年中国国际服务外包业务主要来源地

此外，新加坡、韩国、中国台湾、德国、英国、荷兰和印度也是中国国际服务外包业务的主要来源地，承接来自上述国家（地区）的合同执行额分别为 33.1 亿美元、29.7 亿美元、28.7 亿美元、20.1 亿美元、15.4 亿美元、12.2 亿美元和 9.8 亿美元。合同执行额排名前 30 位的主要发包来源地增速较快的国家（地区）分别有伊拉克、巴基斯坦、意大利、芬兰、澳大利亚、尼日利亚、法国，合同执行额增速分别为 1102%、183.1%、84.1%、73.2%、37.7%、34%、30%。

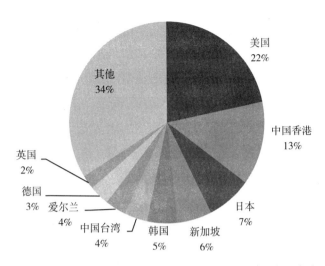

图 2-8　2015 年中国国际服务外包业务主要发包市场占比

（二）发展特点

1. 业务规模保持增长

在世界经济增长疲软，全球需求萎缩，以贸易保护主义为特征的"逆全球化"思潮抬头的背景下，2015—2016 年中国国际服务外包业务规模仍保持增长态势，一方面说明国际服务外包产业发展仍存在一定的市场空间，对拉动世界经济增长具有一定的积极作用；另一方面说明中国服务外包企业国际竞争力在增强。但是，不容忽视的是增速呈下降趋势，中国服务外包企业签订国际服务外包合同金额和执行金额这两项指标增速，从 2015 年同比增长 21.5% 和 15.6% 下降到 2016 年同比分别增长 9.14% 和 8.94%，增速由两位数下降为一位数。可以预料，在全球经济还没有强劲复苏的背景下，未来中国国际服务外包将保持中低速发展态势，这也是国际服务外包产业在全球经济新常态下必然的发展趋势。

2. 业务结构逐步优化

中国国际服务外包业务结构进一步向高附加值业务环节拓展。2015 年企业承接离岸信息技术外包（ITO）、业务流程外包（BPO）和知识流程外包（KPO）的合同执行金额分别为 316.8 亿美元、91.7 亿美元和 237.8 亿美元，同比分别增长 8%、16% 和 27.4%，占比分别为 49%、14.2% 和 36.8%，KPO 业务增长显著,占比有明显提升。其中,在 ITO 领域,软件研发外包占据主导,全年完成离岸合同执行金额 217.9 亿美元,占比 68.8%;其次是软件技术服务、集成电路和电子电路设计;再次是电子商务平台服务增长迅速,离岸合同执行金额同比增长59.6%。在 BPO 领域,业务运营外包服务占据主导,全年完成离岸合同执行金额 43.6 亿美元,占比 47.6%;其次是供应链外包服务,全年完成离岸合同执行金额 31.9 亿美元,占比 34.8%。在 KPO 领域,工业设计外包、工程技术外包、医药和生物技术研发外包的发展规模位列前三,全年完成离岸合同执行金额分别为67.6 亿美元、42 亿美元、37.6 亿美元,占比分别为 28.4%、17.7%、15.8%。在创新发展理念的推动下,知识产权外包服务、研发设计类外包服务呈现较快的增长。

新一轮信息技术革命的发展,促使基于互联网和现代信息技术的专业化生产组织方式得到广泛应用,服务外包与信息服务业、制造业、批发和零售业、交通运输业、能源业、金融业、卫生健康业等垂直行业的深度融合加快。信息服务业及制造业是中国国际服务外包市场主要发包行业,2015 年承接信息服务业、制造业离岸服务外包执行额分别为 315.6 亿美元和 177.3 亿美元,分别占全行业的 48.8% 和 27.4%。

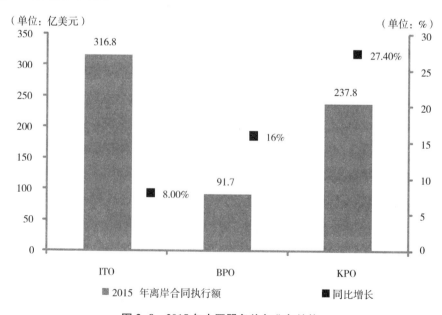

图 2-9　2015 年中国服务外包业务结构

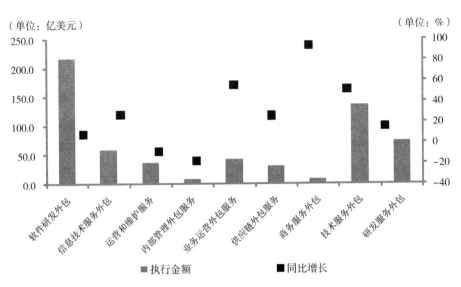

（单位：亿美元）　　　　　　　　　　　　　　　　　　（单位：％）

■ 执行金额　　　　　■ 同比增长

图 2-10　2015 年中国离岸外包细分类别业务执行额和增长率

2016 年中国服务外包企业加速人工智能、区块链等技术的研发与应用。2016 年信息技术外包（ITO）、业务流程外包（BPO）和知识流程外包（KPO）合同执行金额分别为 563.5 亿美元、173 亿美元和 335.6 亿美元，执行额比例由 2015 年的 49：14.2：36.8 调整为 53：16：31。基于企业信息化需求的提升与云计算业务的快速发展，ITO 比重大幅增加，KPO 占比小幅回落。但是得益于知识产权研究、数据分析与挖掘、医药和生物技术研发与测试等业务的超高速增长，KPO 同比增速达 31.65%，超过同期 ITO24.76% 与 BPO28.98% 的增速，产业向价值链高端升级特征更加明显。

中国服务外包企业从"成本套利"逐步向"智能化服务"提升，服务外包的技术支持由传统的互联网与信息技术转向以"云计算、大数据、移动互联、物联网"为核心的新一代信息技术，基于云的服务模式被广泛认可，云端交付也大量被传统服务外包企业所采用，SaaS（软件即服务）和 On-demand Payment（按需付费）成为主流的交付与定价模式。

3. 新兴市场拓展加快

美国、欧盟、日本和中国香港等传统发包市场依旧保持稳定增长，美国依旧是最大的发包国，欧盟是主要发包市场中增长最快的地区。同时，国际市场逐渐从美国、欧盟、日本拓展到东南亚、大洋洲、中东、拉美和非洲等200多个国家和地区。中国服务外包企业加速在海外设立研发中心，包括信息服务提供商及生物医药研发企业，出现向发达国家发包购买研发服务、共同致力于研发创新的国际合作新态势，传统的发达国家向发展中国家发包的固定模式被打破。

2015年以来，随着"一带一路"战略的推进，中国承接"一带一路"沿线国家服务外包业务金额不断提高。2015年中国承接"一带一路"沿线国家服务外包合同金额178.3亿美元，完成合同执行金额121.5亿美元，占离岸总额的比例分别为18.8%、18.9%，同比增长分别为42.6%、23.4%。其中，承接东南亚国家的服务外包合同金额89.9亿美元，执行金额63.2亿美元，同比分别增长30.6%和17.3%，居"一带一路"区域首位，占比达52%。新加坡、马来西亚、印度尼西亚是其中主要的发包国家。承接西亚北非国家的服务外包合同金额43.5亿美元，执行金额25.2亿美元，同比分别增长113%和61.5%。来自沙特阿拉伯、伊拉克的服务外包执行金额位居前列。承接南亚地区国家的服务外包合同金额22.8亿美元，执行金额17.85亿美元，同比分别增长40.1%和35.4%。印度、巴基斯坦是这个地区的主要发包国家。俄罗斯、蒙古及中亚5国合同金额14.1亿美元，执行金额9.7亿美元，分别同比增长10.6%和-14.5%。俄罗斯是区域主要的发包国。

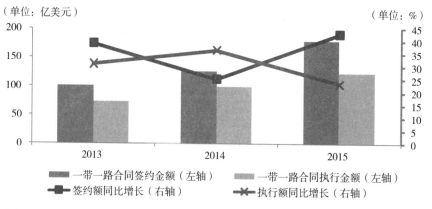

（单位：亿美元）　　　　　　　　　　　　　　　　　　（单位：%）

一带一路合同签约金额（左轴）　　　一带一路合同执行金额（左轴）
签约额同比增长（右轴）　　　　　　执行额同比增长（右轴）

图2-11　2013—2015年中国与"一带一路"沿线国家（地区）合同签约和执行金额

2016年，中国承接"一带一路"沿线国家和地区服务外包业务执行额121.29亿美元，占全国总规模的11.39%，其中，中东欧16国服务外包合同执行

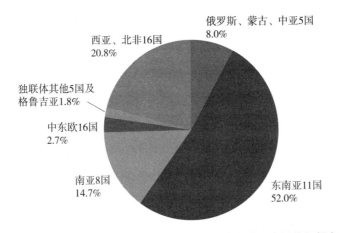

图 2-12 2015 年中国与"一带一路"沿线国家和地区合同执行额占比

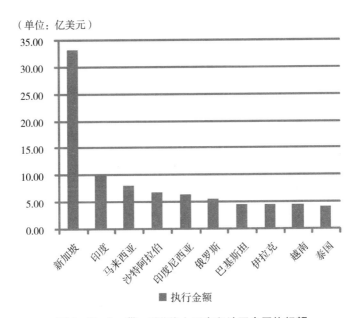

图 2-13 "一带一路"前十国家和地区合同执行额

额增长 26.30%,东南亚 11 国服务外包合同执行额为 65.7 亿美元,成为增长率最快和规模最大的两个区域。乌兹别克斯坦、东帝汶、阿富汗、波黑、罗马尼亚、巴林、也门共和国等国家的服务外包业务增速较快。

4. 市场主体不断壮大

服务外包企业在稳步增加的同时,转型升级的步伐加快,市场主体不断壮大。2015 年全国新增服务外包企业 5644 家,新增企业认证数量 1333 个,其中十三项国际认证数量 1491 个。截至 2015 年中国共有服务外包企业 33771 家,企业认证数量累计达 14203 个,十三项国际认证达 8774 个;2016 年全国新增服务外包企业 5506 家,服务外包企业总数达到 39277 家。随着企业经营成本的不断上升,加速倒逼企业加快转型升级的步伐,通过海内外并购、与发包企业建立长久的战略合作伙伴关系、加速服务技术的研发创新投入等手段,中国服务外包企业引领着产业转型升级的步伐。其中中软国际、浙大网新、浪潮、软通动力、文思海辉等 5 家企业入选全球服务外包 100 强企业。

5. 从业人员持续增加

从业人员也保持稳步增长态势。2015 年全国新增从业人员 127.7 万人,其中新增大学毕业生就业人员 66.8 万人。截至 2015 年服务外包从业人员 734.74 万人,其中大学(含大专)以上学历 471.57 万人,占从业人员总数 64.2%。2016 年全国新增从业人员 121.4 万人,服务外包从业人数增加至 856.1 万,其中大学学历从业人数年新增 79.72 万人,累计达到 551.28 万人,大学生占比为 65.7%,较上年增加 1.5%。各地针对服务外包人才的引进与培养制定了适合本地特色的人才计划与人才重点工程,校企联合的人才培养模式更趋成熟,服务外包示范城市的部分高校根据产业发展的最新技术与业态增设课程,为产业转型升级做好人才蓄水池。

6. 示范城市范围扩大

自 2006 年商务部实施"千百十工程"至 2010 年年底,全国先后批准了北京、上海、天津等 21 个服务外包产业发展先进的城市为中国服务外包示范城市。示范城市的建设对全国服务外包产业发展发挥了很好的示范带动作用,一大批城市以示范城市为标杆加快服务外包产业发展,服务外包产业已经拓展延伸到全国 130 多个地级以上城市。为此,2016 年商务部、国家发展改革委、教育部等九个部委联合发布《关于新增中国服务外包示范城市的通知》,将沈阳、长春、南通、镇江、宁波、福州(含平潭综合实验区)、青岛、郑州、南宁和乌鲁木齐等 10 个城市确定为中国服务外包新增示范城市,示范城市数量从 21 个增加到 31 个。2016 年 31 个服务外包示范城市承接国际服务外包执行额 657.88 亿美元,增长 8.58%,占全国总额的 93.4%。其中,新进 10 个示范城市完成服务外包合同执行额 102.1 亿美元,占 31 个示范城市执行额总规模的 5.1%。

7.中西部区域发展加快

中国服务外包产业发展重心总体集中于东部沿海地区。但是,随着东部一线城市人力和租金成本的上升,推动了服务外包接发包企业将服务外包业务加快向中西部地区转移,中西部地区产业增长速度加快。2015 年湖北、湖南、江西、陕西、新疆、河北、黑龙江等省离岸服务外包合同执行金额同比增长 25%—100% 及以上,其中河北、黑龙江二省同比增长超过 100%;2016 年河南、湖南、重庆、云南离岸服务外包合同执行金额仍保持较高增长速度。

长江经济带是中国服务外包产业发展中最大的集聚带。2015 年长江经济带沿线 11 个省市承接离岸服务外包合同金额 481.3 亿美元,执行金额 394.1 亿美元,分别占全国的 55.1% 和 61%;2016 年长江经济带 11 省承接离岸服务外包合同金额和执行金额分别为 512.6 亿美元和 426.6 亿美元,分别约占全国总规模的 53.8% 和 60.6%。

二、中国国际服务外包发展趋势

(一)机遇与挑战

1.发展机遇

未来,中国国际服务外包产业将面临两大发展机遇:一是世界经济的回暖对服务外包需求的增加;二是新一轮科技革命和产业变革蓄势待发为服务外包产业发展增加新的动力。

根据联合国最新发布的《2017 年世界经济形势与展望》报告预测,未来两年全球经济将保持温和增长,预计 2017 年和 2018 年世界经济将分别增长 2.7% 和 2.9%。其中,2017 年发达经济体中美国经济预计增长 1.9%,欧洲增长 1.8%,日本增长 0.9%;新兴经济体中,印度预计增长 7.7%,南亚增长 6.9%,中国增长 6.5%。世界经济的回暖将会使各国的服务需求进一步增长。从全球服务外包产业发展环境看,虽然特朗普政府的货币政策和贸易保护主义政策促使外包服务回流、西方国家逆全球化思潮的兴起、新兴市场劳动力成本持续上升、区域地缘政治不稳等因素对全球服务外包增长会带来一定负面影响,但经济全球化的总体趋势不会变,国际产业将进一步深化,全球经济合作将继续从生产领域向服务领域深化延伸,全球产业链、价值链、供应链加速整合,服务外包对提高各国企业在全球配置资源的效益将进一步发挥作用。同时,物联网、大数据、云计算和移动互联等新技术、新模式的发展,将会对全球服务外包产业发展增加新的动能。此外,中国和沿线相关国家深入推进"一带一路"建设,中国国际服务外包的市场将会进一步扩大。

2. 面临挑战

首先,国际环境错综复杂对中国发展国际服务外包形成挑战。2016 年国际政治和经济形势不稳定对中国国际服务外包已经产生一定影响,汇率波动对离岸服务外包企业尤其是承接日本离岸业务的企业产生不利影响,很多服务外包企业利润下降。

其次,中国服务外包企业总体竞争力较弱。目前,中国服务外包企业规模普遍偏小,龙头企业较少,在承接服务外包业务和总包业务等方面同印度、美国等国家的服务外包企业相比竞争力较弱。一方面,服务外包企业人才数量不足,人才结构性供给缺口明显,高端软件架构师、系统设计师等高端技术人才、能熟练掌握和运用外语的同时又精通技术的复合型中高端人才相对匮乏,影响承接离岸软件外包业务和自主创新的能力,成为制约中国国际服务外包发展的瓶颈;另一方面,服务外包人才流失率较高,大量有经验的人才转向互联网等更高收入的行业,制约了产业的发展和升级。同时,劳动力成本上涨较快,导致中国企业竞争优势下降。随着工资、社保等逐年上涨,导致企业用人成本激增,使目前我国的人工成本在全球主要接包国中已不具备竞争优势。根据苏州园区企业抽样统计,园区服务外包企业的人力薪酬成本每年递增约 15% 左右。同时根据企业的反馈,苏州中端开发人才的人力成本相当于美国的一半,但是比印度高一倍。

再次,政策激励作用有限,企业受益不显著。目前,国家、省、市曾出台的服务外包扶持政策大部分已过期失效,国家层面的服务外包专项扶持资金对扶持对象标准要求较高,尤其在对承接国际服务外包业务企业的奖励中,很少企业能够达到标准,有些龙头企业虽然离岸业务额度较大,但是出于保密原因无法提供详细合同信息,离岸业务额比例达不到 35% 以上,也无法得到扶持。虽然许多地方政府出台了关于推动科技型中小企业加快发展的若干政策措施,对服务外包企业略有激励,但是力度不大,效果有限。

(二)发展趋势

1.国际服务外包仍有广阔的发展空间

未来两年,随着美欧等发达国家和地区经济缓慢复苏,中国与美国、加拿大、欧盟等国家和地区的服务外包合作有望保持稳定增长。同时,"一带一路"相关国家将成为新的增长点,新加坡、印度、印尼、马来西亚、巴基斯坦、泰国、阿联酋、沙特、俄罗斯及欧盟主要发达国家已与我国在服务外包领域建立了合作关系,上述国家将凭借较好的经济发展基础与产业发展环境,成为我国服务外包企业开拓新的市场的首选。另外,随着"一带一路"互联互通工程建设的加速推进,中国在中亚、西亚等地区将会获得更多工业技术服务、信息化解决方案、专业业务服务需求业务。据安永咨询公司研究报告显示,2018年中东北非地区服务外包市场规模预计将达到70亿美元,部分经济贸易发展良好的城市如迪拜等已经将服务外包列为重点发展对象。美欧日等发达国家和地区是中国服务外包的主要国际市场,同时,"一带一路"相关国家服务外包业务加速释放,在岸市场规模快速增长,中国服务外包产业有望形成发达国家、新兴国家和国内市场"三位一体"的业务新格局。

但是,中国国际服务外包产业发展将由高速增长进入稳步发展阶段。过去10年是中国服务外包产业发展的起步阶段,由于国际服务需求旺盛、中国人力成本相对较低同时素质较高以及政府积极支持等因素,促使了中国国际服务外包产业实现了高速发展,使中国成为全球仅次于印度的第二大国际服务外包业务接包国。未来,随着国际国内环境的变化,中国国际服务外包产业将从以数量增长为主高速发展进入以质量提升为主的稳步发展阶段。对于中国服务外包企业而言,要顺应变化的国际环境,用好国际国内两个市场、两种资源,着力推动服务外包领域供给侧结构性改革,促进服务外包向产业中高端迈进,提升国际服务价值链地位。为此,政府要引导企业通过技术创新和管理创新促进产业向高新技术、高附加值方向发展,推动服务外包产业转型升级。

2.区域协同促进服务外包产业可持续发展

中国区域经济发展的不平衡,为中低端服务外包业务转移提供了区域空间。

未来,以长江经济带、珠江三角洲以及环渤海为核心的服务外包领先区域将继续发挥集聚示范效应,引领全国产业的技术创新、业态创新和模式创新。同时将中低端业务加速向成本较低的中西部欠发达地区转移,实现服务外包产业区域协调发展,为保持服务外包产业可持续发展提供可能。

3. 新技术推动服务外包新业态不断涌现

随着云计算、大数据、物联网、移动互联、人工智能、区块链等技术的快速研发与应用,将会促进云服务、互联网反欺诈、大数据征信、供应链金融服务、工业物联网应用、场地智能化设计、知识产权管理服务、新能源汽车服务、空间地理信息服务、创意设计等新的业务成熟化发展,推动服务外包产业新业态涌现,服务外包领域和内涵将更加丰富。产业融合特性更加突出,服务外包正加速与技术、行业及国家战略全方位、广领域、深层次地融合发展。技术方面,新一代信息技术加速与传统服务外包产业融合,基于云的服务模式被广泛认可,云端交付也大量被传统服务外包企业所采用,SaaS(软件即服务)和 On-demand Payment(按需付费)成为主流的交付与定价模式。服务外包与人工智能融合催生了新业态,比如传统的呼叫中心通过引用人机智能交互技术,实现自动语音识别、语音信息抓取及其智能应答,并通过分析客户体验与反馈意见获得客户需求与市场信息,再利用新媒体平台进行精准的互联网营销。

4. 外包新理念推动服务外包新发展

帮助客户带来价值的外包新理念引导中国服务外包企业向更高层次发展。国内服务提供商通过不断积累经验和技术创新,通过服务外包实现资源共享和优势互补,参与全球化分工的深度和广度前所未有,服务供给能力大幅提升。从最初承接非核心业务或业务中间环节到逐步尝试一些核心业务,发包方与接包方的关系从简单的雇佣关系转向利益共享、风险共担的战略合作关系。

5. 服务外包企业"走出去"的步伐加快

目前,越来越多的中国信息服务提供商及生物医药研发企业加速在海外设立研发中心,由乙方变为甲方,出现向发达国家发包购买研发服务、共同致力于研发创新的新态势。传统的发达国家向发展中国家发包的固定模式被打破,更具战略合作意义的长期伙伴关系逐渐形成。

（三）对策建议

1. 因地施策，提高对产业支持和引导的政策效应

近10年来，从国家到地方政府已经陆续颁布了较完善的鼓励服务外包产业的政策措施，包括服务外包税收政策、人才政策、平台资金扶持政策等，应充分利用好现有的政策，促进服务外包产业健康可持续发展。

第一，应根据各地方产业发展水平和行业侧重点不同，加强政策引导，分区域对服务外包重点及特色业务进行支持，重点加强对服务外包中高端业务的支持，使得各地服务外包产业能够健康可持续发展。

第二，调整政策扶持方式，实行差异化扶持。针对目前享受扶持政策的要求门槛较高，大部分中小型企业很难达标而无法享受到政策红利现状，建议针对中小型服务外包企业具有轻资产、存在融资难等问题，对不同的企业提供有针对性差异化政策扶持，推动企业个性化发展，形成大型领军企业、中型企业、"小专精"企业和谐发展的格局。

第三，调整财政资金支持方式。根据目前产业发展进入新阶段面临的新问题，财政资金支持方式要做适当调整，建议要通盘考虑国内外两个市场，实现两个市场的均衡发展，可以试行负面清单管理，将专项资金、人才培养等政策的具体实施细则制定权限下放给地方，便于地方因地制宜，根据产业发展特点和发展水平制定适合的政策推动产业发展。

第四，针对中西部地区特别是边疆示范城市的特殊情况制定能切实落地的扶持政策。目前国家对示范城市技术先进型企业实施所得税优惠政策，要求企业离岸服务外包业务收入不低于当年总收入的35%，大专以上学历员工占职工总数的50%以上等，中西部地区有些城市往往达不到这一标准，建议考虑欠发达边疆地区与沿海及内地示范城市的差异，适当降低当地扶持政策的门槛，实施差异化考核机制。

2. 建立创新型服务外包人才培养模式

中国服务外包产业发展的核心要素是人才问题，必须要建立新形势下服务外包人才培养的新模式。建议要鼓励各地充分利用现有教育资源，积极引入社会力量，针对不同企业、不同市场的需求实施定制化培训，强化动手能力和实际

业务流程训练,提高人员培训质量;要鼓励各类培训机构和职业院校开设服务外包相关课程,给予适当的政策优惠和税费减免,引导更多毕业生接受专业化培训,不断扩大和夯实服务外包人才队伍;要鼓励有能力的服务外包企业自办培训学校、实训基地,对外开放培训课程或提供实训机会;鼓励专业人力资源服务企业与培训机构合作建立人力资源库,搭建外包服务业的人力资源供应链,推进服务外包公共人才服务平台建设,建立人才培训储备信息交流平台。

为加强中高端人才的引进与培养,建议出台服务外包中高端人士的培养、吸引政策,从社保、所得税、发展基金等方面给予政策倾斜,为吸引更多的服务外包中高端人才营造良好的环境。

中国服务外包交易指数报告

本文重点设计了中国服务外包交易指数（China Outsourcing Transaction Index，简称 OTI 指数）的基本架构，包括指标组成、数据处理、权数分配及数学模型等，利用我国政府公布的服务外包官方数据，根据指数计算结果，对 2016 年我国服务外包交易情况进行了深度分析。

随着信息化和大数据技术的迅速发展和推广应用，世界经济正在向服务经济和数字经济时代迈进。服务外包在全球和中国经济转型、产业升级中的乘数效应日益凸显，正在成为拉动外贸行业供给侧结构性改革的加速器和推动力。《国务院关于促进服务外包产业加快发展的意见》（国发〔2014〕67 号）强调："坚持改革创新，面向全球市场，加快发展高新技术、高附加值服务外包产业，促进大众创业、万众创新，推动从主要依靠低成本竞争向更多以智力投入取胜转变，对于推进经济结构调整，形成产业升级新支撑、外贸增长新亮点、现代服务业发展新引擎和扩大就业新渠道，具有重要意义。"业内专家普遍认为，发展服务外包有利于提高企业劳动生产率的倍增效应、人力资本流动效应和示范学习效应的观点，正在引起国内外各界人士高度关注。

由于服务外包与其他产业关联度较高（如表 2-3 所示）。目前正在逐步向"边界模糊化、服务智能化和交易互联化"的趋势进一步发展。

---

① 金世和、张素龙、沈啸强：上海服务外包交易促进中心。

表 2-3　服务外包与其他相关服务业的融合情况

序号	有关业务	服务外包	服务贸易	高技术服务业	生产性服务业
1	软件与信息技术	●	●	●	●
2	设计	●	●	●	●
3	研发	●	●	●	●
4	互联网	●	●	●	●
5	医疗	●		●	
6	工业	●		●	
7	能源	●	●	●	●
8	文化创意	●	●		
9	教育	●	●		
10	健康护理	●		●	
11	科技服务	●	●	●	●
12	批发零售	●			
13	休闲娱乐	●			
14	金融服务	●	●		●

　　为使我国服务外包产业又快又好地健康发展,按国际上一些发达国家的经验,应定期对一些关注产业的发展现状或交易情况有个较全面的了解、评估、分析,以供政府决策参考。为使评估方法更为科学、合理、简洁和具有可操作性,我们尝试应用统计中有关指数的理论与方法,根据国家公开发布的数据,对中国服务外包的整体竞争力、交易能力、发展状况进行客观、科学、全面的评估分析。

一、指数的概念

　　指数概念产生于 18 世纪,最早应用于价格指数,用来反映商品价格涨落情况。自 20 世纪初至今,统计指数的范围不仅反映商品价格,而且已被广泛应用于城市、产业、气象、贸易、环境、创新、文化等诸多方面。统计指数实质上是根据所包含的一些指标实际变化情况,通过数据的规范化处理、模型计算和因素分析等方法使得最终结果能用数字来描述,这样更有利于对产业客观现状的了解以及提高发展预测的准确度。

业界对指数有广义和狭义两种理解:广义的理解是研究社会经济现象在不同时期、不同地区,报告期与基期对比,数量差异和变动情况的相对指标组成的体系,称为指数,如动态相对指标、比较相对指标、计划完成程度相对指标等均称指数;狭义的理解是反映复杂的社会经济现象在不同度量单位(即不能直接加总的指标)总体数量变动程度的各个指标组成的体系最终能以具体数字来描述的,称为指数,如物价指数、工业指数、股票指数、贸易指数、竞争力指数、和谐指数、外资吸引力指数等。服务外包交易指数就属于此类。因此,构成指数的关键词是:"数据""指标""模型""计算""分析"。

二、指标设计原则

对服务外包行业发展情况进行评估分析,如何选择真实反映行业发展情况的若干指标体系结构组成的指数非常重要,它直接关系到研究结论的科学性、客观性、准确性与可靠性,关系到能否为决策部门提供一个量化的、具有可操作性的依据。考虑到我国的目前各个城市的发展情况,在研究、选取指标体系时,结合国际惯例,一般选取的原则如下:

(一)全面性

指数是由多因素构成的多层次的指标体系,同时又受到体系内外众多因素的影响和制约。因此指标体系应具有覆盖范围广、信息量大的特点。在全面遴选指标时使得相对指标与平均指标相结合中,尽量以平均指标为主;定性指标与定量指标相结合中,以定量指标为主(在本文的交易指数演算和分析中基本采用定量指标)。这样做的目的是尽量从各个侧面、各个层次去客观揭示、描述和反映指标体系的整体状况变化程度以及衡量指标水平的高低程度,避免因遗漏某些重要的信息,而导致评估结果的片面性。

(二)简洁性

选择指数的指标体系中需要遵循全面性的原则,并不是意味着选择指标必须面面俱到,相反,指标的遴选和设置需要考虑典型性和代表性,尽量将含义相同或相关性较大的指标有代表性地选入,在全面性和简洁性结合过程中,尽可能以简洁性为主,避免重复、烦琐而造成评估时的复杂性以及增加指标数据的收集成本。

（三）科学性

指数的指标体系中的每一个指标都应具有确定的内涵。指标体系的建立应根据该行业指标本身及经济社会发展的内在联系,尽可能考虑其科学性,要选择含义准确、便于理解、可供发布、易于合成计算及分析的具体、可靠和实用的指标,尽可能反映指数中各个指标的本质和规律性。

（四）系统性

指标体系并不是一个静止和绝对的概念,而是相对的、不断动态发展变化的。因此,在选择和确定具体指标来构建指标体系时,要综合考虑指标的整体性、动态性和系统性,既要选择反映和衡量行业内部发展状况的指标,又要包含反映行业外部的环境指标(如政策因素等);既要有反映和描述服务外包指标体系状况的静态指标,又要有随着时间的推移、区域的变化和实际差异状况的动态指标。

（五）可比性

为便于国内各个地区的可比性,又能经过适当的调整而方便国际比较和动态分析。因此在选择指标时,要考虑指标的历史延续性,也要考虑这些指标的便于分析预测与可比性。所以选用指标的范围既要考虑口径尽可能与国际上相对统一的期望值指标,同时也需选用一些总量指标,以确保因素变量不会因为经济规模、企业大小或区域差异等因素的影响而使分析结果产生偏差。

（六）可操作性

指标的选取还应该考虑其实用性和可行性,即指标数据的选择、获得、计算或换算,要立足于现有统计公报、统计年鉴或政府公开文献资料,至少容易获得、计算或换算,有利于数据的真实性和降低统计成本。尽可能采取国际认可或国内通行的统计口径,指标的含义应该十分明确,便于有效地进行定量的分析和评估。

三、中国服务外包交易指数

中国服务外包交易指数由竞争力指数、交易指数两大部分组成。

(一)竞争力指数

1.TC 竞争优势指数

TC 指数(Trade Competition Index)即竞争优势指数,也叫贸易竞争力指数,是指一国进出口贸易的差额占其进出口贸易总额的比重。

TC 指数 =(出口-进口)/(出口+进口)。

TC 指数大于零、且越接近于 1 竞争力越大,等于 1 时表示该产业只有出口不进口;TC 指数小于零、且越接近于 -1 时竞争力越弱,等于 -1 时表示该产业只进口不出口。指数为零,表明此类商品进口与出口量相当,整体上贸易竞争力优势与国际平均水平相当。

服务外包由于目前的进口额没有具体统计数据,而离岸服务外包作为服务贸易行业中的重要领域,可以先观察服务贸易全行业 2010 年至 2016 年的 TC 指数轨迹情况。

表2-4 2010—2016 年中国服务贸易有关发展情况 (单位:亿美元)

	2009 年	2010 年	2011 年	2012 年	2013 年	2014 年	2015 年	2016 年
进口	1582	1922	2370	2805	3290	3821	4248	5187
出口	1286	1703	1821	1910	2016	2221	2882	2824
总额	2868	3625	4291	4715	5396	6043	7130	8111
TC 指数	-0.10	-0.06	-0.12	-0.19	-0.24	-0.26	-0.19	-0.30

从表2-4、图2-14 的 TC 指数数据和轨迹图可见,我国的服务贸易竞争优势不容乐观。尽管进出口数量的规模在逐年增加,但竞争力优势却在逐年微弱下降。一般国际上对 TC 取值为(-1,-0.6)时认为该国处于极大的竞争劣势,TC

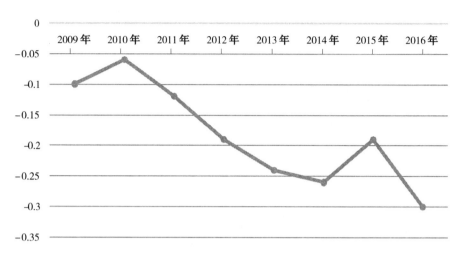

图 2-14　2010—2016 年中国服务贸易 TC 指数轨迹图

取值为(-0.6,-0.3)时为较大竞争劣势,TC 取值为(-0.3,0)时有微弱竞争劣势,TC 取值为(0,0.3)时有微弱竞争优势,TC 取值为(0.3,0.6)时有较强竞争优势,TC 取值为(0.6,1)时有极强竞争优势。我国 2016 年的 TC 指数是-0.3;美国近年来 TC 指数一直保持在 0.12 以上,显然我国是处于微弱竞争劣势。

因此,作为服务贸易的重要领域——离岸服务外包,也正受其行业发展大环境的影响,近年来的增幅显然出现趋缓的态势(见图 2-15)。

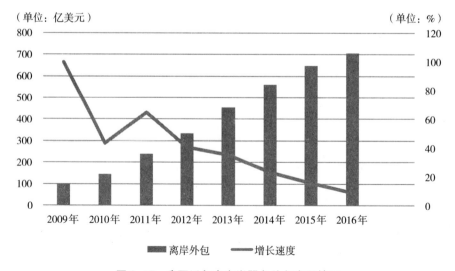

图 2-15　我国近年来离岸服务外包发展情况

2. RCA 比较优势指数

RCA 指数（Revealed Comparative Advantage Index），称为显示性比较优势指数。是美国经济学家贝拉·巴拉萨（Balassa Bela）于1965年测算部分国际贸易比较优势时采用的一种方法，可以反映一个国家（地区）某一产业的贸易比较优势。

它通过该产业在该国出口中所占的份额与世界贸易中该产业占世界贸易总额的份额之比来表示，剔除了国家总量波动和世界总量波动的影响，可以较好地反映一个国家某一产业的出口与世界平均出口水平比较来看的相对优势。

计算公式是：

$$RCA = (X_{ij} / Y_j) \div (X_{iW} / Y_W) \tag{2-1}$$

其中，X_{ij} 表示国家 j 出口产品 i 的出口值，Y_j 表示国家 j 总出口值；X_{iW} 表示世界出口产品 i 的出口值，Y_W 表示世界总出口值。

根据国际上一般观点，一个国家的 RCA 指数大于2.5，则表明某国该产业具有极强的国际竞争力；RCA 介于2.5—1.25之间，表明该国某产业具有很强的国际竞争力；RCA 介于1.25—0.8之间，则认为该国该产业具有较强的国际竞争力；RCA 小于0.8，则表明该国该产业的国际竞争力较弱。

根据商务部提供的数据：2016年服务外包离岸执行额704.1亿美元，2016年我国服务贸易出口总额2824.26亿美元；全球离岸服务外包数据根据国际数据公司（IDC）提供的数额为2100亿美元左右，由世界贸易组织提供的数据预测全球2016年服务贸易出口总额约47700亿美元。

于是可计算出2016年我国的比较优势指数：

$$RCA = (704.1/2824.26) \div (2100/47700) = 5.5 > 2.5$$

上述计算结果说明我国的离岸服务外包具有极强的国际竞争力。因此，国家近年来先后出台众多鼓励发展离岸服务外包的政策，进一步推进我国在离岸服务外包国际市场上的占有率和话语权，对产业发展的支撑力度是相当大的。

从以上分析可见，尽管我国服务贸易的竞争优势不显著，但服务贸易领域中离岸外包的竞争优势却十分明显。

（二）交易指数

我们定义 OTI（Outsourcing Transaction Index）指数为服务外包交易指数。在

对服务外包行业发展和交易情况进行评估分析时，对如何选择能真实反映行业发展情况的若干指标运算与分析体系非常重要，它直接关系到研究结论的科学性、客观性、准确性与可靠性，关系到能否为决策部门提供一个具有量化的、可操作性的参考依据。

1. 指标的结构

为便于分析，我们将指标分为三个等级：一级指标、二级指标、三级指标。

一级指标：包括规模与质量、国际竞争力、综合效益等 3 个维度，表征服务外包交易的核心内容。

二级指标：包括合同金额、执行金额、合同强度、企业规模等 9 个。基于指标属性，是对上述一级指标的具体展开。

三级指标：作为二级指标的具体展开，是根据全面性、真实性和数据可获得的实际情况而设计。包括离岸和在岸金额、增长率、平均合同金额、ITO/BPO/KPO 的占比、国际资质认证、分别在服务贸易和全球同业中占比、人均完成金额、大学生占比、从业人员数量等 30 个。

以上指标仅是与交易相关的，不包括基础设施、商务环境、综合成本等指标。

2. 数据来源

全部采用定量指标，除个别全球的数据采用 IDC 和联合国贸易和发展会议的公开数据外，国内 90% 的数据都选自国家商务部和政府各有关部门公开发布的数据。

3. 权数确定

对各指标权数的赋值，采用德尔菲法（Delphi 法）和层次分析法（AHD 算法）相结合：先确定一级指标的权数，然后再各自分派给包含的二级指标，最后延伸到三级指标。

4. 数据处理

对于已选定的指标构成的交易指数体系，由于各个指标的计量单位不同，例如合同金额、企业规模、国际资质认证数、从业人员等，不能直接进行相互之间的计算。所以在数据采集后，对原始数据进行"无量纲化"处理。用以主要解决不同单位的指标不能直接运算而导致反映不同指标作用下的综合结果。所以要先考虑改变数据计量单位，使所有指标对测评方案的作用力趋同化，然后再加总才能得出正确结果。如"合同金额",希望这些数值越大越好,一般称正向指标;如涉及成本等,则希望越小越好,一般称逆向指标。因此,为体现产业导向作用,可在一定年度(比如近 5 年)的数据中选取"数据指标 j"($j = 1, 2, \cdots, 30$)的最满意数值,记为 $X_{j\,max}$(正向指标),或 $X_{j\,min}$(逆向指标),作为基期数据,进行无量纲化的处理。经处理后的数据常称 X' 为指标 X_j 的功效值。

对正向指标的无量纲化处理:

$$X_j' = X_j / X_{j\,max} \qquad (2-2)$$

对逆向指标的无量纲化处理:

$$X_j' = X_{j\,min} / X_j \qquad (2-3)$$

经上式处理后的功效值,若都是非负正数,最终都可落在 $(0,1]$ 区间内。这样,实现了无论是正向指标还是逆向指标,第一是没有具体的特定单位,第二是经式(2-2)或式(2-3)处理后的功效值都是越大越好。若 $X_j = X_{j\,max}$ 或 $X_{j\,min} = X_j$ 则取 $X_j' = 1$;若 X_j 出现负数或零(如增长率),此时就出现 $X_j' \leqslant 0$ 的特殊情况,在 2016 年交易指数运算中我们是取这样的 $X_j' = 0$,说明该指标对计算结果没有贡献。

5. 模型计算

通过上述步骤,可得出报告期当年交易指数的所有 30 个三级指标的功效值,乘以各自对应的权数后,代入交易指数评价数学模型:

$$A = C_1 X_1' + C_2 X_2' + \cdots + C_j X_j' \qquad (2-4)$$

这里的 X_j' 为第 j 个三级指标的功效值;

C_j 为第 j 个三级指标的权重;

$(j = 1, 2, \cdots, 30)$

计算结果所得 A 即为报告期当年的服务外包交易指数值。

四、关于我国 2016 年服务外包交易指数计算

(一)计算过程

根据式(2-2)、(2-3)、(2-4)以及各指标赋以的权重,计算如表 2-5 所示:

表2-5 服务外包交易指数计算

序号 j	三级指标名称	功效值 X_j'	权数 C_j	$X_j' \times C_j$
1	离岸服务外包合同金额	1	55	55
2	增长率	0.14	5	0.708
3	在岸服务外包合同金额	1	35	35
4	增长率	0.21	5	1.062
5	离岸服务外包执行金额	1	130	130
6	增长率	0.14	20	2.747
7	在岸服务外包执行金额	1	95	95
8	增长率	0.21	5	1.04
9	企业平均人数	1	40	40
	…… ……			
21	离岸在服务贸易出口占比	1	10	10
22	增长率	1	10	10
23	在全球离岸服务外包占比	1	7	7
24	增长率	0.19	3	0.577
25	人均完成执行金额	1	47	47
26	增长率	1	3	3
27	新增就业人员	0.952	57	54.27
28	增长率	-0.06	3	-0.18
29	大学生占比	0.94	37	34.73
30	增长率	1	3	3
交易指数评价值(满分为1000)				$\Sigma = 900.09$

（二）计算结果

根据以上计算结果,2016年我国的服务外包交易指数是900.09。

同样方法,可以计算2010—2016年我国的服务外包交易指数归纳如表2-6所示:

表 2-6　2010—2016 年我国的服务外包交易指数

年份	2010	2011	2012	2013	2014	2015	2016
交易指数	503.5	614.9	646.3	769.6	777.6	889.8	900.09
同比增长		22.1%	5.1%	19.1%	1.0%	14.4%	1.18%

从图 2-16 可见 2016 年服务外包交易情况,尽管增长幅度有所趋缓(2016 年交易指数同比增长 1.18%)。但在全球服务贸易低迷的情况下,我国服务外包仍然呈现缓慢增长趋势,可见离岸服务外包正在成为我国促进服务出口的重要领域,对优化外贸结构改革、推动产业向价值链高端延伸发挥了重要作用。

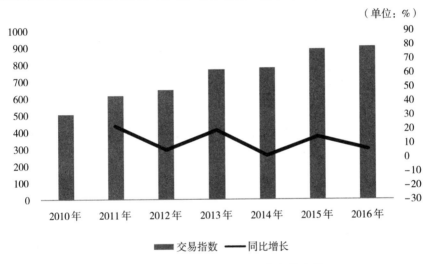

图 2-16　2010—2016 年的交易指数轨迹图

五、交易指数深度分析

(一)规模和质量(满分评价值 600)

一级指标"规模和质量"包括:合同金额及增长率(在岸和离岸,满分 100)、执行金额及增长率(在岸和离岸,满分 250)、企业规模(企业平均人数、企业平均完成金额,满分 100)、合同强度(平均每份合同金额、人均完成合同金额,满分 150)等四个二级指标。根据以上运算,其交易指数中的分值见表 2-7:

表 2-7　2010—2016 年的交易指数中"规模和质量"评价值

指数名称	2010 年	2011 年	2012 年	2013 年	2014 年	2015 年	2016 年
合同金额（满分100）	29.3	43.7	47.3	75	68.5	85.9	91.77
执行金额（满分250）	66.3	108.3	127.7	158.7	193.3	221.3	228.79
企业规模（满分100）	64.2	73.4	80.0	99.1	98.6	100.0	97.96
合同强度（满分150）	109.4	122.4	114.5	146.0	141.8	150.0	142.83
小计	269.2	347.8	369.5	478.8	502.2	557.2	561.3

图 2-17　2010—2016 年的交易指数中"规模和质量"评价值轨迹图

从图 2-17 可见,2016 年的执行金额评价值,与往年相比有一定的增长,但合同强度的评价值即大数额合同有所下降,企业规模 2016 年比 2015 年,评价值增长趋缓,合同总金额评价值还是在逐年递增。

（二）国际竞争力（满分评价值 250）

一级指标"国际竞争力",包括:产业创新（含 ITO、BPO、KPO 占比及其增长率,满分 150）、国际竞争力（含国际认证资质数、占服务贸易出口比例、占全球服

务外包比例,及其各自增长率,满分 100),根据以上运算,其交易指标分值见表 2-8:

表 2-8 2010—2016 年的交易指数中"国际竞争力"评价值

	2010 年	2011 年	2012 年	2013 年	2014 年	2015 年	2016 年
产业创新(满分150)	71.1	100.0	93.3	97.9	90.0	113.0	102.0
国际资质(满分70)	52.9	35.3	44.9	55.7	54.9	66.2	67.3
占服贸出口(满分20)	6.5	15.2	14.7	13.5	13.6	11.3	20
占全球比例(满分10)	7.7	8.8	3.7	6.2	7.4	6.2	7.6
小计	138.2	158.3	156.6	173.3	165.9	196.6	196.9

从图 2-18 可见,2016 年的产业创新评价值比 2015 年有所下降,但略高于 2014 年;国际资质从 2012 年至 2016 年的评价值逐年微弱上升;占服务贸易出口比例评价值增长较快;占全球比例的评价值在稳步上升。

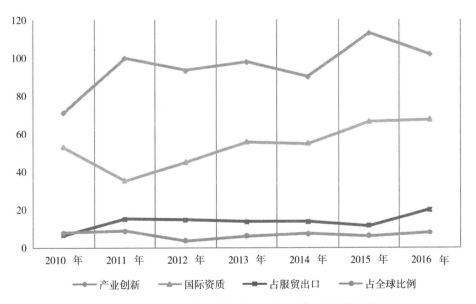

图 2-18 2010—2016 年的交易指数中"国际竞争力"评价值轨迹图

（三）综合效益（满分评价值150）

一级指标"综合效益"，包括：企业效益（含人均完成执行金额，满分50）、发展潜力（大学生占比，满分40）、就业贡献度（新增从业人员数，满分60）。根据以上运算，其交易指标分值如下：

表2-9 2010—2016年的交易指数中"综合效益"评价值

	2010年	2011年	2012年	2013年	2014年	2015年	2016年
人均执行额（满分50）	28.5	39.3	38.3	42.3	48.2	45.2	50
就业贡献度（满分60）	31.8	34.6	47.1	42.0	27.9	60.0	54.1
发展潜力（满分40）	35.7	35.0	34.6	33.2	33.5	31.3	37.7
小计	96.0	108.9	120.1	117.5	109.5	135.5	141.8

从图2-19可见，2016年人均执行额的评价值在增长，说明效率在提升；就业贡献度的评价值较2015年有所下降，说明增长幅度在下降；发展潜力的评价值较2015年上升较快，说明产业发展的基础比较坚实，尤其是员工中的大学生比例较高，产业发展前途有望。

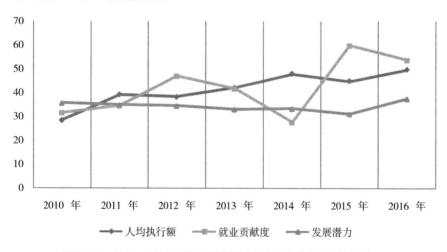

图2-19 2010—2016年的交易指数中"综合效益"评价值轨迹图

六、发展途径思考

近年来,大数据、云计算、互联网、智能化快速崛起与超常规的发展,几乎颠覆了传统服务外包的初始信息网络技术;而全球快速发展的生产性服务业和科技性服务业,几乎覆盖传统服务外包全部业务。因此服务外包既充满机遇,也面临挑战,只有创新才能发展,尤其是模式创新。

(一)融合模式的创新——整合产品供应链

根据服务外包产业可以整合产品的供应链,实行纵向产业链与横向价值链的整合,包括研发、设计、生产、销售、服务等,利用互联网横向整合,从而提出整体解决方案,"能整合资源者得天下""无外包不发展"。整合中要发扬五湖四海、海纳百川的观念。企业的资源整合能力就是对自身的一个最大挑战,智能化、数字化、互联化导致了服务外包企业必须从整合自身的内部资源到整合外部资源,只有融合于其他产业才是最佳的发展途径。

(二)盈利模式的创新——寻找长期合作战略伙伴

目前的大部分服务外包项目承接方与发包方已由"合同关系"正在转变为"伙伴关系",即寻找能长期合作的战略伙伴关系,完成合作共赢、平等互信、同舟共济的共同目标。在合作中,要树立换位意识,要树立危机意识,善于发现自己在市场价格、渠道、产品同质化竞争中的弱势,这样才能不断提高企业技术创新能力,去寻求新的盈利点,要研究产业生态,如何从市场驱动向驱动市场转变,要树立"众创、众包、众扶、众筹空间"的意识。

(三)交易模式的创新——"线上+线下+服务"的模式(简称"O2O2S"模式)

1. 线上服务创新

在岸与离岸项目通过互联网的方式建立网上交易平台,国内接包方基于自身的产品、服务技术,可以通过平台与发包方进行在线沟通、交流,最终达成项目在线交易。平台在提供服务项目资源的同时,再提供企业交易双方(接发包)的信用认证情况,以满足合作双方多样化的信息需求,最后提高项目对接成功率。

2. 线下服务创新

主要为服务供应方(接包方)提供相关行业数据、评测灾备、认证等增值服务,同时为先进技术进入中国提供渠道和载体,以及提供人力资源服务和投融资服务,最后提高项目交易成功率。

（四）企业信用评价体系的创新

为有利于评价、宣传、示范一些信用良好的中国服务外包企业,更快更好地发展我国服务外包产业,目前上海服务外包交易促进中心会同境内外专业机构编制了《服务外包企业信用标准》(2014 年版),在制定的信用标准中包括企业基本信息、企业基本素质、业务能力、财务信用、社会信用、客户信用 6 大指标和 75 个观察点。按照"自愿申请——提交材料——信息初审——初步评定——公示——评审——备案——发证推介——年度复查——备案公示"的工作流程。在离岸外包交易活动中已产生一定的促进作用,加速了项目的对接与交易,加强了国际合作,对进一步提高我国服务外包产业的国际竞争力具有相当的影响。

服务外包企业信用评价体系的研究

金世和　沈啸强　王梦梦①

本文重点探索了中国服务外包企业信用评价体系的基本框架,包括服务外包企业信用评价指标体系的构成、评价标准、基本方法、评价流程和社会监督等问题,推动中国服务外包产业健康有序发展并形成良好的行业规范。

为更快更好地发展我国服务外包产业,规范推进服务外包项目交易,不断提升外包企业信用评价水平和企业信用风险防范能力,有利于评价、宣传、示范一些信用良好的中国服务外包企业,进一步提高我国服务外包产业综合国际竞争力。在境内外一些服务外包企业和政府相关部门的支持和参与下,由上海服务外包交易促进中心会同中国服务贸易协会专家委员会、天津鼎韬服务外包研究院等,组织国内外众多专家编制了《服务外包企业信用评价体系》(第一版),于2014年12月在中国服务贸易协会的年会上予以正式发布。

据统计,截至2016年年底全国累计有774.7万户企业通过企业信用信息公示系统公示了1751.5万条即时信息,公示企业占全国企业总数的29.8%。值得注意的是,2016年这一尚在建设中的系统,日均查询量达到3128.4万人次,是2015年的3.06倍;两年多的时间,累计查询量157.7亿人次。这充分显示了,企业信用正在成为市场经济的一个刚性需求。《服务外包企业信用评价体系》是全国企业信用信息公示系统的一个补充,主要用意正如李克强总理所说:让"信用"成为社会主义市场经济体系的"基础桩",让诚信企业在公平竞争中不断增多壮大。

---

① 金世和、沈啸强、王梦梦:上海服务外包交易促进中心。

国际上广泛采用并相对成熟的企业信用评级体系，除了标准普尔、穆迪、费奇几个核心机构外，还有类似 A.M.Best 公司、KMV、Lace Finance 等机构，其所针对的都是对债务人评级、商业银行贷款评级、银行财务实力评级、政府信用评级等。

目前国内企业信用评价体系主要由商务部、金融机构及相关第三方机构出台的一系列信用评级体系和标准组成，侧重点主要包括金融机构资信评级、贷款项目评级、企业资信评级、企业债券及短期融资债券信用评级、保险及债券公司等级评级等。

总体上看，国内外所有企业信用评级均集中在企业资产和财务审查层面，用于企业贷款、征信等佐证，这对于服务需求方（发包商）选择及考量服务提供方（接包商）的诚信水平，降低项目合同风险的参考价值十分有限。国际上没有成熟通用的有关服务行业，尤其是服务外包企业的信用评价体系。目前普遍意义上的企业信用评价体系又不能完全吻合服务外包企业信用评价的客观需求，准确科学地为发包商（服务需求方）选择接包商（服务供应方）更有效率的决策支持和可靠依据。发包商只能基于自身经验和理解，在发包前期与客户通过反复的沟通、企业历史案例调研和客户的第三方证明等角度对企业的信用进行考核，无形中增加了发包商的运营成本和商务效率，而且在实际操作过程中由于信息不对称和不畅通等原因也导致选择的难度较大，风险较高。在全球外包市场中，中国服务外包企业在商业信誉、国际形象和品牌建设等方面均处于弱势，对我国服务外包企业的国际诚信和"中国服务"品牌都造成了某些负面影响，也成为国际发包商将业务扩充到中国市场的主要顾虑之一，某种程度阻碍和限制了我国离岸服务外包业务的拓展和企业的发展。正是在这种背景下，出台针对中国服务外包企业的信用评价标准和体系显得尤为重要。

通过近三年的实践与探索，在 2014 年由上海服务外包交易促进中心发布的《服务外包企业信用评价体系》（第一版）基础上，最近又一次听取了中外部分专家和企业家的意见，对有关内容进行了再修订。

一、指标体系的构成

修正后的服务外包信用评价体系共包括 6 个 I 级指标，23 个 II 级指标，75

个Ⅲ级指标。指标结构示意图如下：

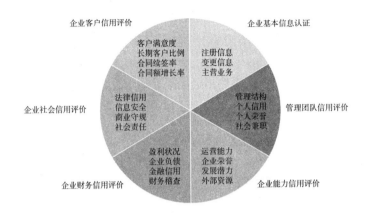

图 2-20　企业信用评价体系示意图

（一）关于企业基本信息认证指标

包括企业注册信息、企业变更信息和企业主营业务3个Ⅱ级指标以及企业法定所有权、注册资金、股东结构、经营范围等8个Ⅲ级指标，是对企业的基本注册信息的评价或认定，以表明企业存在的合法性，这是企业信用水平的基础信息。

（二）关于管理团队信用评价指标

管理团队信用评价是服务外包企业的信用的核心内容，即对管理者的信用水平评价，包括管理结构、个人信用、个人荣誉、社会兼职等4个Ⅱ级指标和管理人员文化素质、工作年限、个人业绩、创新能力等10个Ⅲ级指标，是对企业内部管理团队信用情况的综合评价。这里的管理人员，主要指企业的决策人（CEO，董事长）和企业主管（部门经理、总监等）。我们认为，人是生产力中最积极最活跃的因素，也是生产力中唯一具有能动性、创造力的主体因素。

（三）企业能力信用评价指标

包括运营能力、企业荣誉、发展潜力、外部资源4个Ⅱ级指标和总销售收入、离岸交付业务、企业经营年限、国际专业认证、员工素质、外包行业从业5年以上员工占比等 15 个Ⅲ级指标,是对企业能力可信度的评价,也是对服务外包企业的业务经营和资源整合能力进行评价。

（四）企业财务信用评价指标

基于目前国内外应用最广泛和成熟的财务信用考核指标,包括盈利状况、企业负债、金融信用、财务稽查 4 个Ⅱ级指标和近两年利润变化、资产负债、纳税状况、金融机构的信用等级评级等 21 个Ⅲ级指标。由于这些指标反映了企业运行中的财务资金状况,也同时利用来自第三方对企业财务状况真实性的信用评价,也是对企业经营业绩的重要评价。

（五）关于企业社会信用评价指标

从法律以及社会公众第三方的角度出发,针对服务外包企业的社会影响力和依法经营状况的综合评价。包括法律信用、信息安全、商业守规、社会责任 4 个Ⅱ级指标和法律诉讼、劳务工资按时支付、商业违规、知识产权保护、社会责任履行情况等 10 个Ⅲ级指标,这是对服务外包企业遵守法律、行使社会责任的信用评价。随着现代经济社会的快速和谐发展,发包商不仅关注接包企业在自身经营和业务发展方面的实力,同时也很关注企业的承担对员工、法律和社会环境的责任履行情况。

（六）企业客户信用评价指标

从服务外包企业的历史客户的角度,即直接从第三方的维度对企业的信用记录的评估。包括客户满意度、长期客户比例、合同续签率、合同额增长率等 4 个Ⅱ级指标和大合同客户数、境外客户数、对企业提供服务的客户满意度等 11 个Ⅲ级指标。这些指标都是基于来自客户对接包企业提供的服务评价以及企业在市场运行中来自客户的信用评价,是目前全球发包商(或称服务需求商)对接包企业(或称提供服务商)的信用评价的最核心品牌,也是企业综合竞争力和信用要素水平的最直接体现,代表着企业在行业内的口碑和信誉。

二、信用评价标准和基本方法

（一）企业参与信用评价的原则

根据国家有关文件的精神，企业参加信用评价应遵循"自愿、公开、公正、客观、严谨"的原则，专业评价机构对评价标准、评价流程和评价结果应向社会进行公示，要接受社会监督。

信用评价专业机构同时应与参评企业签订信息保密协议，要保护评价全过程中所涉及的信息安全、商业机密和个人隐私等，依法保障参评企业的合法权益。

信用评价应有一个有效期，一般为 3 年。在有效期之内信用评价专业机构要对参评企业进行复查。合格者继续享有原信用等级，对不合格者提出整改建议或相应下调信用等级，甚至重新评价或取得原信用等级。

（二）信用评价等级与评价方法

1. 关于评价等级

根据国际通用的惯例，一般将企业信用等级分为三等九级，即分为"A、B、C"三等，以及"AAA、AA、A；BBB、BB、B；CCC、CC、C"九级（见表2-10）。

表 2-10　企业信用等级划分：三等九级

序号	等级	级别	评分分值
1		AAA	900—1000
2	A	AA	800—899
3		A	700—799
4		BBB	600—699
5	B	BB	500—599
6		B	400—499

续表

序号	等级	级别	评分分值
7		CCC	
8	C	CC	400 以下
9		C	

2. 关于指标的权数确定

（1）确定指标权数的原则

对企业信用评价的基础主要来自近两年的企业信用信息和企业经营、管理、能力、财务、客户评价等的各项指标的数据，其中每一项指标对评价企业信用都具有实际意义，但这并不意味着每个指标的重要性都是等同的。统计上处理这类问题的方法通常是对重要性程度不同的指标赋予不同的权数（一般称权重）。如反映企业的"能力信用评价"指标，相对于"企业社会信用评价"指标来说可能显得更为重要。于是我们就赋予"能力可信评价"指标的权数可大于"企业社会信用评价"指标的权数，这样每个指标就分别对应一个在限定范围内（比如0—1）可数量化的权数。若对同一指标赋以不同的权数，产生的评价结果是不一样的。

因此，确定评价指标权数的原则是：根据该指标在整个评价指标体系中的重要性程度，在限定范围内赋予可量化的权数。

（2）确定指标权数的方法

由于目前服务外包在我国还处于发展阶段，有些数据积累和指标量化还不完整，在本《信用评价体系》中赋予各项指标的权数，是采用比较通行的层次分析法（Analytic Hierarchy Process, AHP）与专家调查法（德尔菲法 Delphi）相结合，根据指标的构成体系分层次确定，首先分别给予每个指标满分评价的"功效值"标准，即1000分×权数。在一般算法中对指标评价值满分都取100分，但在本《信用评价体系》中，由于指标较多，为简便运算起见对指标满分评价值的总和为1000分，然后请专家组根据企业提供每项可资证明的数据或资料进行评价。可以先请专家用匿名发表意见的方式，专家之间不互相讨论，不发生横向联系，只能与专业信用评价机构（以下简称专业机构）人员发生联系。可以先确定Ⅰ

级指标的功效值,然后再逐一确定Ⅱ级指标与Ⅲ级指标中的功效值。通过多轮次调查专家对问卷所提问题的看法,经过反复征询、归纳、修改,最后汇总成专家基本一致的看法。

在参评企业对信用评价专业机构确认无疑后,专业机构应成立工作小组,具体工作步骤如下:

①组成专家小组。按照指标选用所需要的知识范围确定专家。专家人数的多少,应根据评价指标选用范围的大小和专业涉及面的宽窄而定,一般不宜过多。

②由工作小组向所有专家提出所需指标的权数及有关要求,并附上有关这个问题的所有背景材料,同时请专家提出还需要什么材料。然后,由专家做书面答复。

③各个专家根据他们所收到的材料,用书面形式提出自己的权数赋值意见,提出在该指标满分情况下与权数的乘积,一般也称功效值的计算结果,需要时可另以书面说明。

④工作小组将各位专家第一次判断意见汇总,列成图表,进行对比,再分发给各位专家,让专家比较自己同他人的不同意见,修改自己的意见和判断。也可以把各位专家的意见加以整理,或请身份更高的其他专家加以评论,然后把这些意见再分送给各位专家,以便他们参考后修改自己的意见。

⑤将所有专家的修改意见收集起来汇总,再次分发给各位专家,以便做第二次修改。逐轮收集意见并为专家反馈信息,这一工作步骤是德尔菲法的主要环节。收集意见和信息反馈一般要经过三四轮。在向专家进行反馈的时候,只给出各种意见,但并不说明发表各种意见的专家的具体姓名。这一过程重复进行,直到每一个专家不再改变自己的意见为止,这样就认定了每个指标对应的权数。

3. 关于信用评价的计算方法

在本评价办法中,Ⅱ级指标将参与评价得分最基础的实际运算,由于部分Ⅲ级指标目前还只能定性地描述,难以具体用定量来界定。因此某些定性的Ⅲ级指标在条件未具备前,暂不评定具体功效值及设定满分功效值标准,而是根据企业提供的报告或资料具体给予评分,这样所有Ⅲ级指标功效值的得分将作为构成Ⅱ级指标数据信息的重要依据,最后推算出Ⅰ级指标和总评价的得分。

具体过程如下：

第一步对 6 个Ⅰ级指标的权数模拟如下：

表 2-11　6 个Ⅰ级指标的权数模拟

序号	Ⅰ级指标名称	满分功效值（1000 分×权数）
1	企业基本信息认证（注 1）	50（1000×0.05）
2	管理团队信用评价	200（1000×0.2）
3	企业能力信用评价	300（1000×0.3）
4	财务信用评价	150（1000×0.15）
5	社会信用评价	100（1000×0.1）
6	客户的企业信用评价	200（1000×0.2）
功效值合计（注 2）		1000

注 1："满分功效值"计算中赋予权数的限定范围应在 0—1 范围内，《评价体系》中指标权数限定范围在同
　　一级指标中权数之和要等于 1，最终所有指标的满分功效值之和为 1000。

注 2：指标"企业基本信息认证"，根据企业提供资料以及这些资料来源的真实性程度由工作小组给予评
　　分，该指标的满分功效值是 50。

第二步：确定评价指标体系中Ⅱ级指标的满分功效值，以及Ⅲ级指标满分功
效值的参考标准。

一般运行时，可以先确定 75 个Ⅲ级指标满分功效值的参考标准。接着，根
据满分功效值标准，专业机构的工作小组可以会同专家小组根据参评企业提交
经审核后的全部数据和资料，给予评价，得出 75 个Ⅲ级指标（含观察点）对应的
"功效评价值"。

第三步：评价总分的计算，根据 75 个Ⅲ级指标对应的"功效评价值"，由其
对应关系可向前推算出 23 个Ⅱ级指标与 6 个Ⅰ级指标的"功效评价值"，同一
级指标的"功效评价值"之和即为该参评企业的最终"信用评价得分"。

4.信用评价工作流程小结

第一步，评价体系中的各类指标分值，可根据主要 75 个Ⅲ级指标具体含义，
由行业资深专家组成的"专家小组"进行确认。

第二步，根据企业填报数据与信息，经信用评价专业机构的工作小组核准
后，参照经"专家小组"确认的各指标分值，初步得出Ⅲ级指标、Ⅱ级指标、Ⅰ级
指标得分。Ⅲ级指标的总得分，应与Ⅰ级指标、Ⅱ级指标总得分分别相同，这个

"总得分"就是企业信用评价的得分,然后根据得分情况找到对应的等级,即为企业的"信用评价等级",这时评出的等级标为"初始评价"。

第三步,根据"初始评价"反馈到参评企业,进行确认。

a.若企业认可,即进入第四步。

b.若企业不认可,需由企业列出理由依据,由工作小组确认其合理性,提交"专家小组"进行确认。若"专家小组"认同后,即进入第四步;若"专家小组"不认同,由工作小组再反馈给企业,列出咨询意见和相关建议,直至企业和"专家小组"共同"认同"后,即进入第四步。

第四步:将参评企业信用评价结果予以社会公示,一般公示期限为两周,若公示后

a.无任何质疑,则进入第五步;

b.有质疑,由工作小组再复查,针对性地对"质疑"意见复核,或取消该企业评价结果,或提出正当解释,公示后进入第五步。

第五步:由专业机构颁发"服务外包企业信用评价等级证书"并登报公示和上报企业主管行业机构。

以上具体流程归纳见图 2-21。

三、信用评价的社会监督

(一)关于收费

参评的企业应向信用评价专业机构缴纳信用评审费,在评价全过程的各个环节将严格按照国家有关法律法规进行。根据国家规定收取相关成本费用,包括专家评审费、管理费、公示费、证牌工本费以及聘请专业信用服务机构开展信息核查劳务费,评价过程中的全部收入将依法纳税。

为保证信用评价工作的公正性,减轻企业负担,一般专业评价机构不应以营利为目的,收费金额不与企业经营规模或其他指标相联系。收费范围仅限于与评价相关的费用,根据我国文件规定资产总额在 1 亿元以内的企业缴纳费用最高以不超过 1 万元为限。

在整合评价过程中不收取评价赞助费。

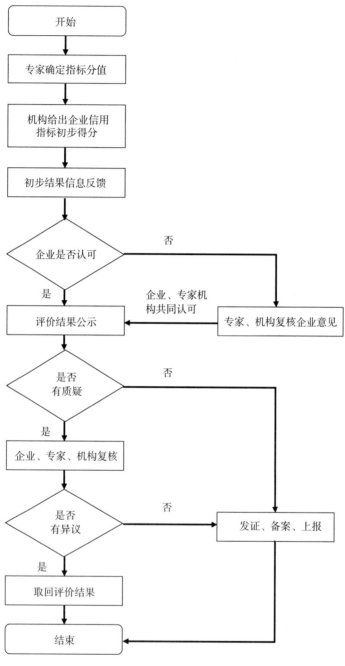

图 2-21　信用评价工作流程

（二）建立信用档案

信用评价专业机构应对参评企业建立信用档案，并纳入专业机构信息管理系统。对参评企业在经营活动中的所有信用记录，均纳入该企业的信用档案。

在申报过程中或取得专业评价机构信用等级证书后，专业机构如发现参评企业隐瞒真实情况、弄虚作假的，根据情节轻重，降低或者取消其信用等级，并予以公示；参评企业如发现所报数据有误的，应及时向专业机构重新申请信用等级评价。

（三）信息安全保护

信用评价过程应保守相关商业秘密，若需公开涉及商业秘密和个人隐私的信息，必须取得委托人（参评企业）授权。

（四）社会监督

专业评价机构在组织开展企业信用评价过程中，要严格执行以下自律机制，设立并公布投诉渠道，认真处理举报投诉，接受会员和社会公众的咨询评议和监督。

1. 遵守国家有关法律、法规、政策；

2. 信用评价专业机构严格依据评价标准和相关程序，独立开展企业信用评价工作，保证评价结果的公正性、科学性、一致性、完整性；

3. 保证信用评价专业机构对参评企业信用等级评价结果不受任何单位和个人的影响；

4. 信用评价专业机构对参评企业所提供的基本信息、经营管理和技术信息、财务信息以及从第三方获得的其他信用信息，负有保密义务；

5. 信用评价专业机构认真对待评价过程中的投诉和反馈信息，并核实信息的真实性，接受政府相关部门和社会舆论的监督。

2010—2015 年中国服务贸易发展指数

沙 琦[①]

本文主要介绍了中国服务贸易发展指数的基本框架,包括服务贸易发展指数指标体系和服务贸易发展指数计算与分析,并根据对中国服务贸易发展指数计算结果,提出了进一步推动中国服务贸易发展的工作建议。

一、中国服务贸易发展指数建立背景

2016 年统计公报显示,我国第三产业在 GDP 中占比达 51.6%,不少城市的第三产业在 GDP 中占比已达 60%以上,说明我国正在向服务经济时代迈进。作为服务经济中的重要标志,服务贸易已成为当今全球贸易发展最为迅速的领域,也是衡量一个国家发达与否的标杆之一。我国的服务贸易起步较晚,近几年来以高于 GDP 的平均增速快速发展。2016 年面临国内外诸多矛盾叠加、风险隐患交汇的严峻挑战,我国服务贸易继续保持了快速发展势头,进出口总额首次突破 5 万亿人民币大关,占进出口贸易比重 18%,比 2015 年增加了 2 个百分点。但是中国的服务贸易"大而不强"问题依旧严峻,服务贸易逆差高达 1803 亿元。与欧美发达国家相比差距仍然较大,整体产业还处于初级发展阶段,结构有待进一步完善。

2015 年国务院《关于加快发展服务贸易的若干意见》(国发〔2015〕8 号)文件中进一步提出"大力发展服务贸易是扩大开放、拓展发展空间的重要着力点,有利于稳定和增加就业、调整经济结构、提高发展质量效率、培育新的增长点"。

---

① 沙琦:天津鼎韬外包服务有限公司副总裁、鼎韬产业研究院副院长。

2016 年 2 月国务院批复同意在天津等 15 个省市开展服务贸易创新发展试点,推进服务贸易便利化和自由化,打造服务贸易制度高地。商务部等部门先后印发《服务出口重点领域指导目录》《服务贸易发展"十三五"规划》等指导文件,激发服务贸易增长新动力。根据中央领导讲话和国务院文件精神,在国内有关城市领导和行业机构的支持下,在中国服务贸易协会专家委员会的指导下,鼎韬产业研究院牵头组建研究队伍,广泛征询国内外行业专家的意见,经过近一年境内外详尽的调查研究、专题研讨、数据分析,结合我国服务贸易发展的实际,最终形成了《中国服务贸易发展指数(2015)研究报告》,通过建立中国服务贸易发展指数,以科学合理的评价体系来测度产业发展综合情况。中国服务贸易发展指数是一个动态体系,我们将结合产业发展最新变化,每隔一至二年对指标体系进行调整优化。《中国服务贸易发展指数(2016)》将于 2017 年下半年正式对外发布。

"中国服务贸易发展指数"不仅是一个评价工具,更是对国家和地方层面服务贸易发展水平的一个检测工具。本文根据《中国服务贸易发展指数(2015)研究报告》及相关最新数据编撰而成,希望通过这一评价体系,对各省(自治区、直辖市)以及服务贸易创新试点城市(区域)进行全面评估,并进一步根据各单项指标评分和综合指标评分,找到适合自身发展服务贸易的战略方向,以提高各自发展水平。

二、全球及中国服务贸易发展概况

(一)全球服务贸易发展概况

最近十年,全球服务贸易保持稳定增长的总体趋势。从 2005—2015 年全球服务贸易总额增长率趋势曲线可以看出,在 2008 年经济危机之后,全球经济萎靡,服务贸易受到较大影响,2009 年至今服务贸易的增长率表现出增中有降、徘徊前行的态势,并在 2011 年达到一个小高峰,此后持续在基准线附近徘徊,整体保持稳定。2016 年,全球服务贸易进出口总额已达到 96767 亿美元。

在整体产业保持稳定发展的过程中,国际服务贸易的产业结构正在悄然发生变化。在 2016 年全球服务贸易出口总额中,旅游服务出口约为 12054.8 亿美

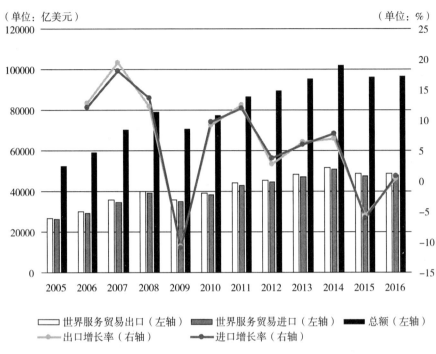

（单位：亿美元）　　　　　　　　　　　　　　　　　　　　　　（单位：%）

图2-22　全球服务贸易进口、出口和总额的趋势及增长率

数据来源：联合国贸易与发展会议数据库。

元,约占全球服务贸易出口总额的24.71%,依然是总量最大的服务贸易细分领域;运输服务出口总额约为8525.5亿美元,所占比重约为17.47%,与2005年相比下降了4.4个百分点;电信、计算机和信息服务2016年全球出口总额约为4930.5亿美元,占比约为10.1%,与2005年相比,增加了约3个百分点;金融服务全球出口总额为4202.7亿美元,占比8.61%。通过国际服务贸易各细分行业最近十多年的比重对比分析,除旅游服务、金融服务等相对稳定之外,运输、货物相关服务等传统服务贸易领域比重及重要性逐年降低;反之,知识密集型和创新型的电信、计算机和信息服务、金融服务、知识产权使用费及其他商业服务等则呈现出明显的上升趋势,成为全球服务贸易发展的新动力。

（二）中国服务贸易发展概况

我国服务贸易起步于20世纪80年代,虽然起步较晚但发展速度较快。1982年我国服务贸易进出口额仅为44亿美元,2016年上升为6610亿美元,增

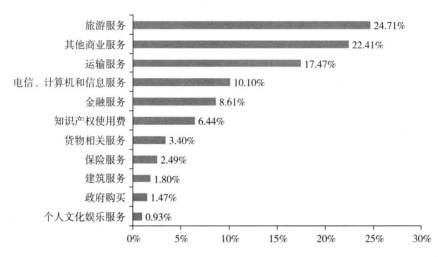

图 2-23 2016 年全球服务贸易各细分行业出口占比

数据来源：UNCTAD 数据库。

长了 150 多倍，总体规模仅次于美国，居世界第二位。同时，我国服务贸易占世界服务贸易进出口总额的比重也由 2011 年的 5.17% 增长到了 2016 年的 6.83%。2011—2015 年我国服务贸易实现年平均增长率 14.99%，远高于同期世界服务贸易平均增长率 5.71%。数据表明，我国已经成为全球服务贸易的重要增长极。

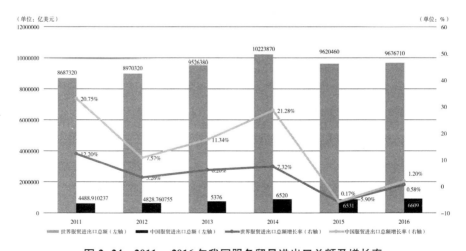

图 2-24 2011—2016 年我国服务贸易进出口总额及增长率

数据来源：UNCTAD 数据库、外管局官方网站。

目前我国服务贸易逆差问题还比较严重。2011—2016年,我国服务贸易进口额从2478亿美元增长到了4526亿美元,年平均增长率为20.41%;同时,我国服务贸易出口额从2010亿美元增长到了2084亿美元,年平均增长率为7.32%。服务贸易逆差不断加大,2016年逆差为2442亿美元。

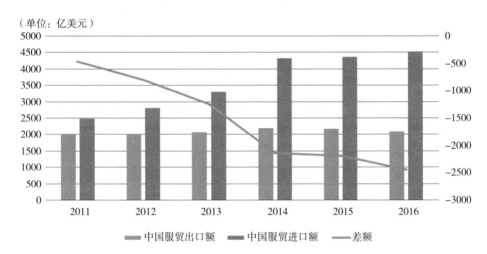

图2-25 2011—2016年我国服务贸易进出口额及贸易差额

数据来源:外管局官方网站。

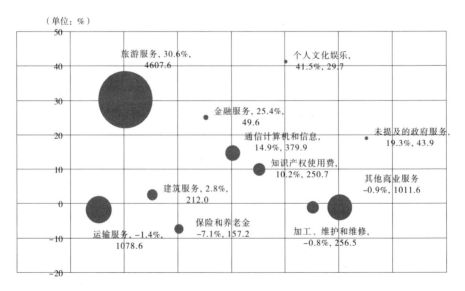

图2-26 中国服务贸易主要细分行业2016年进出口额及近六年平均增长率比较

数据来源:外管局官方网站。

当前,我国服务贸易结构仍以传统的旅游、运输为主,虽然近年来我国服务贸易在金融、保险、咨询等领域出口稳步增长,但由于旅游行业出口的大幅增长,传统服务贸易行业出口占比仍远高于新兴的资本、知识密集型服务贸易行业出口占比,尤其是同美国等发达国家相比,在产业结构方面仍存在较大的差距。从长远来看,为实现从贸易大国向贸易强国的转变,还需要大力发展新兴服务贸易行业。

三、中国服务贸易发展指数计算与分析

(一)服务贸易发展指数指标体系

服务贸易发展指数是一个国家或地区服务贸易发展状况的一套评价指标体系。该指标体系由 5 个一级指标、23 个二级指标、72 个三级指标组成,可以较为全面、客观、科学地评价一个国家或地区服务贸易发展情况。通过一段时间应用后,每隔一至二年将对指标的设定、数据相关性处理、权数赋值等进行修正、完善和优化。

服务贸易发展指数一级指标包括:发展规模、行业结构、国际竞争力、对外开放度、发展潜力;二级指标包括服务进出口总规模、占国际市场比例、各个细分行业(运输、旅游、通信、建筑、保险、计算机和信息、专利使用、咨询、文化等)发展状况、国际竞争力、吸引外资、就业人数、法规建设等;三级指标包括各个指标的具体数字、增长率、占比以及一些服务贸易研究常用的指标,如 TC 指数、RCA 指数、CA 指数、NRCA 指数等。

一级指标的权数赋值为:发展规模 350、行业结构 350、国际竞争力 100、对外开放度 80、发展潜力 120,权数赋值总和为 1000。

表2-12　服务贸易发展指数指标体系框架

序号	指标体系目录		
	一级指标	二级指标	三级指标
1	发展规模	服务进出口总规模	进出口总金额、增长率等
2		占国际市场比例	进出口总额占国际市场比例、增长率等
3		占外贸总额比例	进出口总额占外贸总额比例、增长率等
4		离岸外包占比	离岸外包金额占服务贸易比例、增长率等
5		占GDP和第三产业比例	进出口总额占GDP比例、占第三产业比例、增长率等
6	行业结构	运输服务	总额、占比、同比增长等
7		旅游服务	总额、占比、同比增长等
8		通信服务	总额、占比、同比增长等
9		建筑服务	总额、占比、同比增长等
10		保险服务	总额、占比、同比增长等
11		金融服务	总额、占比、同比增长等
12		计算机和信息服务	总额、占比、同比增长等
13		专利使用权和特许费	总额、占比、同比增长等
14		咨询服务	总额、占比、同比增长等
15		广告、宣传	总额、占比、同比增长等
16		电影、音像	总额、占比、同比增长等
17		其他商业服务	总额、占比、同比增长等
18	国际竞争力	国际行业竞争力指数	TC指数、RCA指数等权威性指数
19	对外开放度	服务贸易对外开放度	进出口总额占GDP比例
20		吸引外资总额	对外投资总额、增长率等
21		对外投资总额	吸引外资总额、增长率等
22	发展潜力	就业人数	就业人数、增长率、贸易类大学生等
23		法规建设	服务贸易相关政策法规等

(二)服务贸易发展指数计算与分析

由于 2016 年部分数据缺失,本文主要以统计局《中国统计年鉴 2016》较为成熟的服务贸易数据为基础,同时参照商务部、外管局,以及 UNCTAD 数据库、WTO 世界贸易统计数据等进行计算与分析。得到 2010—2015 年我国服务贸易发展指数(如图 2-27 所示),我国服务贸易 2010—2012 年发展缓慢,2012—2015 年发展速度较快。各二级指标及细分领域发展指数如下:

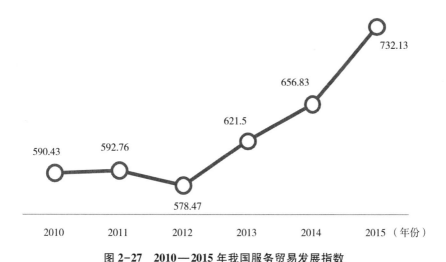

图 2-27 2010—2015 年我国服务贸易发展指数

数据来源:鼎韬根据 UNCTAD 数据库、WTO 世界贸易统计数据、《中国统计年鉴 2016》、外管局统计数据、发展公报数据等测算得出。

1. 发展规模指数

发展规模是综合反映服务贸易总体特征的指标,是构成服务贸易全部活动的体系。从 2010—2015 年服务贸易发展规模指数(满分是 350)分别为 235.23、199.55、207.63、233.16、237.45、327.35(见图 2-28)。其中,2011 年服务贸易发展规模指数在近 5 年中最低,2015 年发展规模指数较 2014 年大幅增长。

2. 行业结构指数

行业结构以服务贸易的实际构成为基础,弥补服务贸易总量指标过于宏观的特点,能清晰反映各个细分行业的情况以及优劣势。2010—2015 年,我国服务贸易行业结构指数(满分 350)分别为 176.79、188.75、191.51、199.20、

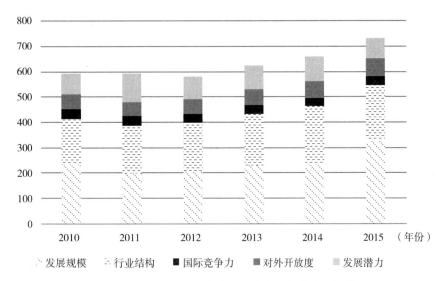

图 2-28　2010—2015 年我国服务贸易综合发展指数

数据来源：鼎韬根据 UNCTAD 数据库、WTO 世界贸易统计数据、《中国统计年鉴 2016》、外管局统计数据、发展公报数据等测算得出。

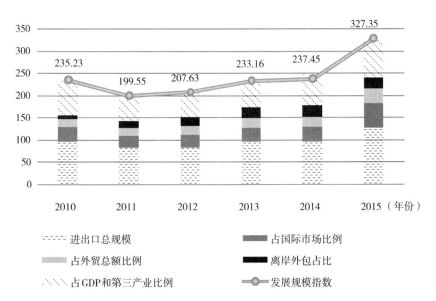

图 2-29　2010—2015 年我国服务贸易发展规模指数

数据来源：鼎韬根据 UNCTAD 数据库、WTO 世界贸易统计数据、《中国统计年鉴 2016》、外管局统计数据、发展公报数据等测算得出。

225.98、215.94(见图 2-30),实现了平稳快速上升,说明在过去几年中,我国服务贸易行业结构有了明显的改善。但是,行业结构指标还有很大的上升空间,也从另一方面证明了我国服务贸易行业结构还存在较大的不合理性,有待进一步的优化和提升。

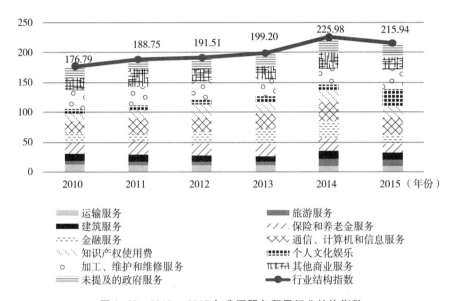

图 2-30 2010—2015 年我国服务贸易行业结构指数

数据来源:鼎韬根据 UNCTAD 数据库、WTO 世界贸易统计数据、《中国统计年鉴 2016》、外管局统计数据、发展公报数据等测算得出。

3. 国际竞争力指数

国际竞争力由服务贸易竞争力指数(TC 指数)、显示性竞争比较优势指数(CA 指数)、显示性比较优势指数(RCA 指数)、净出口显示性比较优势指数(NRCA 指数)等相对量指标构成。近年来我国服务贸易国际竞争力指数(满分100)持续走低,2010—2015 年数值分别为 38.78、37.03、35.30、34.52、32.92、34.63(见图 2-31),说明我国服务贸易的国际竞争力在过去的 6 年中呈逐年下降趋势。尽管我国服务贸易总规模稳步增长,行业结构逐渐优化,但目前服务贸易出口就整体而言在国际市场上存在竞争劣势,个别行业如专利使用费和特许费存在非常明显的劣势,如果忽视这些问题,一味追求发展规模,将难以实现从贸易大国向贸易强国转变的目标,不久之后还会在日益激烈的国际竞争中逐渐被淘汰。

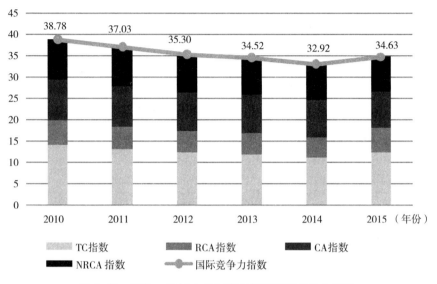

图2-31　2010—2015年我国服务贸易国际竞争力指数

数据来源:鼎韬根据 UNCTAD 数据库、WTO 世界贸易统计数据、《中国统计年鉴 2016》、外管局统计数据、
　　　　发展公报数据等测算得出。

4.对外开放度指数

对外开放度主要从吸引外资,对外投资及其各自增长率方面评价一个地区对外开放程度,进而说明一个地区服务贸易发展现状及趋势。2010—2015 年我国服务贸易对外开放度指数(满分 80)呈平稳上升态势,分别为 60.41、55.13、54.64、61.18、63.92、71.68(见图 2-32),显示出我国近年来开放型经济和贸易建设的成效已经逐步显现。同吸引外资指数相比,几年来我国对外投资指数增长的幅度要更加明显,从 16.57 增长到了 32.87,对整体服务贸易对外开放度指数的贡献作用愈发明显,进一步证明了对外投资对于我国服务贸易发展的推动作用。

5.发展潜力指数

在全球服务贸易萎缩,竞争日趋激烈的背景下,服务贸易发展潜力指标能够预见性地估计未来服务贸易发展中可能遇到的问题,从而先一步应对,做到未雨绸缪。2010—2015 年我国服务贸易发展潜力指数(满分 120)分别为 79.23、112.30、89.40、93.44、96.57、82.53(见图 2-33)。受国际环境及我国内部发展

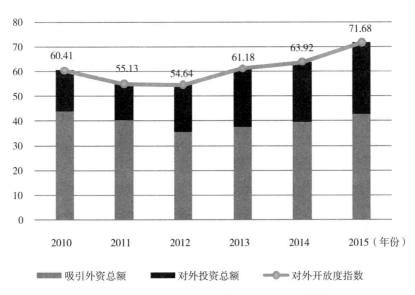

图 2-32　2010—2015 年我国服务贸易对外开放指数

数据来源:鼎韬根据 UNCTAD 数据库、WTO 世界贸易统计数据、《中国统计年鉴 2016》、外管局统计数据、发展公报数据等测算得出。

影响,近几年的发展潜力指数波动较大,2010—2012 年经历快速上升和急剧下滑后,2012—2014 年则呈现平稳增长,然而 2014—2015 年又出现下滑。

图 2-33　2010—2015 年我国服务贸易发展潜力指数

数据来源:鼎韬根据 UNCTAD 数据库、WTO 世界贸易统计数据、《中国统计年鉴 2016》、外管局统计数据、发展公报数据等测算得出。

四、结论与建议

（一）我国与欧美服务贸易的主要差距

1. 发展均衡性

欧美国家在本土内的服务贸易发展分布是比较均衡的。我国从国内区域来看,明显存在"东强西弱"的现象。因此,党的十八大报告中提到"发展服务贸易,推动对外贸易平衡发展"将作为今后中国经济社会发展的重要任务之一,其战略意义深远。

2. 整体竞争性

欧盟及美国等均有自己独具竞争力的优势服务业和品牌,如美国的金融和信息技术、德国的会展和医疗等,中国还集中在运输、旅游、建筑等劳动密集型和资源密集型的三大传统服务业。

3. 技术密集性

美国知识、技术和人力资本密集型的如金融保险、专业科技服务、卫生、行政管理、教育、信息、房地产和租赁、艺术娱乐等现代服务业得到了调整并迅速发展,占比大幅提升。而这些技术密集型的现代服务行业却在中国刚起步,诸如信息技术、研发设计、流程管理、金融服务等为代表的离岸服务外包,对中国服务贸易的贡献还较微弱。

4. 市场占有率

目前,中国服务贸易出口主要集中在美国、欧盟、日本、中国香港和东盟五个地区。而欧美的服务贸易对象除了集中在发达经济体上,还在出口时优先考虑其联盟成员国市场。

5. 法律完备性

与欧美相比,中国服务贸易法律体系目前还不完备,行业法律法规仍存在盲点,整个体系还不能为服务行业的发展起到有力的促进和保护作用,现行服务行业普遍存在不少法律规范真空现象。如行业统计、服务质量、市场规范等,相当一部分服务贸易领域的规范主要表现为各职能部门的规章和内部规范,某种程度上已影响到法律的统一性和透明度,使得企业的信用、行业数据难以考证,出现部分地区服务业统计难的现象。

（二）我国发展服务贸易的途径

服务贸易发展的动力,关键在于观念创新、模式创新和制度创新,只有通过整合资源、融合发展,才能适应未来市场的发展和需求。根据党的十八届三中全会提出的"使市场在资源配置中起决定性作用,不仅仅是指市场决定价格的机制,更重要的是指市场决定资源配置"。因此今后的服务贸易发展中既要有政府的扶持力度和出台优惠政策,更重要的是通过制度创新来自我发展。

1. 普惠政策与制度创新——示范城市成功经验的复制

从服务贸易中的重要领域离岸服务外包产业来看,近 10 年来中央财政累计安排并拨付服务外包专项资金累计达数十亿元,基本都是通过以"示范城市先行先试"来兑现,至今已取得了卓越的成就。示范城市的主要指标已占到整个产业的 90% 以上,有力地见证了在示范城市中政策推动的力量和功效。为加快释放目前国内发展服务外包中巨大的社会潜力和市场资源,推进服务贸易快速、全面、健康地持续发展,已示范成功的财税支持、人才培养、投资促进等国家政策在向行业"普惠"的同时,应该对示范城市体制机制的创新经验认真加以总结,加快复制推广到有条件发展服务贸易的所有城市。重点宣传示范城市和一些非示范城市在体制机制创新方面可复制、可推广、可学习的经验,尤其是如何从品牌、技术、信用方面创建的经验,推动服务贸易健康、快速发展。

2. 人才培养的机制创新——建立国际化中高端人才的培养机制

对国际服务贸易中高端人才的培养和培训,不仅要求教师具有很强的学术背景,而且要有丰富的实战经验和一定资质,这是许多院校面临的问题。根据高端人才大部分集中在大型的服务贸易企业中这一实际情况,政府应鼓励和支持国家行业协会会同有条件的大专院校、培训机构、咨询机构、企业集团建立战略合作关系,从课程设计、能力训练和培养机制三个方面着手,创建一种科学、有效的国际服务贸易中高端人才培养模式。

探讨与美国、欧洲、日本等建立人才和业务的定期交流和互认机制,实现信息共享、融合发展、合作共赢的行业规范和市场环境。鼓励和支持有条件的培训机构与国家行业协会、企业集团(含境外)联合组建若干个服务贸易中高端国际人才培训基地（机构），解决毕业大学生与就业单位业务对接的"零距离"问题，同时提升企业现有技术人员的业务水平和党政干部的管理水平。

3. 东西部联动机制的创新——培育产业均衡发展的途径

我国沿海地区由于区域环境、产业基础、信息资源、人才集聚、市场活跃、国际化程度等众多优势，使得服务贸易发展迅速。但近几年来由于商务成本的增加，如劳动力价格、房地产价格、原材料价格、能源价格、融资成本以及当地生活成本等，发展服务贸易受到很大影响，已出现沿海地区某些服务贸易企业（或业务）向商务成本较低的城市转移。尽管二三线城市在基础设施、环境配套、产业基础、人力资源等方面还存在有待完善的地方，但人力成本、能源成本、房地产价格、生活费用和潜在的市场资源等与一线城市相比具有很大的挑战性。因此，要鼓励尽快建立服务贸易一线城市的溢出与中西部二三线城市潜能的有效发挥和对接的新机制。通过政府主导、市场推进、企业运作的机制，支持和鼓励有条件的城市搭建服务贸易各类综合服务平台，推行企业信用评估以及知识产权保护、信息安全体系、行业交易规范等，共同打造"中国服务"品牌。

Ⅲ 行业篇

金融服务外包：新阶段、新态势

季　成①

伴随着科技和金融融合程度的不断加深,金融服务外包产业进入了一个新的发展阶段,呈现出新的发展态势。本文分别从发包方、接包方和政策三个层面分析了这一新阶段和新趋势,即金融机构需求和新技术推动,共同夯实发包基础,尤其是新兴科技催生了新的金融服务外包模式和需求;金融服务外包企业围绕技术能力积极升级并向上游金融领域跨界拓展,互联网金融科技企业强势跨界进入提供金融科技服务,使接包方市场呈现跨界融合的发展态势;在国家层面金融服务外包产业促进与监管政策并举,有力地保障了产业健康快速发展。

一、引言:金融服务外包新阶段已到来

金融服务外包是指金融机构或类金融机构在监管环境下持续地利用专业外包服务提供商(外部的实体或集团内的附属实体)来完成以前由自身承担的业务活动。金融服务外包可以是将某项业务(或业务的一部分)从金融机构转交给服务商操作,或由服务商进一步转包给另一服务商。

金融服务外包是服务外包产业的主要垂直行业板块,并且一直居服务外包主要发包行业的前列。传统的金融服务外包发包方主要为银行、保险、证券、基金等各类金融机构,伴随着互联网和新兴科技的发展,一些第三方支付、互联网消费金融、P2P、众筹等类金融企业也加入了发包方行列。这些发包方通常都会拥有开展业务所需的金融牌照,并在相关的监管政策框架下开展经营活动包括

---

①　季成:交通银行信用卡中心战略规划高级经理、管理学博士、副研究员。

外包活动。

伴随着科技与金融的融合程度不断加深，以大数据、区块链、人工智能等前沿技术为手段的金融科技（Fintech）公司在全球范围内得到了前所未有的迅猛发展，他们携着强大的技术和资本优势强势切入金融服务外包领域，提供技术等科技金融外包服务，对接包方的竞争格局带来了深远影响。传统的金融服务外包企业顺应市场变化和技术趋势，积极转型升级，有的甚至向上游金融领域积极跨界拓展。整个金融服务外包产业进入了一个新的发展阶段，呈现出新的发展态势。

二、金融机构需求和新技术推动，共同夯实发包基础

（一）我国金融机构的发包需求空间广阔

1. 银行、保险等金融机构始终存在着较大的发包需求

经过多年的发展，我国的银行、保险、证券、基金等各类金融机构已经具有了较强的实力，服务外包已成为业务平稳运行的必要条件和保障，具有稳定的外包业务需求基础。此外，在利率市场化和互联网金融等因素的冲击下，金融机构也面临着诸多挑战，开始积极创新和转型，在此当中也产生了不少的外包需求，包括：传统业务的改造升级需求，新的金融业务和产品带来的新需求，客户范围的拓宽带来的新需求，技术的发展发掘出的客户新需求等。

以我国金融体系的主导行业——银行业为例。中国银行业存款增速、净息差不断下降，转型和创新成为银行的主旋律，降本增效成为应对市场竞争的普遍手段。目前，大型银行倾向于自建后台金融服务基地，内部进行集约化管理，这些基地会把自己的一些非核心业务和增值业务再转包出来。中型资产规模的城市商业银行和农村商业银行等正在成为金融服务外包的重点，而小型银行则越来越倾向于采用专业化的云服务，总体来看，金融服务外包仍是中国银行机构经营管理中的重要组成部分。

在银行业的 IT 解决方案市场领域，随着银行业市场化进程和创新步伐的加快，IT 系统建设的步伐也大大加快，银行业务与 IT 走向深度融合，搭建中间业务平台、核心业务系统升级、管理信息系统成为建设重点，我国银行业 IT 解决方案市场未来市场空间巨大。国际数据公司 IDC 发布的数据显示，2015 年中国银行

业 IT 解决方案市场的整体规模为 225.2 亿元人民币,较上年增长 23.5%,保持稳定增长的良好态势。IDC 预计到 2020 年该市场规模将达到 612.1 亿元,2016 到 2020 年的年均复合增长率达到 21.9%。

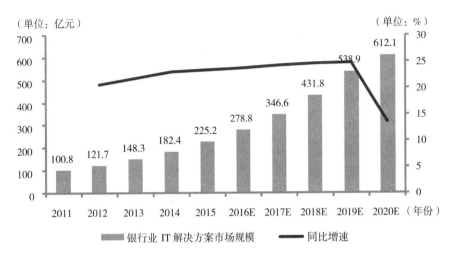

图 3-1 我国银行业 IT 解决方案市场规模及同比增速

资料来源:IDC《中国银行业 IT 解决方案市场预测报告》。

2. 发包方范围的拓宽带来更广泛的需求基础

近两年,我国新成立了多家金融机构和类金融机构,有效拓宽了金融服务外包发包方的范围,为产业发展奠定了更为广泛的需求基础。

在民营银行领域,2015 年 6 月银监会发布《关于促进民营银行发展的指导意见》,全面放开民间资本发起设立中小型银行等金融机构。2017 年 1 月银监会印发《关于民营银行监管的指导意见》指出,包括五家试点银行在内,银监会已批准筹建 17 家民营银行。这些民营银行在业务基础系统的搭建中,为了尽快开展业务、提高经营效率,将会产生大量的包括信息化建设、中后台业务运营等在内的各类金融服务外包需求。在互联网金融领域,以第三方支付、互联网消费金融、P2P、众筹等为代表的机构,其经营管理运作的基础就是 IT 和互联网,在信息科技、系统开发运行维护、中后台运营等领域存在着大量的专业化服务需求空间。

（二）新兴科技催生新的金融服务外包模式和需求

新兴科技已经深刻影响到金融领域,已经比较成熟并得到广泛应用的技术有：大数据、云计算、移动互联网，正在勃兴的技术有人工智能、生物（人脸）识别、区块链等，它们正在对银行、证券、保险等金融机构的核心功能产生巨大影响，涉及支付清算、借贷融资、财富管理、资本市场等诸多领域。当前，新兴科技正在解构金融服务及其相关的业务流程，深度重塑金融业，深化拓展了金融服务外包的内涵和外延。

1. 新兴科技带来了新的金融服务外包模式

大数据、云计算、人工智能等新兴科技带来新的金融服务外包模式，这些模式具有和传统模式不同的特点。金融机构通过与具备这些技术服务能力的金融服务外包机构合作，可以有效提升产品服务和运营管理能力。

云计算服务。云计算具有强大数据运算与同步调度能力，能够多维度满足金融机构的需求，显著提高经营效益。云计算不仅有利于节约计算机存储资源，还可以节省 IT 建设的资金投入和时间成本。如果采用云服务，作为银行主要运作成本的 IT 架构的运维成本会大幅降低。蚂蚁金服的报告认为，金融云把单笔支付交易成本降到 1 分钱左右，单账户成本已经降到 1 元以下。微众银行的数据显示，利用海量服务分布式的架构，使成本下降了 80%。

大数据服务。在大数据信用服务与风控领域，可以通过整合大量数据，有效甄别用户信用信息，降低金融机构获取信用的成本，促使传统模式下难以度量的风险显性化。在大数据营销领域，基于规模化数据的智能推介与精准营销，可以使用户投资流程与操作方式智能化。利用大数据将金融机构的客户信息资源进行分类整理，并根据其消费偏好挖掘客户消费需求，从而实现精准化营销。

人工智能服务。在投资顾问领域，基于人工智能与大数据技术的量化投资模型可以为投资者提供智能化投资决策。在客户服务领域，运用人工智能技术可以完善客户服务，形成标准化、模型化服务流程。

2. 金融服务及其业务流程被新兴科技解构并外包

金融服务中越来越多的业务流程环节被新兴科技所解构。被解构之后，这个环节往往被模块化外包，由外部的专业金融服务外包企业提供服务。比如在获客环节，传统的银行流程是通过银行柜台或"面对面"地开立账户，开完户要身份验证；而互联网金融机构的获客、身份验证、身份认证等环节，往往可以通过网络（移动互联网）技术实现。在身份验证环节：新的技术和方法有人脸识别、指纹识别、虹膜识别等以及大数据身份认证，通过大数据收集、分析、建模的方式进行身份识别。在贷款环节，市场上已有专门的金融科技企业为贷款环节提供风控模型、决策模型。伴随着新兴科技的深入应用以及对传统金融服务流程的深入解构，上述获客环节、身份验证环节、贷款环节均可能会独立外包出来，其他包括贷款管理、催收等环节也可以独立外包出来由外部的金融服务外包企业、金融科技企业提供专业化服务。

三、接包方市场呈现转型升级、跨界融合的发展态势

伴随着近两年来金融科技的迅猛发展，金融与科技的融合程度不断加深，金融服务外包的接包方市场格局也产生了深刻变化，呈现出转型升级、跨界融合的发展态势。

（一）金融服务外包企业围绕技术能力积极升级

以润和软件、赢时胜、银之杰等上市公司为代表的金融服务外包企业积极加强新技术研发应用，提供基于新技术的金融科技服务，提升技术和服务竞争力。

润和软件加快布局金融云服务。公司通过参股云角信息和苏纳讯动、发起设立润和云服务并且携手阿里巴巴创建金融云等行动，加快布局金融云市场，将项目模式升级为 SaaS 模式。2017 年 1 月募集资金建设"金融云服务平台项目"，打造三个金融细分行业的 SaaS 应用平台（银行业、保险业和新兴金融业）、一个 SaaS 应用实验平台以及一个涵盖 IaaS 层和 PaaS 层的润和金融专属云平台，向金融机构客户提供及时、高效、弹性的 SaaS 应用服务。

赢时胜加快新技术服务的研发。公司加强大数据、云计算、人工智能、区块链等新技术的研发，积极探索基于 SaaS 模式的新型资产管理及托管服务模式。投资东方金信，增强大数据运营、大数据技术服务，提升数据基础服务和分析挖掘的能力。投资东吴在线金融科技公司并共同设立"链石公司"，开展区块链相关基础技术和解决方案设计。

银之杰全面布局金融综合服务。公司构建以金融 IT、个人征信、大数据技术为基础，以风险定价和精准营销为核心能力，提供软件开发、系统运维、数据分

析服务、金融中介等综合服务。2016 年 12 月公司获得证监会批准募集资金开展"银行数据分析应用系统建设项目"，研发对于零散、非关联数据的分析及准确的产品开发。

（二）金融服务外包企业向上游金融领域跨界拓展

以用友网络、银之杰、中科金财等上市公司为代表的金融服务外包企业，采取新建、并购等方式向上游金融领域跨界拓展，成立银行、保险、证券等金融机构及支付、征信等金融服务企业，积极申请获取金融牌照，结合金融牌照的稀缺优势打造深度融合的金融服务生态圈。

用友网络布局支付、互联网理财和供应链金融。公司的金融服务业务包括面向企业的支付服务、面向小微企业主及个人的互联网理财和供应链金融。子公司有从事企业支付业务的畅捷通支付公司、从事互联网投融资信息服务的深圳前海用友力合金融服务有限公司，以及发起设立的北京中关村银行。2017 年公司将继续加强企业支付业务，实现企业支付和互联网金融的对接，拓展企业供应链金融等业务。

银之杰设立各类金融机构，申请金融业务牌照。公司参与发起设立各类金融机构，包括易安财产保险、东亚前海证券、安科人寿保险、上海保险交易所等。其中，易安保险获得了中国保监会核发的牌照，华道征信被央行列入"开展个人征信业务准备工作的机构名单"。公司在 2016 年 4 月与东亚银行合作发起设立东亚前海证券，6 月参与设立上海保险交易所。

中科金财布局金融资产交易所和资产管理。子公司大连金融资产交易所交易量至 2016 年年底接近 1000 亿元。公司合资成立了金网络公司，积极推进资产证券化、供应链金融等业务，已推出固定收益理财和中航员工消费贷等个人金融产品和服务；合资成立天津滨海正信资产管理公司，布局资产管理业务；参股中关村互联网金融服务中心，提供"监督管理、综合服务、创新孵化"三大平台服务。

（三）互联网跨界者强势进入，提供金融科技服务

一批互联网金融科技巨头通过提供金融科技外包服务，跨界进入金融服务

外包产业，成为具有强大实力的金融服务外包生力军。这些巨头包括：以百度金融为代表的百度系、以蚂蚁金服为代表的阿里系、以财付通为代表的腾讯系、以京东金融为代表的京东系。它们依托原有的平台、客户和场景优势，在积极抢夺金融牌照的同时，发力金融服务外包市场并与金融机构展开战略合作，输出各种金融科技能力，将金融植入各种生活场景中，打造各自的金融生态圈。

四大国有银行已纷纷与这些巨头联姻，建设银行与蚂蚁金服、工商银行与京东金融、农业银行与百度金融、中国银行与腾讯集团都宣布开展深度合作，涉及业务、技术、创新等多个领域（见表3-1）。

表3-1　金融机构和互联网金融科技企业的合作

合作双方	合作内容
建设银行与蚂蚁金服	双方将共同推进建行信用卡线上开卡业务，以及线下线上渠道业务合作、电子支付业务合作、打通信用体系。
工商银行与京东金融	双方将在金融科技、零售银行、消费金融、企业信贷、校园生态、资产管理、个人联名账户、物流及电商等领域合作。
农业银行与百度金融	双方将开展人工智能和Fintech的联合创新，包括：金融大脑、客户画像、精准营销、反欺诈、客户信用评价、智能投顾以及智能客服等领域的具体应用，共建金融科技联合实验室。
中国银行与腾讯	成立金融科技联合实验室，重点基于云计算、大数据、区块链和人工智能等全面开展深度合作，共建普惠金融和科技金融。后续还将搭建"总对总"的金融科技云平台。

这种合作可以视为一种更高层面上的金融服务外包合作。通过合作，可以有效实现双方的优势互补，为双方客户提供成本更低、体验更好的金融服务。传统金融机构有着庞大客户资源、大额低成本资金、完备业务的优势，而互联网金融科技企业在技术、场景、产品体验与创新上更胜一筹。

四、产业促进与监管政策并举，保障产业健康快速发展

（一）产业促进政策

我国政府高度重视包括金融服务外包在内的服务外包产业发展，近年来从财政资金、税收优惠、人才培训、平台建设、海关监管、特殊工时、知识产权保护等

多个方面出台了一系列政策,并先后认定了上海、北京、大连等 31 个城市为"中国服务外包示范城市"。

2015 年 1 月国务院发布了《国务院关于促进服务外包产业加快发展的意见》,全面深入地对服务外包产业进行部署,以培育竞争新优势、强化政策措施、健全服务保障三方面为切入点,坚持改革创新、突出重点、分步实施、示范集聚的原则,着力激发企业创新动力和市场活力,尽快将服务外包产业提高到一个新水平。上述政策的有效落实必将推动包括金融服务外包在内的服务外包产业长远发展。

2016 年 2 月,李克强总理主持召开国务院常务会议,决定开展服务贸易创新发展试点,在管理体制、发展模式、便利化等制度建设以及政策支持方面推动服务外包产业的进一步发展。2016 年 5 月,商务部发布《关于新增中国服务外包示范城市的通知》,根据服务外包产业集聚区布局,统筹考虑东、中、西部城市,将中国服务外包示范城市数量从 21 个有序增加到 31 个。这些示范城市正在不断提高公共服务水平,营造法治化、国际化、便利化营商环境,有的城市专门规划设立了金融后台服务基地、金融服务外包示范园区,切实推动金融服务外包产业发展。

（二）产业监管政策

对于作为发包方的金融机构而言,可能在服务外包过程存在科技能力丧失、业务中断、信息泄露、服务水平下降等风险。规范金融机构的金融服务外包活动,降低金融服务外包风险,一直为我国金融业监管部门所重视。银监会多次印发相关监管文件,给出监管指引意见,监督银行业金融机构对信息科技外包服务提供商实施准入管理。

2013 年 2 月银监会印发了《银行业金融机构信息科技外包风险监管指引》,文件对信息科技外包进行了明确界定,认为其是指银行业金融机构将原本由自身负责处理的信息科技活动委托给服务提供商进行处理的行为,原则上包括研发咨询类外包、系统运行维护类外包、业务外包中的信息科技活动等类型。指出银行业金融机构应当建立信息科技外包管理组织架构,制定外包管理战略,定期进行外包风险评估,通过服务提供商准入、评价、退出等手段建立及维护符合自身战略目标的供应商关系管理策略。

为做好"十三五"时期银行业信息科技监管工作，督促指导银行业金融机构加强信息化建设，提升网络和信息安全保障能力，银监会于2016年7月下发《中国银行业信息科技"十三五"发展规划监管指导意见（征求意见稿）》，对银行业金融机构的外包管理提出了具体要求，要求银行业金融机构健全完善信息科技外包管理机制，提升外包风险管控水平，其关键点包括如下几个方面，值得金融机构和金融服务外包企业在接发包的过程中共同研究和重视：（1）在信息科技外包战略方面，要求持续优化调整信息科技外包战略，以不妨碍核心能力建设、积极掌握关键技术为导向，审慎控制信息科技外包服务成本、效益和风险的相对平衡。（2）在外包服务交付及知识转移方面，要求规范信息科技外包服务交付及知识转移，确保拥有以适当自有资源掌握关键要素的能力，避免过度依赖外包服务。（3）在外包风险管控方面，要求进一步健全信息科技外包管理组织架构，完善信息科技外包事前预防、事中控制、事后评价的外包风险管控模式，建立外包商准入考察机制。（4）外包服务质量及风险监控方面，要求建立外包服务质量及风险监控机制，明确外包服务内容和质量监控指标，持续监控外包服务质量及外包商财务、内控、安全管理，及时报告、处置外包活动中的重大风险。

2017年6月人民银行发布了《中国金融业信息技术"十三五"发展规划》，对金融服务外包持鼓励态度，提出："加强金融监管部门间、金融机构间合作和资源共享，规范外包服务，鼓励金融机构联合同业及其他行业单位开展交流合作。鼓励金融机构间加强合作和资源共享；研究建立金融机构、高校研究机构和科技公司共同参与的交流合作机制，构建高端金融信息技术智库"。

综上所述，在相关国家政策的有力促进和监管下，我国金融服务外包产业在新阶段将沿着健康、快速的道路取得新的发展。

中国人力资源服务外包
产业现状、特点和趋势

张　靖①

中国人力资源服务外包产业迎来史上最好发展机会，未来中国人力资源市场需求将十分旺盛。同时各细分行业市场格局在过去三十年中变化巨大，自由职业者市场蓬勃发展。

一、概　述

人力资源服务外包指企业根据需要将某一项或几项工作或职能外包出去，交由其他企业或组织进行管理，以专注于自身核心业务，实现企业效益的最大化。人力资源服务外包作为企业降低管理成本、提高核心竞争力、转嫁劳动诉讼风险、增强企业应变能力的重要措施之一，越来越受到各类企业的重视。

作为第三产业服务业的重要分支，人力资源服务是一个令人瞩目的朝阳行业，其全球行业营收已达数千亿美元，其中德科（Adecco）、任仕达（Ranstad）、万宝盛华（Manpower Group）三家人力资源服务商已进入《财富》世界500强企业之列，安德普翰（ADP）市值超过400亿美元。

资本和技术不断推动人力资源服务市场发展，实力雄厚的行业巨擘不断开拓新兴业务，持续推出全产业链的产品与服务或通过并购进行转型升级，如国际商业机器（IBM）通过收购Kenexa，业务范围从传统的硬件、软件、咨询向人力资源外包方向拓展，中智（CIIC）则通过不断整合，主营业务涵盖人力资源外包、咨

---

① 张靖:北京西普阳光教育科技股份有限公司副总经理。

询、培训、猎头、测评、软件等多个领域。

中国人力资源服务行业的发展与中国改革开放的进程同步。20世纪70年代以来,中国人力资源服务行业经历了从无到有的过程,从最初的招聘服务、人事代理发展到包括培训服务、劳务派遣、就业指导、人才测评、管理咨询和人力资源外包等多种业务形态,形成了较为完善的服务产业链。追溯中国人力资源服务行业的发展,大致可分为以下三个阶段:

(一)萌芽期(1978—1991年)

中国人力资源服务自20世纪70年代末统包统配的人力资源配给制度被打破后开始出现,前期主要是为了解决大量的返城知青就业问题,原有劳动部门开始创立并组织劳动服务公司,并逐步演化为就业服务机构,市场化人力资源服务开始出现。80年代中后期,外资企业陆续进入中国,在带来资金和技术的同时,也为中国带来了全球先进的人力资源管理理念和方法。90年代初期,中国相继出台了构建规范人力资源服务的法律法规框架,整个人力资源服务业已经萌芽。

(二)形成期(1992—2006年)

人力资源服务机构不断转型与拓展业务,民营和外资人力资源服务机构规模和市场占有率逐年提高,特别是中国本土人力资源服务机构蓬勃发展,涌现出一大批规模化的国有和民营人力资源服务机构,如北京外企(FESCO)、上海外服(SFSC)、中智(CIIC)、前程无忧(51job)、科锐国际(Career International)等。伴随着人力资源配置市场化改革的不断深化,围绕服务就业、人才资源优化配置的各类人力资源服务机构规模日益扩大,服务领域逐步拓展,服务业态也不断创新,行业逐渐成型。

(三)快速发展期(2007年至今)

2007年,国务院《关于加快服务业的若干意见》首次将人力资源服务写入国务院文件,随着新《劳动合同法》与《劳务派遣暂行规定》等一系列政策规范相继出台,人力资源服务已由过去的政府统一管理逐步转变为政府制定政策、产业引导需求与地方营造环境相结合的方式。2014年年底,国家人力资源和社会保障部、国家发展和改革委员会、财政部联合发布《关于加快发展人力资源服务业的意见》，预计至 2020 年中国人力资源服务行业体量将达到 2 万亿元（年均复合增长率约 16%），从业人员将超过 50 万人。

二、中国人力资源服务外包产业现状及特点

（一）中国人力资源服务外包行业分类与现状

企业在不同发展阶段存在着不同的人力资源需求，这些需求衍生出人力资源服务的各个细分子行业（由于目前业内对于"人力资源服务外包"并没有明确定义，故本文中假设"人力资源服务外包"即为"人力资源服务"，都是指企业将自身部分或全部人力资源工作或职能外包出去），包括人力资源外包、劳务派遣、中高端人才访寻、人事代理、人才测评、人力资源培训等。

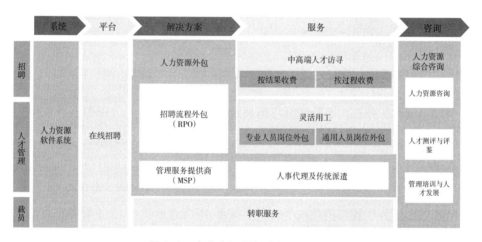

图 3-2　人力资源服务外包行业分类

1. 人力资源外包

人力资源外包（Human Resource Outsourcing, HRO）指企业将人力资源事务中的全部或部分工作，包括招聘、职业化培训、薪酬设计与核算发放、个税申报、社保缴纳与理赔、绩效设计与奖惩执行等外包给第三方人力资源服务机构，同时管理员工劳动关系、处理劳动纠纷并承担劳动用工可能带来的经济补偿等，从而使得企业得以集中精力进行业务管理和人才使用，降低人力成本，实现效率最大

化。人力资源外包又可以细分为招聘流程外包、薪酬/福利外包、人力资源专业管理外包等。

2. 劳务派遣

劳务派遣服务是指派遣单位根据用工单位的需求,与其签订派遣协议,并将与自己建立劳动合同关系的劳动者派往用工单位,受派劳动者在用工单位的指挥和管理下提供劳动,派遣单位从用工单位获取劳务费,并向劳动者支付劳动报酬的一种特殊劳动关系。

我国劳务派遣行业长期处于初级发展阶段,很多派遣企业缺乏专业管理经验,对派遣员工的调配能力和专业化服务能力有限。直到2013年7月修订后的《劳动合同法》及《劳务派遣行政许可实施办法》等一批新的法律法规正式实施后,劳务派遣行业才大幅提高了准入门槛,并逐渐走向规范化。比如《劳务派遣行政许可实施办法》明确规定用工单位试用的被派遣劳动者数量不得超过其用工总量的10%,这就倒逼用工企业将到期的劳务派遣工转为正式合同工,而劳务派遣企业因为需求减少也开始将业务重心转为人力资源服务外包。

3. 猎头

猎头(Headhunting/Executive Search,中高端人才寻访)是一种高端的人才招聘模式,即为客户提供咨询、搜寻、甄选、评估、推荐并协助录用中高级人才的服务活动,其目标群体是具有较高知识水平、专业技能的中高层管理人员、技术人员或其他稀缺人员。

随着中国经济的不断发展以及劳动生产力的不断提高,中国企业对中高端人才的需求也日趋强烈。据中国市场调研网的不完全统计,中国目前猎头公司数量有上万家,其中专业猎头公司不到10%。为促进行业健康有序发展,国家人力资源和社会保障部于2011年1月正式出台《高级人才寻访服务规范》。2016年3月,中央颁布《关于深化人才发展体制机制改革的意见》,明确提出要"大力发展专业性、行业性人才市场,鼓励发展高端人士猎头等专业化服务机构,放宽人才服务业准入限制",猎头服务机构发展迎来又一个高潮。

4. 人事代理

人事代理最早是由政府人事部门所属的人才服务中心,按照国家有关人事政策法规要求,接受单位或个人委托,为不同单位及各类人才提供人事档案管理、职称评定、社会养老保险金收缴、出国政审等全方位服务,是实现人员使用与人事关系管理分离的一项人事改革新举措。

随着互联网等新兴技术不断发展,同时由于O2O模式和项目众包模式逐渐流行,社会上出现了大量自由职业者,这些人参保缴费都存在一定困难,这反而催生了个人代缴社保市场的商机。另外,基于手机移动端的社保代理服务也开始出现,让用户缴纳社保变得更加不受地域和时间限制。

5. 人才测评

人才测评是通过一系列科学手段和方法,综合利用心理学、管理学和人才学等多方面的学科知识,对人的基本素质、能力、个人特点和行为进行系统客观的测量和评估,并将测量与评定结果应用到组织发展与人才管理等企业管理领域,为企业选拔人才甄选提供重要依据。相关数据显示,我国目前仅有约37%的企业在人力资源管理中应用了人才测评技术,其中三资企业占36%,民营企业占35%,国企仅占17%。从地域来看,发达地区对人才测评的接纳和应用程度较高,主要集中在北上广（30%）及省会和沿海发达城市（39%）。

2015年7月发布实施的《人才测评服务业务规范》是目前唯一有关人才测评服务的国家标准,重点对从业人员的基本条件、测评服务流程和测评方法的实施流程进行了规范。该标准的出台,进一步规范了人才测评的服务流程,提高了人才测评服务质量,促进了人才测评服务的发展。

6. 人力资源培训

人力资源培训是指通过学习或训导的手段,提高员工的工作能力、知识水平和潜能发挥,使员工的个人素质与工作要求相匹配,进而促使员工绩效提升。传统人力资源培训主要包括公开课、企业内训、管理培训、行动学习、管培生计划、素质拓展等多种形式。

互联网是这些年以来对培训行业影响最大的因素之一,许多新型培训产品和服务都天生具备互联网基因,包括移动学习（e-Learning）、网络直播、微课、云课堂、O2O、社交学习等新型教学模式逐步在培训行业内广泛使用。

（二）各地政府对人力资源服务外包产业的支持情况

国内各省市政府根据国家"十三五"规划,积极制定和颁布相关政策以深化产业改革和促进产业发展。

1. 相关扶持政策

（1）2016 年 6 月，北京市政府批准《北京市"十三五"时期人力资源和社会保障发展规划》，以加快发展人力资源服务外包产业，健全公共就业创业服务体系。

（2）2015 年 12 月，辽宁省政府颁布《辽宁省人民政府关于加快发展生产性服务业促进产业结构优化升级的实施意见》。

（3）2016 年 7 月，山东省政府颁布《关于深化人才发展体制机制改革的实施意见》。

（4）2016 年 7 月，陕西省委组织部、省人社厅、省发改委等 7 部门联合印发《关于加快发展我省人力资源服务业的实施意见》。

（5）2015 年 10 月，江西省政府颁布《江西省人民政府关于进一步做好新形势下就业创业工作的实施意见》。

（6）2016 年 2 月，福建省政府印发《积极推进"互联网+"行动实施方案》。

2. 人力资源服务外包产业园建设

2014 年由人社部、发改委与财政部联合下发的《关于加快发展人力资源服务业的意见》，提出要大力推进人力资源服务业的集聚发展，重点在全国范围内建设一批有规模、有影响、布局合理、功能完善的人力资源服务产业园。截至2016 年 6 月，上海、江苏、浙江、福建、湖北、重庆、四川等省市已批准建设并陆续建成国家级人力资源产业园及更多数量的省市级人力资源服务产业园区，全国在建或已建成的国有/民营人力资源产业园区数量已达 60 多个。以下为 2016 年度启动的几个省市产业园情况。

（1）成都

2016 年 6 月，成都高新区对外宣布中国成都人力资源服务产业园（高新区）已正式启动。园区的总体布局为"一核一区"，其中核心区依托成都高新区南部园区大源国际中心楼宇组团，总面积 9 平方公里，政策覆盖区的总面积将达到130 平方公里，入驻企业均可享受高新区相关政策。

（2）武汉

位于武汉东湖高新区的民营"方阵人才港"，项目规划用地 45.76 亩，总投资约 3.5 亿,总建筑面积 6.3 万平方米,具体划分为企业孵化区、产业集聚区和行业示范区三部分。

（3）南京

作为江苏省南京市唯一一家省级人力资源服务产业园,南京浦口人力资源服务产业园已正式获批。两年来已引入企业 85 家,为 2000 多家企业提供人力资源服务。下一步将和工信部和中国人才交流中心合作,共建工信部人才交流中心华东分中心。

（4）烟台

2016 年 5 月,中韩(烟台)人力资源服务产业园和中韩自贸区(烟台)人力资源合作交流中心宣告成立。

有专家预测,未来数年,中国市场将成为全球人力资源服务市场的主要增长引擎,并会逐步发展成为全球最大的人力资源服务市场。但是,由于各地在人力资源服务园区建设方面还普遍处于起步阶段,又没有海外成熟经验可以借鉴,产业政策体系也尚待健全,园区建设模式出现同质化现象,这都是接下来我们所要面临和解决的重要课题。

三、中国人力资源服务外包产业发展趋势

（一）中国人力资源服务外包产业趋势

近年来,人力资源服务外包行业发展迅速,行业规模不断扩大。未来,中国人力资源服务市场的前景十分广阔。

1. 信息化

互联网生态的发展使得人力资源服务业发生了深刻的变化。我国人力资源管理信息化建设经过近 20 年发展,移动计算、大数据分析、云服务、社交网络、O2O 等新兴信息技术已被广泛采用,新的应用产品、管理模式和商业模式也不断涌现,促使行业全面转型升级,但也同时带来了新的挑战。

具体来说,"互联网+"思维和移动互联网技术的普及,对人力资源服务业带来了明显的改变,诸如在线招聘、在线培训、职场社交、移动考勤等互联网应用层出不穷。云计算的兴起,也对人力资源管理各模块产生了深刻影响,人力资源管

理 SaaS 服务模式的应用如云招聘、云数据、云学习、云运营等层出不穷,企业对 SaaS 领域的关注也已从传统的技术和产品转向服务和平台,人力资源管理真正进入到"量化"阶段。基于大数据和人工智能,人力资源服务管理可以提供更贴心的个性化服务,并有能力进一步挖掘企业人力资源相关海量数据的潜在含义。

由于互联网去中心化的显著特征,对现有人力资源管理者的角色定位、工作方法和政策机制都带来了全方位的升级要求,之前单一的知识结构已经难以适应市场变化,人力资源从业者在熟练掌握原有知识技能的基础上,还应该广泛涉猎企业战略、财务管理、产业链协同及互联网技术知识。

2. 国际化

随着经济全球化的不断发展,人才流动的全球化和人力资源配置的国际化趋势日益明显。中国政府对外资人力资源服务机构准入政策的放松,使得中国人力资源服务的国际化进程明显加快,大量跨国人力资源服务企业通过并购、投资或合资模式进入中国,全球前十大人力资源服务机构已全部在中国开展业务,这标志着中国人力资源服务作为中国开放程度最高的行业之一,已经与国际全面接轨。与此同时,目前国内已有一些行业领军企业已在积极开拓海外市场(如科锐国际已经布局东南亚市场),并努力打造国际品牌。

在人力资源服务业国际化趋势的大背景下,激烈的人才争夺已经超越地域的局限,在全球范围内搜寻高端人才成为必然趋势。政府主管部门也应不断进行政策创新,同时对国际化环境下的人力资源服务企业开展更全面的支持和管控。

3. 精细化

随着人力资源服务外包行业的迅猛发展和日趋成熟,产业分工也变得越来越细。同时由于竞争加剧,市场对人力资源外包服务内容和质量要求不断提高,更多的人力资源外包服务提供商选择专注于某一个或几个细分领域、市场或人群开展深入服务。人力资源外包服务行业的市场更加细化,产业结构也不断优化,人力资源外包服务已经从简单的以事务性为核心的人事外包向以专业管理为核心的人力资源解决方案转变。对于人力资源服务外包提供商而言,统一解决方案服务模式将实现客户与产品资源共享,提高企业利润率。

精细化趋势也将进一步促进人力资源服务业的新模式和新业态发展。职业社交、心理援助、福利外包等都正在成为人力资源服务外包的新增长点。同时，人力资源从业人员也日益专业化，以便能够不断满足市场和客户的差异化服务需求，提高服务附加值。未来，人力资源服务提供商将进一步提高服务专注度，明确定位自身优势和细分市场，为客户提供更多具有高附加值的综合性服务解决方案。

（二）新兴细分产业预测——以自由职业者市场为例

未来5年，中国市场将成为全球人力资源服务市场的主要增长引擎，并在此后的数年逐步发展成为全球最大的人力资源服务市场。互联网、移动技术搅动人力资源服务外包行业，新的商业模式不断涌现，行业边界不断被打破，产业链不断纵深，将涌现更多新兴人力资源细分产业。

全球劳动力市场在互联网浪潮的冲击下逐渐转型，在远程办公的技术条件和人的需求、条件都具备的情况下，人们对于工作的选择变得更加主动和灵活。就像Uber对于出租车行业的影响一样，在就业市场，Uber化就业模式也正在兴起：人们可以根据自己的时间来安排一个或多个工作，而不是根据工作安排时间。科技可以把大量的工作分割成相对独立的任务，并在需要时将之分配出去，而相应的报酬则由工作的供需关系动态决定；同时，每一位工作者的表现也会被持续追踪，并由客户评估。这种按需用工模式的兴起，将使得劳动者不再仅仅扮演一个职场员工或个体户的角色，而是有了更多灵活的选择，可以从事多份工作。

正如Airbnb、Uber允许人们通过转租自己的房屋或汽车来赚钱，租赁人的技能的交易平台也风生水起。据美国自由职业者联盟和自由职业者市场平台Elance-oDesk的数据显示，英美自由职业者目前已占总劳动力的15%以上，增幅达50%，预计全球未来的自由职业市场规模将达2万亿—3万亿美元。

中国作为人口最多的国家，自由职业市场的潜力巨大。根据官方数据，中国这一模式的先行者猪八戒网目前也已经拥有900万用户，并已全面覆盖了从创意设计和应用开发、翻译和创作、销售、市场推广和采购等业务活动。同时，更多类似滴滴、e代驾等O2O自由职业平台也将迅速崛起，并产生10亿美元级别的独角兽公司。

　　财务自由是驱动人们进入自由职业市场的因素,根据赶集网发布的《O2O自由职业者生存状况》报告,2014 年 O2O 自由职业者平均税前月收入已达到了8312 元,超过了同一个统计周期内白领收入最高的上海市(7214 元)。

　　随着自由职业市场 O2O 平台的发展,近几年在服务外包领域 IT 众包/分包模式也变得非常流行。目前比较典型的如中软国际的"解放号(JointForce)"软件众包平台,该平台于 2014 年 10 月的阿里云大会上首次亮相,采用"云+众包"模式,借助任务与工程师的双向选择,IT 服务公司能有效提升作业效率,裁汰冗员,同时工程师也能获得额外收入。其他如软通动力的"通力互联(Tonelink)"IT 服务平台、文思海辉的"大圣众包"全球化/本地化平台和博彦科技的"集智"众包众测平台,都各具特色。这种众包/分包模式将催生大量软件开发、测试、前端设计、网络运维、客户服务等工作岗位,并有可能在不远的将来改变甚至颠覆传统的服务外包人力派遣+项目外包模式。

2016 年中国客户联络中心产业发展研究

颜晓滨①

本报告主要对中国呼叫中心的市场规模及主要行业应用情况和中国呼叫中心的从业厂商现状进行分析,梳理目前中国呼叫中心产业所面临的机遇和挑战。同时分析中国呼叫中心的外包市场现状、规模和发展趋势。

目前,客户联络中心行业正处于快速发展的时期。在联络中心行业的从业人员数量、席位数量等方面都形成了一定的规模。我们以查阅的大量相关行业资料为基础,按照呼叫中心行业的发展机遇、外包市场、行业展望、运营指标与管理、运营平台与环境等多个维度进行了综合的分析。

本研究报告主要通过对全行业和市场的研究,对中国呼叫中心的市场规模及主要行业应用情况和中国呼叫中心的从业厂商现状进行分析,梳理目前中国呼叫中心产业所面临的机遇和挑战。同时分析中国呼叫中心的外包市场现状、规模和发展趋势。

一、中国呼叫中心的发展与现状

(一)中国呼叫中心行业发展阶段

1.呼叫中心的起源

呼叫中心起源于美国的民航业,其最初目的是为了能更方便地向乘客提供咨询服务和有效地处理乘客投诉。美国银行业在 20 世纪 70 年代初开始建设自

---

① 颜晓滨:4PS 联络中心国际标准研究中心。

己的呼叫中心。不过那时的呼叫中心还远远没有形成产业,企业都是各自为战,采用的技术、设备和服务标准都依据自身的情况而定。从 20 世纪 90 年代初期开始,随着 CTI 技术的引入,其服务质量和工作效率有了很大的提高,反过来也使客户中心系统获得了更广泛的应用,而客户关系管理越来越受到企业关注,从而促进呼叫中心真正进入了规模性发展。

2. 呼叫中心的发展

呼叫中心可分为四代:

第一代呼叫中心,就是热线电话企业通过几个经过培训的代表专门处理各种各样的咨询和投诉,顾客只需拨打指定的电话就可以与业务代表直接交谈。

第二代呼叫中心,在原来的基础上服务更快更好,为 7 小时或 24 小时在线服务,以满足顾客需求。它的最大优点是采用了 CTI 技术,可以同时提供人工服务与自动服务,缺点是用户只能得到声讯服务。

第三代呼叫中心采用先进的操作系统及大型数据库,支持多种信息源的接入。

第四代呼叫中心以因特网为主导,充分融合网络,不仅能支持语音电话,还能提供包括音频视频在内的多媒体通信;不仅能支持传统的电话终端,还能支持来自 Internet 的文字、语音、短消息等交互方式;不仅提供了完整的坐席功能,还具有实用的呼叫中心管理体系。

早期的呼叫中心,主要是起咨询服务的作用。开始是把一些用户的呼叫转接到应答台或专家。随着要转接的呼叫和应答增多,开始建立起交互式的语音应答(IVR)系统,这种系统能把大部分常见问题的应答由机器即"自动话务员"应答和处理,这种"呼叫中心"可称为是第二代呼叫中心。现代的呼叫中心,应用了计算机电话集成(CTI)技术使呼叫中心的服务功能大大加强。CTI 技术是以电话语音为媒介,用户可以通过电话机上的按键来操作呼叫中心的计算机。接入呼叫中心的方式可以是用户电话拨号接入、传真接入、计算机及调制解调器(MODEM)拨号连接以及因特网网址(IP 地址)访问等,用户接入呼叫中心后,就能收到呼叫中心任务提示音,按照呼叫中心的语音提示,就能接入数据库,获得所需的信息服务。并且做存储、转发、查询、交换等处理,还可以通过呼叫中心完成交易。所以未来的发展趋势是多媒体接入。

（二）中国呼叫中心行业发展总体概况

目前,呼叫中心行业的热点集中体现在以下几个方面。

1. 服务外包市场

主要体现在两个方面:一是北京、天津、上海、大连、南京等 21 个中国服务外包示范城市的相继确立,这些城市将充分利用各自的地理位置、技术、人力等方面的资源优势发展服务外包;另一方面,呼叫中心行业跨国、跨区域合资合作增多,如赛迪呼叫与意大利 AlmavivA 集团合资共建呼叫中心、孟买 Effort 与中国亚洲星以及香港 TripleThree 公司组成合资公司、深港合作共建全球呼叫中心等,将促进中国服务外包市场向规模化、规范化方向发展。

2. 呼叫中心行业竞争

中国服务业的开放给外资提供了更多的优惠和商机,越来越多的外资进入中国呼叫外包市场,如前面提到的意大利 AlmavivA 集团、孟买 Effort 公司、美国 SYKES、法国 Teleperformance、德国欧唯特集团、日本大宇宙等,这些外资在促进中国服务外包市场繁荣发展的同时,也会加剧这个行业的竞争。

3. 呼叫中心的应用范围

其中政府、公共事业引入呼叫中心的现象尤为突出,如辽宁、山东、河南、南京等很多省市地区开通了便民服务热线,连素来被看作是"老大哥"的铁路也筹划建立全国统一的客服中心。餐饮、服装、旅游、农业等行业建立呼叫中心的步伐也在加快,而电信、金融、航空等呼叫中心的传统行业则专注于业务的创新与延伸。

4. 排班软件的应用

有数据显示,中国的呼叫中心产业年复合增长率达 30%。以排班为例,国内应用排班管理软件的企业并不多,主要集中在金融、电信行业。在人员规模小、业务单一时,管理者借助 Excel 简单排班,手工就能作出合适的人员安排。值得注意的是,在选择排班管理软件时,除了考虑软件提供厂商之外,重点要根据企业自身的实际运营情况而定。

5. 金融行业客服中心

随着中国保监会《关于财产保险公司电话营销专用产品开发与管理的通知》的出台,保险公司面临着创新营销渠道、规范管理营销渠道、开发电话营销专用产品等压力。

6. 大数据产业的核心

"十三五"期间,中国实施大数据国际国家战略,全面推进政府、企业等各方面的大数据应用。呼叫中心作为大数据产业的关键和核心组成部分,呈现高端化、产业化、社交化等趋势。

(三)中国呼叫中心行业总体市场规模

目前,中国呼叫中心(又称客户联络中心)行业正处于快速发展的时期。在联络中心行业的从业人员数量、席位数量等方面都发展形成了一定的规模。按照美国近 700 万人从事联络中心行业工作,占总人口约 2.3%的比例。若按人口同比,暂时不考虑各地区经济发展的差异,中国未来将需要有近 3000 万人从事联络中心行业工作。目前,几乎所有的垂直行业都在应用客户联络中心,从携程的 1.5 万席,百度的近 2 万坐席,阿里巴巴的近万坐席,腾讯的数千坐席,还有小米、苏宁、京东、亚马逊、唯品会、当当、国美、聚美优品等等,这些企业大多有数千甚至上万的联络中心坐席。但凡企业有数量庞大的客户,就需要做客户服务,技术支持、订单处理、电话销售、线上业务处理等,或新媒体渠道,或传统电话,总之离不开客户联络中心。

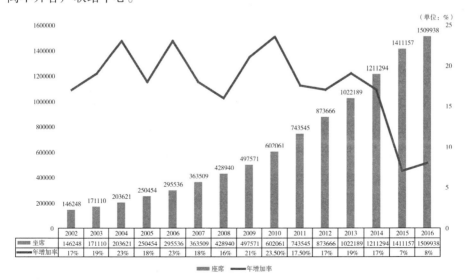

	2002	2003	2004	2005	2006	2007	2008	2009	2010	2011	2012	2013	2014	2015	2016
坐席	146248	171110	203621	250454	295536	363509	428940	497571	602061	743545	873666	1022189	1211294	1411157	1509938
年增加率	17%	19%	23%	18%	23%	18%	16%	21%	23.50%	17.50%	17%	19%	17%	7%	8%

座席 ——年增加率

图 3-3 2002—2016 中国联络中心坐席总数与发展趋势

到 2016 年,中国整个行业的总坐席数超过 150 万,从业人员超过 400 万人。总体来讲,目前中国的呼叫中心行业进入了发展的关键时期。无论是从坐席增长规模还是行业的投资规模,都有较大的发展。

近几年坐席总数每年都在保持高速的持续增长,尤其是 2004 年以后,有快速增长的趋势,这主要源自于企业级呼叫中心的快速增长,特别是保险、互联网、电子商务等行业的大规模应用。但是,因 2008 年金融风暴的影响,2009 年之后的 5 年,坐席总数的增长有所趋缓。

从呼叫中心行业的产值来看,互联网行业比重最大,达到 2584 亿;其次是保险行业,达到 1365 亿;电视购物 664 亿;汽车与 DCC554 亿;银行 426 亿;IT 与高科技 35 亿;电信行业 236 亿左右。但是制造业和零售物流的规模都较小,在 30 亿以内。

从呼叫中心的业务应用规模来看,中国的呼叫中心从单纯的服务类呼叫中心向营销类呼叫中心的发展及转化趋势已经非常明显。

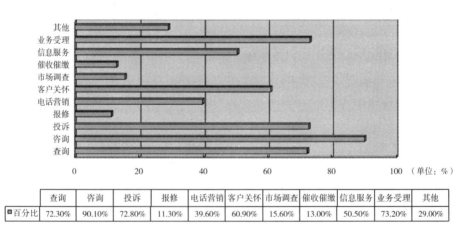

	查询	咨询	投诉	报修	电话营销	客户关怀	市场调查	催收催缴	信息服务	业务受理	其他
百分比	72.30%	90.10%	72.80%	11.30%	39.60%	60.90%	15.60%	13.00%	50.50%	73.20%	29.00%

图 3-4 　中国呼叫中心业务功能一览图

二、呼叫中心部分案例

(一)华云服务外包产业有限公司

华云服务控股集团是由国内外产业投资基金、众筹基金投资,完全遵照 4PS 国际标准体系建设,专注于大数据、呼叫中心客服外包、互联网与电商及金融后台服务、园区运营的超大型呼叫中心外包与园区运营标杆示范性企业,华云服务通过 4PS 国际标准、ISO 等众多国际标准认证,具人力资源派遣证,全国电信增值许可证等。

华云团队执行过互联网、高科技、金融、公用事业等行业的外包、咨询等上百个项目。华云控股集团在全国有呼叫中心及大数据后台服务超万席,分布于贵阳、福建、上海、浙江等六大产业基地,下属 8 家独资及合资企业,估值超 10 亿元。

华云团队曾先后为上百家互联网、金融等企业提供呼叫中心外包与管理提升服务,立志打造以卓越服务能力、国际化视野团队、一流运营水平,成为具全球竞争力的大数据与移动互联网、金融电商后台服务企业。

(二)亚马逊中国客户服务中心

亚马逊中国是全球领先的电子商务公司亚马逊在中国的购物网站。秉承"以客户为中心"的服务理念,亚马逊中国承诺"天天低价,正品行货",致力于从低价、选品、便利三个方面为消费者打造一个可信赖的网上购物环境。

亚马逊中国目前共设有两处客户服务中心,分别坐落于成都和天津市区,在职客服人数超过 800 人,通过在线客服电话,在线聊天,以及电子邮件三大途径,面向全国客户提供 7×24 小时服务。为了适应更加广泛的客户种群,2013 年全新的微博客服和微信客服在亚马逊中国客户服务中心正式启用。

亚马逊中国客户服务中心,长期致力于打造专业化、信息化的客户服务团队。通过对实时数据的现场监控,力争确保每一个客户问题都能够被及时响应,并且给予准确、规范,令客户满意的解答。截至 2013 年 7 月 10 日,据有效数据统计,亚马逊中国客户服务中心平均每天可承接超过 17000 次客户来电,20 秒内接听电话比例在 80% 以上,一次性问题解决率在 80%。亚马逊中国客户服务中心,是一个成熟、高效的优质团队,已经连续 6 年获得"中国最佳客户服务奖"的荣誉。

(三)阿里巴巴集团客户体验提升中心

成立于 2003 年的阿里巴巴客户体验提升中心致力于为天猫、淘宝、阿里云、1688 等阿里集团旗下各类互联网产品用户提供极速愉悦的客户体验。历经 12

年的发展,目前有多种渠道为用户提供 7×24 小时服务。除了热线电话服务外,结合互联网用户的特殊属性,向消费者提供机器人自助服务和在线服务。上千名专业的客户顾问不仅仅可以在前台把客户的问题解决好,"小二"自身对平台规则了如指掌,加上专业的智能服务引擎等服务产品和工具,可以迅速找到客户问题症结,为其排忧解难,和千万商家一起服务好消费者,同时沉淀经典服务案例和数据,批量化解决类似问题。

阿里巴巴客户体验提升中心自成立以来,随着电子商务的飞速发展,也逐步壮大和专业化。目前中心共有员工超过千人,人员呈现多元化、年轻化、专业化态势。作为全面负责客户体验的服务中心,业务范围涉及服务保障、智能服务产品运营,驱动上游部门的流程规则优化等多个方面。

2014 年客户体验提升中心升级为集团客户体验事业群,致力于为广大阿里巴巴用户提供更为专业的服务和用户体验,在价值观层面表达了对"客户第一"的重视。事业群设置了消费者体验与发展事业部、商家发展与体验事业部、中小企业体验驱动中心、客户体验驱动及创新中心等多个部门,不仅囊括了为消费者和商家提供电话咨询的基础服务中心、协调交易纠纷的交易保障中心等二级部门,同时还成立了用户体验提升中心、服务效能提升中心、服务运营数据分析中心、社会化运营中心、商家品质管理中心、规则运营服务中心等团队。阿里巴巴集团客户体验事业群形成了互联网行业独一无二的服务团队,不仅仅拥有专业的直接客户服务,还有业务分析、品质管理、数据、技术产品等团队,是阿里电商战舰中基于用户体验产品和规则的探针、深入垂直类目的温度计,是真正有机会连接消费者和商家、让消费者"Live at Alibaba"的驱动器。

(四)贵州省广播电视信息网络股份有限公司

贵州省广播电视信息网络股份有限公司是整合全省广电网络、实行资产重组,于 2008 年 3 月 27 日成立的国有股份制文化企业,公司下设 9 个市(州)分公司、76 个县级分公司,并根据技术和产业发展需要,开办了多彩云科技发展有限公司和贵州天广智慧科技有限公司。

公司现有员工 3700 多人,总资产 36 亿元。服务城乡有线数字电视用户 470 万户,宽带用户 30 万户,并将逐步为农村 600 多万广播电视村村通、户户通用户提供服务,公司还承担农村公益电影放映、调频广播的维护和服务工作。

贵州广电网络 96789 客服中心组建于 2006 年,2015 年 7 月实现全省统一服务管理,现有员工 210 人,坐席 137 席。承担着全省有线电视、直播卫星户户通用户的呼入和呼出业务。客服中心在日常工作中,一是坚守良好的职业道德,以公司和用户的利益为出发点,树立把握规律、创新理念、转变方式、解决难题的理念,既注重工作效率、又注重工作质量,又好又快地为用户解决问题;二是保证用户来电的接通率,提供全面的业务咨询,还结合现有工作,收集数据进行整理分析,对有效数据进行资源整合,提升各分公司和用户的满意度。

成立至今,96789 客服中心业务规模和员工队伍随着公司业务的发展迅速发展壮大,月处理客户来电 30 万通,接通率长期稳定在 95% 以上,20 秒服务水平超 93%,除统一受理全省有线电视、宽带业务、直播卫星户户通用户故障保修之外,还提供全面的业务咨询,广泛收集用户的建设性意见、协助客服进行投诉申告、营销数据的收集,提升各公司和客户的满意度。

(五)携程旅行网

携程旅行网创立于 1999 年,总部设在中国上海,员工 24000 余人,目前公司已在 17 个城市设立分支机构。携程旅行网凭借稳定的业务发展和优异的盈利能力,CTRIP 于 2003 年 12 月在美国纳斯达克成功上市,上市当天创纳市 3 年来开盘当日涨幅最高纪录。携程服务呼叫中心作为亚洲旅游业内最大的服务呼叫中心,也是旅游行业首家通过 4PS 呼叫中心国际标准单位认证的公司。

2010 年携程旅行网战略投资台湾易游网和香港永安旅游,完成了两岸三地的布局。2013 年投资途风旅行网,将触角延伸及北美洲。2014 年携程先后投资了同程、途牛,并与 priceline 达成战略合作,形成了覆盖海内外的一站式旅行服务网络。

作为中国领先的综合性旅行服务公司,携程成功整合了高科技产业与传统旅行业,以互联网和传统旅游业相结合的运营模式,向超过 1.41 亿会员提供集无线应用、酒店预订、机票预订、旅游度假、商旅管理及旅游资讯在内的全方位商务旅行与休闲旅游服务。将线上与线下资源结合,打造一个全方位、立体式的覆盖旅行前、旅行中和旅行后的完善服务价值链,被誉为互联网和传统旅游无缝结合的典范。

目前坐席数量超过 10000 个,并在上海、南通两地设立服务呼叫中心。呼叫中心的业务覆盖了酒店预订、机票预订、度假预订、商旅预订、客户服务等,每天为超过百万人次的出行提供即时、便捷的预订服务。携程一直以来本着对客户"一应俱全、一丝不苟、一诺千金"的服务理念,以科学的、追求完美的精神不断地进行服务的改进和创新,通过把优质服务标准化、平衡记分卡管理、六西格玛管理等国外先进的管理工具和方法应用到服务呼叫中心的管理中,从而使服务呼叫中心的管理和服务上升到了一个新的高度,赢得了客户的信赖和好评。

携程呼叫中心的服务渠道非常丰富,新浪官方微博、携程官网、微信平台等实现信息咨询、订单查询、投诉受理、电话录音、邮件、传真、回访外拨等功能。携程呼叫中心将服务过程分割成多个环节,以细化的指标控制不同环节,并建立起一套精益服务体系。包括目标客户服务需求挖掘体系、精益服务设计体系、全面质量管理体系、人力培训与知识管理体系、客户服务保障体系、精准整合营销体系。携程呼叫中心以客户需求为导向,通过产品研发、流程优化、技术创新、知识管理、精准营销等服务创新手段,集标准化、精细化、群分化、系统化于一体。

通过各类新兴的社会化渠道信息,特别是微博微信等服务渠道的服务能力改进和服务完成信息记录,主动了解客户需求变化,全面提升企业的竞争及盈利能力。通过各类产品和服务的分类汇总,并结合行业数据,分析整个市场的变动趋势,了解未来的市场走向,寻找未来的服务模式和渠道。目前,携程呼叫中心各项服务指标均已接近国际领先水平,服务质量和客户满意度也随之大幅提升,赢得了客户的信赖和好评。

(六)美的集团客服中心

美的集团是一家领先的消费家电及暖通空调系统全球性企业,提供多元化的产品种类,包括空调、冰箱、洗衣机、厨房家电及各类小型家电。1968 年成立迄今拥有约 200 家子公司及 9 个战略业务单位。截至 2015 年 12 月 31 日美的财政年度实现收入超过 187 亿欧元,在全球拥有约 10 万名员工。

美的集团用户中心作为美的集团的统一对外与用户沟通互动的形象窗口,承担着集团旗下多个品牌、上百个产品品类的售前售后服务、客户关怀回访、客户信息采集、客户需求分析、市场调研等服务职能;拥有数千万条完整的客户档案数据库,已实现客服系统高度集成化,服务过程全程信息化。目前顺德、合肥两个运营中心坐席数量达到 1300 个,业务处理能力达 15 万条以上,中心主要管理持有 4PS 国际标准认证协调员证书,美的集团用户中心已通过 4PS 国际标准认证,并于 2014—2016 年连续 3 年荣获"金音奖·中国最佳客户联络中心"。

互联网的火热让"客户体验"显得尤为重要,美的在客户服务领域面临的挑战也越来越大。近年来,美的集团用户中心在管理流程、管理细节、服务渠道等多方面进行了改造、优化,让"美的服务"提高到更高的服务层次。电话、传真、邮件、短信是呼叫中心最传统的服务渠道,如今微博、微信、视频这些新兴渠道越来越成为大家生活不可缺少的互动方式,美的全媒体系统应运而生。全媒体系统的大数据"爬虫"的智能爬取数据,改变了人工客服以往手动关键词全网搜索模式,大大提高了员工工作效率,同时全媒体系统能实时掌握客户在不同渠道的接触轨迹,属行业首创。

(七)惠普全球客户服务中心(大连 CDC)

惠普亚太地区客户服务中心(大连)成立于 2005 年 3 月,目前员工总数 1259 人。大连中心负责为中国大陆、中国香港、中国台湾、日本及韩国地区的用户提供普通话、广东话、日语、韩语的远程技术支持服务和网上技术支持服务。支持范围覆盖了惠普全系列商用及消费类产品,包括台式电脑、笔记本电脑、掌上电脑、打印机及绘图仪的售后技术支持。惠普大连中心在专注于客户服务和业务发展的同时,也非常注重吸引和培养优秀人才。自 2008 年开始实施"Grow with HP"培训项目,旨在提供最佳的工作环境以及培训机会,使员工充分提高自身能力,拓展职业生涯与惠普公司共同成长。基于惠普创新的文化和对人才的尊重,大连中心将惠普精神的文化内涵外延至员工工作与生活的细微之处,提倡快乐生活,激情工作,激发员工将更好的服务体验带给每一位客户,从而实现员工价值最大化。

2013 年,亚太地区客户服务中心(大连)与惠普全球客户服务中心一起再度蝉联"中国最佳客户联络中心·客户服务奖"的奖项。这是惠普呼叫中心连续第六年荣获"金音奖"殊荣。与此同时,大连中心顺利通过 4PS 联络中心国际标准认证。

2013 年亚太大连中心成功地实现战略转型,由关注于客户满意度的传统模式转变为提升客户忠诚度并且积极参与到销售工作的新模式,更好地强化与销售团队市场部以及其他各兄弟部门的紧密联系,帮助整个公司提升品牌美誉度和销售业绩,成功地从成本中心向盈利中心的转型迈出了坚实的一步。

为适应市场变化和公司的战略调整,亚太区社交媒体控制中心（APJ Social Customer Care Command Center）于 2015 年 7 月 1 日在大连正式投入运营。作为第一个亚太区社交媒体控制中心,将以社交媒体作为平台,面向整个亚太区域各个国家的客户,提供多种语言的服务和支持。服务范围涵盖商用产品和消费类产品。每年惠普公司在支持网站上的访问量达到十亿次。每个月都会听取和回应来自 95 个国家的 104 个社交媒体网站上的 100000 个互动。为了跟上这种变化的步伐,和不断变化的客户期望,亚太区社交媒体控制中心也将听取并回应各种社会媒体网络的客户（例如 Facebook、推特、新浪微博、微信）,覆盖 4 种语言,并将继续扩大覆盖范围。

Ⅳ 区域篇

上海市服务外包发展报告

周　岚　盛宝富①

上海服务外包发展处于国内领先地位,既有领先优势,也面临严峻挑战。上海服务外包发展战略中长期定位是将上海建成国际服务外包中心。为此,上海将通过发挥上海自贸区优势、完善相关政策法规、优化园区服务、完善载体建设、加强对市场主体的扶持和培育、加强对服务外包人才的培养和引进、搭建和健全公共服务平台功能等措施推进发展战略实施。

一、发展现状

(一)发展概况

上海服务外包起步早、起点高、发展快、领域广、环境好,近年来在一系列措施的促进下,取得了长足的发展。上海凭借区位优势、产业优势、先发优势以及辐射内外两个市场的优势,充分发挥服务外包发包、分包、转包的巨大潜力,无论是发包还是接包的国际外包,规模都处于国内领先地位。

2016 年在全球经济复苏缓慢、国内经济下行压力加大的背景下,上海服务外包产业发展总体向好,全年离岸服务外包合同和执行金额分别达 92.03 亿美元和 67.25 亿美元,比上年分别增长 17.24% 和 12.36%。其中业务流程外包 BPO 合同和执行金额分别达 28.56 亿美元和 18.18 亿美元,比上年分别增长 115.05% 和 67.94%,占比提升至 27.03%,上海服务外包正逐步从依靠低成本竞争向更多以智力投入取胜转变,附加值和服务增值不断提高,业务结构逐步

---

①　周岚、盛宝富:上海市商务委。

优化。

（二）发展特点

1. 点面结合、覆盖全市

5 个服务外包示范区（浦东新区、长宁区、静安区、黄浦区和漕河泾新兴技术开发区等）和 12 个服务外包专业园区（张江金融信息、张江生物医药、南汇生物医药、卢湾人力资源、陆家嘴信息技术、浦东软件园信息技术、长宁数字媒体、天地信息技术、张江信息技术、金桥研发设计、嘉定汽车研发设计以及财经大学金融服务外包专业园区），列入服务外包企业重点发展目录的企业分布在全市大部分区县。

2. 专业集聚、联动发展

目前，上海 5 个服务外包示范区集中了全市 79.18%的服务外包执行金额。有 272 家技术先进型服务企业，还有 2 个市服务贸易（服务外包相关）示范基地，6 个市服务贸易（服务外包相关）示范项目以及一批市软件和信息技术服务出口重点企业，形成了专业集聚、联动发展的格局。同时，通过发展离岸服务外包，产业升级效应已经显现，并为长三角乃至中西部地区承接在岸服务外包创造了条件。

3. 转型升级、效应明显

在人力成本攀升和自身业务能力提升的双重因素驱动下，服务外包产业开始逐步从低端业务向高端业务转型升级。2016 年 1—12 月，BPO 离岸合同金额和执行金额分别为 28.56 亿美元和 18.18 亿美元，分别增长 115.05% 和 67.94%，占比提升至 27%。ITO 行业中云计算、大数据以及移动互联网和人工智能的相关技术服务成为热点。BPO 行业中，大数据的应用开始在市场营销等方面展开应用。KPO 行业中，医药研发服务已覆盖全产业链，从"单一式"服务经过一般合同研发服务，向拥有自主知识产权和市场份额的合作研发转型，并向"一体式"全方位合作发展，KPO 行业的龙头企业药明康德新药开发有限公司已经具备依托"医药研发技术和平台"向"一带一路"对外输出研发技术的能力。

4. 企业增加、实力增强

截至 2016 年年底，全市共有服务外包企业 1876 家，比 2015 年新增 169 家。

埃森哲、汇丰和花旗等世界 500 强企业纷纷在沪设立亚太或全球数据处理中心，跨国企业也将财务、人事等业务流程共享中心设在上海，国内知名外包企业也以上海作为重要战略部署地。从 2015 年度由鼎韬产业研究院和中国外包网等两大专业机构共同发起的 2015 年"在华跨国服务外包企业 20 强"（MNC TOP20）榜单，上海共有 7 家企业上榜，上海服务外包企业已具有相当强的实力。

5. 从业人员迅速增加

截至 2016 年年底，全市服务外包企业已经吸纳就业人员 39.42 万人，其中 87.5% 为大专以上学历人员，比 2015 年年底新增 3.57 万人。

6. 业务来源地广泛

2016 年，居服务外包发包地前 5 位的国家和地区为美国、中国香港、新加坡、德国和日本，业务占比分别为 32.98%、13.07%、9.49%、8.83% 以及 8%；"一带一路"沿线国家和地区对上海的发包执行金额为 8.6 亿美元，比上年增长 15.28%。

二、发展前景分析

（一）基础条件

1. 产业技术能力领先

现代服务业和先进制造业共同发展为上海发展服务外包提供了良好产业技术条件。上海从 20 世纪 90 年代就已经开始的产业结构调整，在发展钢铁、石化、机电、汽车、造船、计算机等六大支柱产业的同时，积极发展先进制造业和现代服务业，电子信息、生物医药、装备制造等先进制造业和金融、贸易、信息服务等现代服务业快速发展。另一方面，与全球的产业融合趋势相一致，上海的先进制造业与现代服务业在企业内部、产业链以及区域产业集群等各层面的融合趋势也在不断增强，这就会不断产生大量新的服务外包需求，为发展服务外包发包市场提供了坚实的产业基础。

2. 城市配套能力领先

上海城市基础设施环境好，服务外包政策环境优。从"硬环境"看，上海的基础设施建设快、起点高、系统较完善，并与周边地区的基础设施趋于融合，在长三角地区,以上海为核心枢纽高效整合的基础设施网络体系正逐步形成,这为上海发展服务外包提供了良好的环境。城市基础设施不断完善,为进一步改善上海投资环境、扩大对外开放、增强城市综合功能创造了有利条件,投资者信心不断增强。同时,上海还具备大量商务配套服务良好的写字楼,招商办、工商、税务等政府部门积极为入驻企业提供热情高效的服务,在楼宇聚集区域逐渐形成集购物、餐饮、娱乐、休闲等功能于一体的商务配套设施。另外,上海的通信基础设施也相对比较完备,具有先进的国际化的通信服务功能。从"软环境"看,上海针对服务外包产业发展出台了一系列政策措施,在资金支持、税收优惠、人才培养等方面给予扶持。

3. 适用人才基础领先

上海人力资源整体素质较高、规模大、门类齐全。由于上海有良好城市环境,在吸引信息技术人才、外语人才及专业技术人才方面有着明显的优势,已经初步形成了国内人才高地,是我国专业人才主要的聚集地之一。特别是在国际化人才方面,上海已成为海外留学人员回国创业发展的首选城市之一,并且已经形成了针对人才的市场化配置机制以及专业化、社会化的服务体系和尊重知识、尊重人才的社会氛围。目前,上海市共有普通高等学校(含独立学院)67所,上海经信委统计数据显示,2016年上海本地高校培养的软件和信息技术专业毕业生在5000名左右。

4. 市场体系发育领先

上海的服务外包市场体系发育相对比较完善,服务外包的市场需求面广,供给形式多,领域宽。上海的信息化建设为信息技术外包创造巨大的市场需求,2016年上海软件和信息服务业以建设全球跨界创新中心、启动"中国制造2025"、发展"互联网+"为契机,实现营业收入6904.35亿元,比上年同期增长14.1%,产业发展整体平稳,呈稳中趋缓态势,实现了"十三五"开局目标。另外,上海在推动服务外包市场发展过程中还特别注重知识产权的保护,明确上海市知识产权局为上海市服务外包发展联席会议成员单位,负责有关知识产权事务的协调推进工作,在部分服务外包示范区建立了"上海市保护知识产权举报投诉服务中心工作站",加大对服务外包企业的知识产权保护力度,为服务外包营造良好的发展环境。

5. 自贸区建设带来的利好

随着上海自贸区服务业扩大开放举措的落实,切实把握自贸区制度创新机遇,服务外包产业营商便利化将得到创新和提升。越来越多的先进制造业、现代服务业、高新技术产业企业进驻上海自贸区,越来越多的跨国公司地区总部、研发中心、营运中心落户。这些跨国公司和当地企业会选择服务外包,以降低运营总成本并集中更多精力提升自身的核心竞争力。上海自贸区可以利用专业服务和总部经济不断集聚的优势,不断拓展贸易信息资讯、展示,与国际贸易相关的研发设计和打样、代理、融资、结算和保险服务,以及国际物流、采购、电子商务等服务。区外服务和软件园区也可以发挥外包载体、云计算发展的优势,打造统一的服务软件外包行业组织,承接自贸区相应的外包业务。

(二)面临的挑战和制约因素

1. 面临的挑战

一是面临服务外包领先优势下滑的挑战。上海周边地区以及北京、深圳、大连等地的服务外包近年来发展迅猛,业务规模快速增长,特别是在龙头企业的培育和服务外包园区建设等方面,一些地区已经超过了上海。同样作为全国的服务外包示范城市,这些地方往往通过出台更多的政策措施,发挥服务外包潜在发展势能,上海面临领先优势下滑的挑战。在 2016 年中国商务部国际贸易经济合作研究院发布的"中国服务外包风采 12 城"评选榜单中,中国服务外包最具影响力城市的前 2 位,分别被北京、南京占据;最佳投资环境城市前 2 位则分属杭州、无锡;最具特色城市的前 2 位则被济南、长春夺得。这三项指标评选,上海均无缘跻身前二。

二是面临服务外包总体规模被赶超的挑战。2015 年南京以离岸服务外包执行额 60.67 亿美元,高居全国十大服务外包示范城市之首,上海则以 60 亿美元屈居第二,"紧随其后"的广州、苏州、杭州等赶超上海的势头不容小觑。未来几年,若上海在发展服务外包方面稍有懈怠,就将被进一步赶超。

三是面临服务外包的竞争优势下降的挑战。上海发展服务外包虽然有着独特的竞争优势,但是随着其他地区对服务外包的重视程度日益增加,相关政策倾斜力度的加大,使得上海原有的竞争优势相对弱化。尽管上海出台了相应的扶

持服务外包发展的一系列政策,并具有享受服务外包示范城市特殊政策的优势,但是其他一些城市往往出台更有针对性的政策措施,

四是面临服务外包业务外流的挑战。上海中心城区的高商务成本、郊区的低发展态势,使得服务外包业务更倾向于向上海周边地区布局,尤其是周边地区正加大商务环境建设,形成了对服务外包极大的吸引效应。如苏州的花桥国际商务城将打造有 5000 席位的呼叫中心,形成功能完善的金融后台服务中心,这势必要与上海争夺服务外包资源。

2. 制约因素

一是商务成本提高制约企业发展。中心城区商务成本的不断提升,成为制约上海服务外包企业发展的主要因素之一。房地产价格高企导致办公场所租金偏高,不利于吸引服务外包企业进驻。从上海全市总体经济发展建设用地来看,随着前期土地调整利用的不断到位,未来可供低成本开发的土地面积将更为紧张。反观印度及上海周边一些地区,都在想方设法降低运营成本,如印度政府试图通过在农村建立数字化基础设施,将国际发包企业吸引至二三线城市。中国政府也已经将服务外包示范城市从 21 个增加至 31 个,一部分二三线城市进入示范城市行列,这些城市用工成本、商务成本、消费物价均低于上海。

二是政策环境有待进一步优化。上海虽然是我国首批服务外包示范城市和首批"信息化与工业化融合试点城市"之一,对服务外包产业较早出台了专项支持政策。但是,由于基层政府对服务外包的发展意义、发展形势认识不够,对服务外包发展的推动不足,在专项资金、税收优惠、财政支持、金融支持以及人才培训支持、开拓国际市场支持、招商引资力度、园区基础设施建设支持等方面,都已被苏州、无锡、杭州等周边城市反超。服务外包统计体系也有待于进一步完善。

三是知识产权保护有待进一步加强。我国整体对于知识产权保护还相对薄弱,一方面影响创新者的利益和积极性,另一方面也导致不少发包国家对我国的不信任,就会减少将外包业务分配给我国,上海也随着受到了影响。比如,信息技术服务外包,其中一定会涉及企业的相关技术,因此,他们会选择知识产权较为完善的国家,保障自身的利益。

四是资质认证遭遇尴尬,缺乏行业协会的力量。CMM 作为评价软件接包商能力等级方法,主要分为 1—5 五大等级,等级越高说明接包商所完成的任务难

度越大。上海对该资质认证重视起步相对于发达国家较晚,并且基本集中在 3 级,获得 5 级认证的企业寥寥无几。截至 2015 年,上海全市总共有 180 家企业顺利通过了 3 级及以上认证,占资质认证总数量的 9%,其中顺利获得 5 级认证合格证的只占 16.6%,相比印度承接软件外包业务的企业获得 CMM 5 级认证占认证总数的 1/3 左右有很大差距。与服务外包发达国家相比,上海服务外包缺乏一个有国际知名度的行业协会管制,从而导致缺乏制定知名品牌战略的话语权。

五是跨境支付和云计算有待升级。上海服务外包业务大多由在岸外包和离岸外包组成,还没能达到像印度、爱尔兰等外包发达国家的全球支付发展模式。主要原因是我国跨境支付平台和云计算平台还不够完善,急需升级自身的跨境支付和云计算平台,使上海逐步发展"在岸外包—离岸外包—全球支付"的渐进式发展模式。全球支付模式具有较强的灵活性和高效性,它可以让几个离岸企业共同完成一个发包方的项目,缩短执行任务时间,也可以计算出最合适的优秀资源的最佳组合,让双方都将自身风险降到最低,得到更多效益。在 21 世纪,资源充分共享,全球交付模式(GDV)逐渐成为一种趋势,让发包方可以在云计算平台实现一对多的交付方式。上海的跨境支付和云计算虽然在我国处在领先水平,但与外包发达国家相比还有很大差距。

三、发展战略

(一)指导思想

紧紧围绕上海"四个中心"和科创中心建设的战略部署,抓住上海打造服务国家"一带一路"战略桥头堡和自贸区建设为服务外包企业带来发展机遇,继续利用好上海作为我国服务外包示范城市的基础,进一步推动大规模、高水平地承接国际服务外包业务;积极利用国家鼓励服务外包发展的政策,实施以服务业为重点的新一轮对外开放战略,发挥上海自贸区制度创新的优势,以政府扶持政策为导向,以服务外包示范集聚园区建设为抓手,以专业人才队伍建设为支撑,以培育龙头企业为关键,以发展金融服务外包和航运服务外包为重点,有序推进服务外包与其他产业融合互动,积极探索跨国公司在沪服务外包新模式,努力将上海打造成为世界知名、亚洲一流的国际服务外包中心城市。

（二）战略定位

中长期定位是将上海建成国际服务外包中心。上海是跨国公司集聚的中心，是国际服务外包业务集聚的中心，上海既要发展传统意义上的离岸服务外包，积极承接国外企业的 ITO 和 BPO 业务，更要发挥跨国公司集聚优势，承接跨国公司在我国设立的子公司的发包业务。在功能上要反映出集聚和配置全球服务资源，既要突出以接包、发包、转包、分包等业务为主的核心功能，又要体现以信息发布、项目洽谈、业务交流、研究培训等服务为内容的拓展功能。总之，未来上海作为中国国际服务外包中心城市，已不单单是离岸服务外包业务的承接地，而是以上海为中心，以跨国公司为载体，服务功能齐全的国际服务资源综合配置中心。

1. 国际金融服务外包中心

结合上海国际金融中心建设，发挥上海金融机构集聚、金融市场发达、金融资源丰富的优势，围绕国际金融中心建设，汇集全球金融服务资源，拓展金融外包服务领域，建成面向全球的国际金融服务外包中心。

2. 国际航运服务外包中心

结合上海国际航运中心建设，发挥上海航运资源丰富、航运服务增长快、潜力大的优势，围绕国际航运中心建设，汇集全球航运服务资源，拓展航运外包服务领域，建成面向全球的国际航运服务外包中心。

3. 国际服务外包信息与交易中心

通过服务外包博览会、交易会、洽谈会、论坛等服务平台，集国际服务外包信息发布、供需对接、合作洽谈、业务交流、项目交易等功能于一体，成为国际服务外包价格行情的策源地（风向标）以及服务外包行业规范和服务标准的诞生地。

4. 国际服务外包研究中心

依托上海雄厚的科研实力，集聚国内外服务外包领域相关研究机构，领跑服务外包研究理论前沿，推动服务外包实践活动，成为国际服务外包研究中心。

5. 国际服务外包高端人才培训中心

依托上海丰富教育资源，集聚国内外人才培训机构，重点培养国际服务外包高端人才,成为全球服务外包领军企业的培养地、各类高端服务人才(尤其是各类服务外包行业的培训师等)的汇聚地和服务外包产业知识产权的保护地。

(三)发展原则

1. 坚持发展高端

充分发挥优势,立足发展高端,重点发展 BPO 和 KPO 特别是金融后台、影视游戏制作、应用软件开发与维护、现代物流、财会服务外包、人力资源管理和咨询、应用管理和系统集成、工业设计研发、客户管理和市场营销等方面业务,努力占据现代服务业的制高点。在呼叫中心、数据录入等附加值较低的领域,受到商务成本等制约,上海并不具备特别优势,可以采取"承接—转包"策略,与内地组合成"前店后厂",上海承接离岸外包后转包给内地。

2. "离岸"带动"在岸"

积极借鉴印度承接国际服务外包的发展经验,在先发优势基础上重视发展垂直市场,逐渐提高在价值链中的位置,由 ITO 向 BPO 和 KPO 转型,提升 IT 外包的含金量,扩大国际市场,发展"反向外包"。

鼓励发展在岸服务外包,带动产业结构升级。充分发挥上海的综合优势,主动服务长三角、长江流域乃至全国,增强辐射能力,积极拓展国内服务外包市场,并以国际服务外包的视野,来提升国内服务外包的品质。

3. 不断完善功能

一是服务外包项目承接和配发(接单和发单)的集散地;二是服务外包价格行情的策源地(风向标);三是服务外包产业知识产权的保护地,完善服务外包知识产权保护的法规措施;四是服务外包行业规范和服务标准的诞生地;五是各类高端服务人才的汇聚地;六是服务外包各类资讯的统计、交流和重要信息发布地;七是国内服务外包领军企业的培养地,在公共服务平台、产业基金扶植、国际市场开拓、国内市场培育等方面国内领先。

4. 重点集聚总部

一是服务对象(发包方)总部的集聚,即吸引跨国公司地区总部(包括财务结算中心、营运中心、销售中心等);二是服务外包供应商公司总部的集聚,即吸引领袖级、专业标志性的、知识密集型的、成长性好的全球服务外包 100 强企业进驻。

5.推进区域合作

加强与长三角区域乃至全国的合作,打造"中国服务外包"整体品牌,形成有效的合作机制。充分发挥上海在接包、项目管理等方面的优势,在一些附加值较低的服务外包领域,采取"承接—转包"策略,在积极承接国际离岸外包的同时,鼓励转包到内地更具成本优势的地方,尤其是加强与其他服务外包示范城市的合作,增强上海的辐射能力。

（四）推进措施

1.发挥上海自贸区优势,拓展服务外包发展

一是金融改革创新与上海国际金融中心建设联动。积极跟踪、分析中央对自贸区的功能、政策、体制等审批情况,对区内甚至国内外服务外包企业、院校、咨询机构进行大力宣传,帮助入驻浦东的服务外包企业抓住发展机遇,鼓励有条件的境内外服务外包企业进驻自贸区独立、合作、合资运行。

二是充分发挥和承接自贸区的辐射效应。利用张江高科技园区、陆家嘴金融区、金桥经济技术开发区等国家级开发区作为自贸区第一层面的"辐射",研究与自贸区内的服务外包企业如何融合或联动,发挥各类资源优势（研究中心、培训中心、交易中心、企业协会）的集聚效应。

三是利用和延伸上海市服务外包交易促进中心功能,争取在自贸区内开设服务供需双方的"一条龙、一站式、零差错服务窗口"。力争让自贸区内外的服务外包企业加入交易中心的"会员团队",享受优质服务。

2.完善相关政策法规,推动服务外包发展

一是积极培养国内需求市场。以"鼓励采购国内外包服务"的方式,促进服务外包内需市场发展,带动金融、电信、先进制造业等发包领域对国内外包服务的需求。政府要以身作则,鼓励政府采购、政府服务外包,采取多种方式拓展服务外包业务渠道。积极参与长三角区域合作,加强与国内各服务外包示范城市的联系与合作。

二是进一步加强和完善服务外包示范区、服务外包专业园区、外包企业的管理。从税收优惠、专项扶持、平台建设、员工住房、人才奖励、基础设施配套等方面进行扶持外包示范区、专业园区,建立起科学高效的金融服务外包、研发设计外包、物流服务外包、人力资源外包、创意产业外包、信息技术外包等服务外包产业的认定体系。

三是提高服务外包通关便利性。联合海关、检验检疫等部门,制订服务外包有关的进口保税政策,简化服务外包业务所需设备(如开展金融服务外包所需的服务器、数据库等设备、生物医药研发外包涉及的试剂、材料、设备)进口的手续,放宽市场准入条件等。开立服务外包专项外汇账户,实行外汇收支专项管理,并规范收发外汇的操作流程,为服务外包企业开展离岸外包业务提供便利。强化投融资政策,拓宽服务外包企业投融资渠道。

3. 优化园区服务,完善载体建设

进一步创新服务外包园区服务支持。改变以往只注重硬环境而忽略软服务的思路,将提升园区专业服务能力作为核心,与企业成长发展实现全过程对接,努力实现全方位、专业化、一站式中介服务,促进和推动中小服务外包企业的快速成长与发展。完善平台建设,通过设立投融资对接、人才培训、技术支撑、信息服务、市场推介、产业联盟等平台来满足企业多层次需求。

切实发挥"商务部—基地城市—示范园区/专业园区—重点企业"共建机制的作用。通过科学布局,明确产业定位,树立主体和特色,促进产业集聚效应的形成。各园区要把培育企业特别是领军企业放在重中之重的位置。同时,从全市层面加强协调,错位竞争,形成合力,共同做好三大工作:一要加大招商引资力度,努力引进重量级的内外资企业;二是积极支持已入驻企业做大做强;三是要着力培育若干个具有自主知识产权、自主品牌、高增值服务能力的本土服务外包企业。

加强对园区建设的管理,逐步走向政府导向、企业市场化运作的体制。除了市里加大政策扶持力度外,区政府应加大支持力度,落实相关配套政策。市商务委要加强指导和服务,进一步梳理国家层面、市区层面有关服务外包的扶持政策,积极推出有吸引力的发展政策和普惠政策。

4. 加强对市场主体的扶持和培育

积极培养或引进服务外包企业。培养本地服务外包企业,鼓励国内外企业前来设立机构,开展服务外包业务。引导大中型企业将非核心职能部门剥离。

坚持大小并举的原则，一方面重点扶持、培育龙头企业，鼓励大企业积极承接国际服务外包，以建立品牌，扩大影响；另一方面鼓励有条件的地方试点，参照承接国际服务外包的有关优惠政策，对本市中小企业承接大企业转包的离岸业务给予扶植，以形成服务外包产业集群。

加大对企业的财税等政策支持，拓展服务外包企业的投融资渠道。安排服务外包工作专项资金，利用与服务外包相关的其他专项资金；给予服务外包企业一定的税收优惠；允许服务外包企业留存部分外汇收入；建立服务外包企业贷款及融资平台，积极探索建立有效的担保机制；鼓励风险投资、民间资本和外商投资服务外包产业；鼓励服务外包企业通过多种方式扩大规模。

积极鼓励企业提升业务能力和水平。鼓励企业实施品牌战略，推动企业发展离岸外包业务；鼓励企业提高创新和研发能力；鼓励企业开展国际国内资质认证。

5. 加强对服务外包人才的培养和引进

完善服务外包人才培养体系。加大服务外包人才培训扶持，加大服务外包高级人才引进力度，加大服务外包高级人才开发信息服务工作，建立有突出贡献的高端服务外包人才奖励制度，加强服务外包职业技术教育体系建设。

创新服务外包人才培养机制。重点推进高校服务外包人才培养机制创新，深入推进服务外包人才校企合作，做大做强专业培训机构；鼓励培训机构不断扩大适用型人才培训规模、在国家服务外包人才培训资金支持的基础上，市财政对服务外包骨干培训机构，予以1∶1的配套政策扶持；建设"上海市服务外包人才信息库"，做好人才储备，扩大大学生就业规模。

重点解决服务外包人才的生活成本问题，减轻服务外包骨干人才的生活压力。根据新劳动法及服务外包行业实际情况，制定相应操作细则，明确人力资源的规划和管理，为企业开展服务外包业务扫除制度障碍。

6. 搭建公共服务平台，健全服务功能

加强知识产权保护和信息安全工作，鼓励服务外包承接企业的自主创新，增强企业竞争能力。积极利用市知识产权联席会议制度，进一步完善本市保护知识产权举报投诉服务中心的质量和水平，加强知识产权保护培训和执法的力度，完善服务业知识产权保护法律体系。引导企业诚实守信，严格履行合同，保守客

户商业机密,遵守国际上的信息保密规则。

搭建法律公共服务平台,为发包企业扫除顾虑。组织一批既熟悉普通法体系、又熟悉业务流程外包/信息技术外包合约事务的法律专家,组建公共法律服务数据库,搭建市、园区两个层面的法律公共服务平台。

充分发挥中国服务外包研究中心的研究平台功能。加强服务外包领域的调查研究,委托中介机构定期调研了解上海服务外包发展中的不足,逐步提高政府行政服务水平和效率、提高城市管理水平,以利于招商工作的进行。充分发挥"上海软件外包国际峰会""国家软件出口基地软件展示会""金融服务外包国际研讨会"等展会平台作用,帮助上海服务外包企业开拓国际市场。

济南市服务外包发展报告

胡吉忠　李金强　李　尧①

济南市服务外包产业发展主要指标均占整个山东省的1/3强,业务规模、业务结构、企业主体和人才培养等方面综合评价位列山东首位。未来,济南市将通过狠抓服务外包招商、加快园区载体建设、完善产业促进机制和公共服务平台建设,推动服务外包产业持续健康发展。

一、发展情况

（一）发展概况

根据山东省商务厅通报,2015年、2016年济南市共签订服务外包合同分别为6476份、9420份,2016年合同数同比增长45.5%,合同金额268.4亿元、271.4亿元人民币,2016年合同金额同比增长1.1%,服务外包执行金额225.4亿元人民币、212.6亿元人民币,2016年服务外包执行金额同比下降5.7%,其中离岸服务外包合同执行金额分别为187亿元人民币、172.7亿元人民币,2016年同比下降7.7%。2015—2016年济南市服务外包产业发展主要指标均占整个山东省的35%左右。

截至2016年年底,济南市在商务部服务外包业务管理与统计系统中登记的服务外包企业共938家,从业人员23.27万人,其中百人以上企业268家,千人以上企业35家,万人以上企业3家,上市企业13家。企业认证数量累计405个,其中国际认证225个。济南市承接离岸服务外包来源地由2015年的145个国家(地区)增长到2016年的173个,执行额超过千万美元的由2015年的30个

---

① 胡吉忠、李金强、李尧:济南市商务局。

144

国家(地区)增长到 2016 年的 67 个。

(二)主要特点

1. 主体建设富有成效

截至 2016 年年末系统内登记注册的服务外包企业 938 家,较 2015 年增长 144 家,主体队伍不断壮大。共有 289 家企业登记开展离岸业务,其中,离岸执行额过千万美元企业 115 家,骨干力量不断增强。浪潮集团再次跻身中国服务外包十大领军企业,济南讯和信息技术有限公司、山东旅科信息有限公司、NEC 软件(济南)有限公司等企业入选中国服务外包成长型百强企业。

2. 海外市场呈现新格局

美国、荷兰、日本列我市服务外包离岸业务来源地前 3 位,执行金额分别为 5.1 亿元、3.5 亿元、3.2 亿元,美国超越日本成为第一大外包业务来源国;承接荷兰、德国、英国、意大利 4 个欧盟国家业务高速发展,执行额过亿元。

3. 人才培训和就业促进成效显著

经山东省商务厅评估认定的省级服务外包人才培训机构 21 家,服务外包人才年培训能力超过 3 万人。山东师创软件实训学院、山东中印服务外包专修学院、山东志诚动漫游戏专修学院、山东交通学院分别获得 2015 年中国服务外包培训机构最具规模奖、国际合作奖、最佳内训企业奖、年度优秀奖等,济南市服务外包协会荣获服务外包人才培养突出贡献奖。

4. 综合评价成绩显著

根据山东省服务外包绩效评价管理办法,从业务规模、业务结构、企业主体和人才培养等 4 个方面分别对山东省 17 个市和省属的 19 个示范基地服务外包发展进行了综合评价考核,济南位列城市发展综合评价第一位,济南高新区为服务外包示范基地综合评价第一位。

二、主要工作及成效

(一)工作思路及目标

紧紧围绕"打造中国服务外包名城"的目标,以提升公共服务能力和水平为手段,深入调研,科学规划,强化招商,推动在建园区快速发展,确保全市服务外包实现稳定增长。

（二）重点工作

1. 积极打造对接国际服务贸易新规则的试验区

依托中韩自贸区以及中日韩现有的双、多边合作机制与平台,积极引入国际服务贸易新规则,在高新区创服中心东区规划建设了中日韩服务贸易(济南)创业创新园。探索构建与扩大开放相适应的服务贸易体系,打造对接国际服务贸易新规则的试验区,构建全球价值链框架下对外产业合作平台,提升服务贸易的国际竞争力,形成可借鉴、可复制、有推广价值的发展推进模式。目前,已与商务部研究院建立合作,编制园区规划实施方案,并向省政府和商务部提报申请创新试点文件。

2. 建设公共服务平台,努力提升公共服务质量

一是建设"济南服务外包人才公共服务平台",破解企业"招工难"的问题。提供应聘人员综合评价、招聘保障和企业员工培训三个核心专业服务,精准对接企业选人用人需求,提高招聘成功率,降低企业负担,提升公共服务水平质量。二是建设"济南市服务外包信息统计激励公共服务平台",升级扩容原有的"济南服务外包网",在政务宣传、信息调研和统计互动等方面予以加强,对接人才服务平台、项目服务平台和产业服务平台等3个与企业需求密切相关的公共服务平台线上端口,开发手机版和英文、日文、繁体中文等语言版。依托网站信息统计系统,在各县(市)区布局建设网络节点,配备硬件设备,负责本区域服务外包统计数据汇总、行业信息发布、调研情况反馈等政务传达和商务交流。通过平台网站和手机端的互动参与,采取业务培训、评优评先等手段,确保基层统计人员配合工作。

3. 编制高水平规划

一是提前谋划,编制了《济南市服务外包"十三五"发展规划》,并于2016年3月正式通过了专家评审。二是制订服务贸易和服务外包招商促进年度工作计划,对全球百强和国内百强企业进行梳理分析,开展区域定向招商。组织相关企业单位参加京交会、软交会、文博会等专业展会,开展招商推介,在第四届京交会上设立特装展位,邀请济南演艺集团编演了具有地方特色的文化节目,得到了商

务部及参展商的好评。

4. 多渠道开展宣传招商活动

组织企业参加美国全球外包峰会（IAOP）、大连软交会、杭州服博会等境内外知名展会，广泛搜集招商信息，引导齐鲁软件园、创新谷等园区开展招商促进活动。全球外包百强企业之一的日本大宇宙公司落户我市创新谷，开展软件外包业务。随省厅赴美、加、日、韩开展服务贸易和文化贸易投资促进活动，帮助山东省友谊出版社在海外建立"尼山书屋"项目牵线搭桥取得了很好的效果。邀请日本软银、MIJS 代表团等外商来济考察，在第五届（济南）韩博会期间，组织日本软银携部分日本企业参展推介。

（三）主要荣誉

在 2015—2016 年全球服务外包大会，济南市连续两年获"最具特色服务外包城市"奖。

在第十三届大连软交会，NEC 软件济南有限公司获得中国软件和信息服务业创新影响力奖；济南讯和信息技术有限公司获得中国软件和信息服务业外包成就奖、中国软件和信息服务业新锐人物奖；山东万博科技股份有限公司获得最具创新竞争力产品奖、中国软件和信息服务业突出贡献奖；齐鲁软件园获得中国最具推动力服务平台奖。

在第七届杭州服博会，浪潮集团有限公司获得中国服务外包领军企业荣誉称号；NEC 软件（济南）有限公司、山东旅科信息有限公司、济南讯和信息技术有限公司荣获中国服务外包百强成长型企业荣誉称号；济南凌佳科技有限公司荣获技术创新型企业荣誉称号；山东中印服务外包专修学院、山东志诚动漫游戏专修学院、山东交通学院获得优秀服务外包培训机构年度优秀奖；山东中印服务外包专修学院还获得优秀服务外包人才培训国际合作奖；山东师创软件实训学院获得服务外包培训机构最具规模奖；济南市服务外包协会荣获服务外包培训突出贡献奖。

（四）存在的问题

1. 载体建设有待加强

济南市服务外包载体主要分布在城区东西两翼，其中齐鲁软件园作为最重要的外包载体,受到空间、产权等方面制约,很难吸引大企业落地,一批中小企业甚至出现外流现象。济南创新谷、济南药谷等新建园区目前仍处于建设招商阶段,对全市服务外包贡献度不高。其他县(市)区仍未能形成专业的服务外包园区载体。全市招商引进的重点外包项目少,服务外包发展指标主要依靠原有的企业挖潜弥补。

2. 人才资源存在缺口

济南市拥有众多高校、科研院所和技术研发中心,高校在校生超过50万,基础人才资源非常丰富,但是适合服务外包的既懂技术又懂外语的复合型人才少,愿意留在济南发展的大学毕业生少,能够规模培养外包人才的知名培训机构少,愿意到济南发展的中高级管理和技术人才更少。

三、下一步工作打算

(一)狠抓服务外包招商

一是加强与智囊机构的战略合作,采取召开专业推介会、精准招商等形式,积极开展对北京和上海两地的服务外包招商活动。二是继续跟踪美国 IAOP 协会评选的全球外包百强企业,密切联系,大力开拓我市薄弱的欧美外包市场。三是进一步梳理国内服务外包领军及成长型百强企业,分区域、分批次开展有针对性的对接。四是加快推进齐鲁软件园、创新谷、药谷等现有专业园区的建设和招商,对重点外包项目安排专人跟踪、协调和服务。五是规划指导建设一批特色服务外包园区或基地,如长清申请省级服务贸易先行先试示范区、宏济堂建设中医药服务出口基地、凤凰山电子商务服务外包园等。

(二)加快园区载体建设

重点加快推进中日韩服务贸易(济南)创业创新园建设。一是与高新区尽快签署合作协议。二是指导做好入园企业评估标准、拟订园区扶持政策和招商宣传等开园前的准备工作。三是研究确定园区公共服务平台建设项目。四是启动新一轮园区规划方案的调研、编制和论证。五是制订园区招商计划,赴日韩以及国内先进城市开展招商活动。

（三）完善产业促进机制

在服务贸易促进机制方面实现突破。一是制定加快服务贸易发展的三年行动计划，加大服务贸易政策的宣传力度，在全市营造有利于产业发展的良好氛围。二是完善服务贸易联席会议制度，明确各部门职责分工，协调解决信息数据交流、产业情况调度、政策研究制定等方面的影响因素。三是探索制定全市服务贸易统计评价体系。将服务外包统计信息激励平台服务对象扩大至服务贸易企业，研究发布符合我市实际的服务贸易产业指标体系。

（四）完善公共服务平台建设

进一步完善公共服务平台建设，加大平台推广力度。一是扎实宣传和落实招才引智政策，依据济南市委、市政府深化人才发展体制机制改革20条政策，大力破除束缚人才发展的观念和体制机制障碍，从人才引进培养升级、人才发展激励保障机制、人才管理体制改革、人才公共服务体系四个方面营造促进人才创业创新的整体氛围。二是进一步完善信息统计激励平台功能模块，加快人才公共服务平台上线运行，根据企业的实际需求，进一调整和增加平台服务模块。高频度召开公共服务平台宣讲会，增加平台注册用户及访问使用频度，利用各方需求加大平台影响力，进一步缓解企业用人困难。

天津市服务外包发展报告

齐海涛[①]

    天津市充分发挥区位、人才、基础设施和综合商务成本优势,积极推动服务外包发展,服务外包产业结构保持高端化发展特点。"十三五"期间天津市将以"改革发展、结构优化、转型升级"为主攻方向,以"转变发展方式、规模质量并重"为主线,以提高创新能力为动力,推动服务外包健康可持续发展。

    作为国家服务外包示范城市之一,天津市始终高度重视服务外包产业发展,充分发挥其天然港口和区位的优势,以及人力资源、基础设施、综合商务成本等方面的优势和潜力,积极把握"一带一路"建设、京津冀协同发展、自贸区建设等机遇,主动适应经济发展新常态,坚持稳中求进的总基调,实现了服务外包质和量的突破;以创新为驱动,打造产业新优势,推进服务外包产业转型升级,服务外包综合竞争力不断增强。

一、发展现状及特点

(一)服务外包产业规模稳步增长

    "十二五"期间,天津市委、市政府高度重视服务外包产业的发展。全市坚持以科学发展观为指导,以抢抓新一轮国际产业转移为契机,以提升产业结构为抓手,采取一系列政策措施,推动服务外包产业发展取得显著成绩。2015年天津市实现服务外包执行额21.6亿美元,是2010年的6.3倍,离岸执行额9.7亿

---

① 齐海涛:天津鼎韬外包服务有限公司 CEO。

美元,是 2010 年的 4.6 倍,均超额完成"翻两番"的"十二五"规划目标。2016 年天津市服务外包继续保持高速增长,全年签订服务外包合同额 25.4 亿美元,同比增长 16.6%,其中离岸合同额 15 亿美元,同比增长 38.6%;执行额 20.5 亿美元,同比下降 5%,其中离岸执行额 10.2 亿美元,同比增长 5.1%。

(二)产业结构保持高端化发展

天津市服务外包以高技术性、高附加值的知识流程服务外包业务(KPO)为产业主体,2016 年 KPO 业务执行额占全市业务的 45.85%,ITO(信息技术外包)、BPO(业务流程外包)业务执行额分别为 23.41%、30.73%。离岸业务中,KPO、ITO、BPO 业务的比重分别为 50.70%、25.90%、23.40%。

(三)业务特色日益明显

天津市企业承接的业务领域中,软件技术、工程技术、生物医药、金融服务、检验检测和工业设计六大领域发挥集群效应,2016 年六大领域实现执行额 14.6 亿美元,占全市的 71.2%;其中,离岸执行额 6.3 亿美元,占全市的 61.8%。数据显示,生物医药和金融服务领域外包主要来自境外。

(四)市场主体规模稳步壮大

天津服务外包企业数量稳步提高,龙头企业示范带动作用明显。截至 2016 年年底,全市服务外包企业累计 895 家,比 2015 年新增 37 家。其中执行额 500 万美元以上企业 53 家,执行额 1 亿美元以上企业 4 家,形成了一批以天津药明康德新药开发公司、渣打科技营运服务公司等为代表的行业领军企业。2016 年全市企业新增资质认证 26 个,累计 264 个。全市新认定技术先进型服务企业 2 家,累计认定 74 家,企业国际竞争力明显增强。

(五)就业规模稳步扩大

服务外包对天津的人才吸纳能力逐步扩大。截至 2016 年年底,全市服务外包企业吸收就业 12.4 万人,其中当年新增从业人员 5985 人。其中大专及以上学历从业人员 9.7 万人,占全市从业人员比重 78.2%,比上年增加近 4000 人。

26 家服务外包企业从业人员超过 1000 人,比上年增加 2 家。

(六)外资企业贡献作用显著

截至 2016 年年底,全市 895 家企业中,国有企业 50 家、港澳台企业 17 家、外资企业 163 家、私营企业(内资,含股份制、有限责任公司)665 家。2016 年私营、外资、国有、港澳台企业纳入天津市业务统计的数量占总企业数的比重分别为 41%、38%、16% 和 5%。从执行额、离岸执行额总量来看,外资企业贡献率均占首位,分别占全市份额的 36.1% 和 70.3%;执行额贡献率第 2 位为港澳台企业,占全市份额的 29.9%;离岸执行额贡献率第 2 位为私营企业,占全市份额的 11.2%。

(七)国际外包业务市场稳步拓展

2016 年向天津市购买国际服务的国家和地区达 72 个,发包执行额居前 3 位的国家和地区是美国、中国香港、丹麦,执行额总量占全市比重为 49.4%,比上年高出 4 个百分点;其次为日本、韩国、新加坡、法国、瑞士、土耳其和马来西亚等。"一带一路"沿线国家 30 个,承接执行额总值近 2 亿美元,占全球离岸市场的 1/5,同比增长 11%,业务涵盖软件研发、工程技术和工业设计等技术服务,集中在能源物资、信息技术、交通运输和金融保险等行业。

(八)产业载体日趋完善

天津市基本形成了"3+6+3"产业载体格局,即 3 个国家级服务外包示范园区(开发区、保税区和高新区)、6 个市级专业园区(南开区、河西区、西青区、武清区、生态城和北辰区)与 3 个实验区(河东区、东丽区、蓟县)快速发展,其他区县协调互动的发展格局。园区基础设施日益完善,信息化建设不断升级,已建成各类服务外包发展载体 266 万平方米,公共服务平台达到 21 家。

(九)产业发展环境逐步优化

天津市在税收、资金、人才等方面的扶持政策达到 18 项,初步形成了较为完善的政策体系。每年市、区两级财政用于支持服务外包产业的资金超过 2 亿元。

全市 55 所高等院校中已有 34 所院校设置了 92 个服务外包相关专业和专业方向,信息安全和知识产权保护体系已初步形成,行业协会运转良好,产业发展综合环境逐步优化。

二、机遇与挑战

(一)发展机遇

从天津看,中央对天津进一步加快发展寄予厚望,明确了"一基地三区"的新定位,即全国先进制造研发基地、北方国际航运核心区、金融创新运营示范区、改革开放先行区。以天津的优势为基础,进行充分的升级发展。服务外包产业作为区域产业创新升级新引擎,势必也在天津新一轮的发展大潮中发挥重要作用并得到进一步发展。未来几年,天津服务外包产业面临新的发展机遇。

1. 京津冀协同发展:新一轮产业转移浪潮

"十三五"期间,在京津冀协同发展的大背景下,北京的传统信息产业将从市中心向外扩散,北京服务外包企业面临着人力成本、运营成本、市场竞争以及利润空间等方面的压力,客观上有到成本相对低廉且有足够经济支撑的城市发展的愿望。天津作为"首都经济圈"的重要一核,有机会承接北京转移的服务外包业务或企业。

2. "一带一路"建设:拓展新蓝海市场

天津是"一带一路"交汇点、中蒙俄经济走廊东部起点、新亚欧大陆桥经济走廊和海上丝绸之路的重要节点,拥有北方最大的综合性港口和国际化的区域枢纽机场。天津出台了《天津市参与丝绸之路经济带和 21 世纪海上丝绸之路建设实施方案》,提出推进基础设施互联互通、打造经贸合作升级版、推动产业与技术合作、提升金融开放水平、推动海上全面合作、密切人文交流合作 6 个方面重点任务,加快建设海陆空衔接的国际航运中心、产业与技术合作高地、经贸创新合作战略平台、跨境金融服务基地、对外开放门户枢纽。随着天津"一带一路"建设的推进,服务外包的范围、深度也将逐步加大。

3. 自贸区建设:先试先行为发展铺路

2015 年中国(天津)自由贸易试验区正式挂牌。两年来,天津自贸试验区坚持以制度创新为核心,以可复制可推广为基本要求,全力推动投资贸易便利化改革,着力打造国际化、市场化、法治化、便利化营商环境,积极服务京津冀协同发展,制度创新工作总体进展顺利,改革开放红利逐步显现。同时,天津作为首批服务贸易创新试点,积极推进服务贸易创新发展,不断加强服务贸易管理体制、开放力度、发展模式、便利化水平、政策资金支持的改革创新,取得了较好的成效。先试先行的政策优势,为天津服务外包产业的国际化、高端化、创新性发展提供了良好的环境和机遇。

4. 加快滨海新区开发开放:服务外包迈入新台阶

自 2006 年 5 月中国国务院批准天津滨海新区为全国综合配套改革试验区以来,天津滨海新区成为继深圳经济特区、浦东新区之后又一带动区域发展的新的经济增长极。据滨海新区统计局数据,2016 年,滨海新区完成 GDP10002.31 亿元,同比增长 10.8%,成为全国首个迈入"万亿俱乐部"的国家级新区。而据天津市统计局数据,2016 年天津市全年 GDP17885.39 亿元,滨海新区贡献高达56%,滨海新区经济增长极的地位实至名归。滨海新区也是天津市服务外包产业的主要聚集区和承载区,随着滨海新区的进一步开发开放,服务外包产业也将迎来新一轮的增长和扩大。

5. 建设国家自主创新示范区:传统产业转型升级,释放巨大市场潜力

2014 年 12 月,国务院批准天津滨海高新区建设国家自主创新示范区,2015 年 2 月天津国家自主创新示范区在天津滨海高新技术产业开发区揭牌,2015 年 12 月科技部印发《天津国家自主创新示范区发展规划纲要(2015 — 2020 年)》。天津建设国家自主创新示范区,是国家深入实施创新驱动发展战略和京津冀协同发展战略的重要决策,也是天津建设北方经济中心和创新型城市、推动老工业基地转型升级的重大机遇。在规划当中提出"鼓励制造业与服务业融合的组织模式创新""大力发展服务外包""培育一批集中化、大型化、组织化的制造业综合服务提供商"。天津市雄厚的制造业升级、传统服务业提升将释放巨大的市场需求,创造本地的服务外包市场,促进服务外包的进一步发展。

(二)面临的挑战

天津市服务外包产业发展具有多重战略机遇与政策优势,但也同时具有一定的挑战:受各种因素影响,天津市服务外包产业发展的成本优势逐步减弱,利润率逐渐下滑,外包业务对企业的吸引力降低,传统外包企业转型升级的压力较大。但新技术、新模式、新市场的不断涌现给企业也带来了新的发展机会,服务外包发展的机遇与挑战并存,这就要求天津市企业进一步加强技术、商业模式、发展路径等方面的创新,加快进行调整和转型。

三、主要举措

《天津市服务外包"十三五"规划纲要(2016—2020)》明确提出,"十三五"期间,天津市服务外包将以"改革发展、结构优化、转型升级"为主攻方向,以"转变发展方式、规模质量并重"为主线,以提高创新能力为动力,坚持示范引领、产业集聚,积极开拓国际市场,进一步加强人才队伍建设,创新和集成扶持政策,积极发挥产业和区域优势,着力培育新兴增长点,推动一批企业创新或采用新一代信息技术承接外包业务,促进一批企业向专业服务供应商或业务运营商升级,进一步提高服务外包业务量的增长和质的提升。

(一)稳定离岸业务增长

提高发展离岸服务外包业务对促进生产性服务业发展重要性的认识,积极寻求有利的发展契机,保持离岸服务外包业务的稳定增长。改善承接离岸服务外包业务的环境,积极利用好税收、资金、融资等各项优惠政策,增强企业信心。培育离岸业务新增长点,利用好天津市引进外资项目、"走出去"项目等有利条件,支持这些项目延长服务链,带动天津市承接离岸业务发展。

(二)调整优化业务结构

实施产业升级战略,鼓励企业自主创新,积极采用先进技术并向形成服务能力转化,推动传统业务升级。继续用好服务外包发展专项资金,对企业采用新技术、引进高端人才来承接高端业务提供支持。推动企业积极采用云外包、电子平台、移动互联网、物联网和大数据等新技术承接外包业务。鼓励企业通过上下游整合、跨界融合、提供整体解决方案、垂直行业应用新技术、提供集成服务等手段谋求转型发展。推动"互联网+"行动取得明显进展,将互联网的创新成果深度融合于经济社会各领域之中,提升实体经济的创新力和生产力,为大众创业、万众创新提供环境,为产业智能化提供支撑。加强对美国、欧洲、日本等传统市场的开拓力度,积极研究新兴市场的业务机会,支持企业参加境内外专业展会,开展各类贸易促进活动。支持企业通过并购、设立境外交付中心等活动开拓市场。

（三）优化经营主体结构

推动各类企业利用承接服务外包方式向服务型企业转型,支持服务外包企业向行业服务供应商发展。支持大企业加快发展,扩展服务领域;扶持中小企业专业化经营,提升行业服务能力,培育一批"专、精、特、新"的中小型服务外包企业,特别是在"互联网+"和"工业4.0"等新领域有所突破。鼓励企业特别是有条件的工业企业打破"大而全""小而全"的一体化格局,开展服务业务。引导服务外包企业通过兼并重组,优化资金、技术、人才等资源要素配置,实现优势互补。

（四）完善工作促进体系

推进服务外包示范区、专业园区、实验区建设,提升技术服务平台、人才支持体系的服务水平。提升行业中介组织、研究机构的服务能力,为企业承接业务提供支持。协调贸易服务和促进机构加强企业服务,为企业承接业务提供融资、咨询、信息等服务。

（五）加强人才培养与引进

重视服务外包专业人才队伍建设,营造良好的专业人才发展环境。加强开放型、复合型人才资源开发,鼓励企业提高人力资源能力水平,支持员工参加学习培训,提高满足企业技术进步和产业升级需要的技能。支持企业引进高端技术、管理人才。加强产、学、研合作,发挥社会智力资源在技术交流、技术培训、业务发展等方面的参与和咨询作用。

成都市服务外包发展报告

吕 媛 徐 洁 曾芸芸①

成都市服务外包产业经过前几年的快速增长,目前进入平稳发展阶段。2016 年成都被列入国家服务贸易创新发展试点城市,成都市将以服务外包作为服务贸易创新的重点领域,以创新驱动引领产业发展,以价值驱动重构发展动力,稳步推进成都服务外包产业转型升级。

一、发展概况

(一)服务外包发展基本情况

经过前几年服务外包市场的快速增长后,受全球服务外包交付市场及企业自身转型升级的调整期影响,2016 年成都市服务外包产业整体进入平稳发展阶段。

2016 年按照商务部服务外包业务管理和统计系统统计结果,成都市服务外包离岸合同总金额 20 亿美元,同比增长 2.62%;离岸执行金额 14.92 亿美元,同比增长 7.18%。

(二)离岸服务外包业务类型及结构

从承接离岸服务外包业务的类型比例来看,2016 年信息技术外包(ITO)业务仍占全市离岸合同总金额的半壁江山,占 72.53%,;业务流程外包(BPO)业务占全市离岸合同总金额的 5.95%;知识流程外包(KPO)占全市离岸合同总金额的 21.52%。

① 吕媛:成都市商务委员会;徐洁、曾芸芸:成都服务贸易协会。

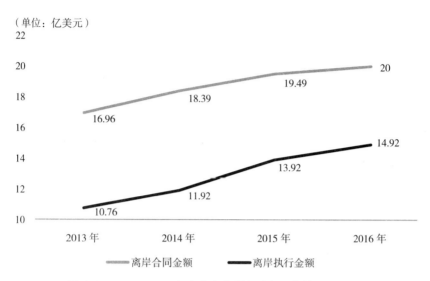

（单位：亿美元）

图 4-1　2013—2016 年全市离岸服务外包业务情况对比图

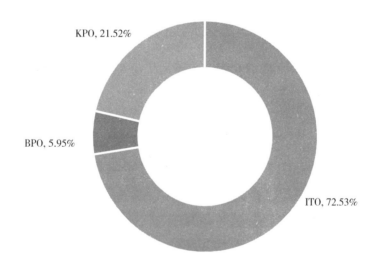

图 4-2　2016 年成都市离岸服务外包业务类型图

（三）离岸服务外包市场分布情况

2016 年全市离岸服务外包业务中，来自美国市场的业务仍居第一，目前占全市接包业务的 42.75%；欧洲市场约占全市接包业务的 16.29%；港澳台市场占 10.84%；亚洲市场（不含港澳台、日韩）约占 8.09%；日韩市场占 2.83%；非洲市场作为新兴市场仍保持持续发展,占全市接包业务的 14.86%,北美洲市场占 2.40%,其他市场占 1.94%。

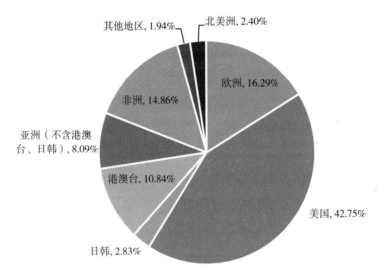

图 4-3　2016 年成都市离岸服务外包市场分布图

二、机遇与挑战

(一)服务外包产业发展机遇

2016 年 2 月,成都被列为国家服务贸易创新发展试点城市。2017 年 4 月,中国 (四川)自由贸易试验区正式挂牌,形成自贸试验区与服务贸易创新示范"两区叠 加",联动互促、系统集成的态势。在建设全面体现新发展理念的国家中心城市背景 下,成都服务外包紧抓多重机遇,勇担重任、开拓创新,开启了转型升级的新篇章。

1. 国家服务贸易创新发展试点城市为服务外包发展注入新活力

本次全国共有 10 个省市及 5 个国家级新区进入试点,成都市是西部唯一入 选城市。试点将重点探索服务贸易管理体制、发展模式、便利化等 8 个方面的制 度建设,成都服务贸易创新发展试点工作开展一年多来,勇于先行先试,深化体 制机制创新,市场主体创新活力竞相迸发,贸易便利化持续改善,服务贸易产业 迈出新步伐。面对新形势、新任务,成都将坚持"问题、需求、项目、成果"四个导 向,把创新成果作为衡量服务外包转型升级工作成效的首要标准。抓住一批重点项目、样本企业和典型案例,通过政策、渠道等驱动方式打通改革链条,促进成都服务外包向专业化和价值链高端延伸,向精细化和高品质转变,打造具有国际影响力的"成都服务"品牌。

2. 中国（四川）自贸区设立为服务外包开辟发展新空间

成都自贸试验区是四川自贸试验区的主体和核心,在国务院批准的四川自贸区《总体方案》中,明确了6个方面24项改革内容共159项试验任务,成都自贸试验区承担了其中155项试验任务。

服务业是我国新一轮扩大开放的重点领域,但我国服务业开放水平较低,监管治理体系与国际通行规则差距较大。同时现行的监管制度和市场准入管制程度较高,前两批自贸试验区在服务外包领域创造的成功经验不多。服务贸易创新发展开放是成都自贸试验区的特色和重点,但也是改革的难点和开放的堵点,服务外包作为成都服务贸易的传统优势领域,体现了成都的产业特色和发展禀赋,成都借助自贸区改革开放的东风,按照统筹协调、定方向,各落地区域具体落实、抓重点的思路,结合天府新区、高新区、双流区、青白江区4个落地区域的资源禀赋,打造成都服务外包产业的合理空间布局,构建梯度发展态势。

3. "一带一路"给服务外包带来新机遇

"一带一路"的国家战略不仅是为中国服务外包提供发展的动力与空间,更是在可持续性、互补性上引出了一个地理支撑点。同时在"一带一路"沿线国家之间,经济与技术存在巨大的互补性,这些国家的发包商对于服务商的技术、水准、成熟度的要求,和大多数中国服务外包企业的服务能力匹配性更高。因此,服务外包下一轮的发展趋势是必须紧紧跟随国家的"一带一路"战略,挖掘更加广泛的市场机会和空间。

与此同时,由于中国在部分行业的全球领先性优势(比如高铁、通信、电子商务、工业能源等),在"一带一路"下更能快速衍生出新的合作机会与发展机制。依托这些业务优势和"走出去"外交战略的实施,服务外包可以"借船出海",抓住后续相关运维服务、技术服务、信息服务等新的大项目机遇。

4. 市场需求深化带来新业务

2016年是"十三五"的开局之年,也是供给侧结构性改革的攻坚之年。处在转型中的中国经济,将为包括服务外包在内的诸多行业带来新的发展机遇。一方面,传统的以增加生产要素投入为特征的粗放型增长已不可持续,以提高生产技术水平为特征的内涵式增长正成为经济增长的主要推动力。服务外包为高新技术的典型代表,对于推动内涵式增长有极大的促进作用。另一方面,基于新一代信息技术的数据互联互通与统一管理平台是智慧城市发展的重要趋势,在智慧医疗、社保、教育、平安城市、电子政务、工商管理等领域的应用将不断增加。随着服务外包在更多细分领域市场的渗透和拓展,也将为行业和经济发展带来新的空间及投资机遇。

(二)服务外包产业发展面临挑战

1.产业规模偏小

整体来说,成都的服务外包产业聚集度虽然已经形成,但企业规模普遍偏小,龙头领军企业效应还不够明显,缺乏有影响力的跨国公司总部及大型本地企业,离岸业务额在千万美元以上的企业偏少,与沿海领先城市相比仍有一定差距。

2. 中高端人才缺口

目前领军型人才、高级项目管理人才、服务咨询专家、市场营销及运营高级人才等中高端人才的缺口实际存在,这些人才整体偏产业实战型、而非科研型,所以按照目前成都现有的高级人才引进政策,服务外包领域的人才很难达到相关要求,人才引进缺乏强有力的政策支撑。

3. 在岸市场有待开放

目前几乎所有的外包企业都能意识到中国内需市场的巨大,都想方设法进入国内垂直行业市场。除了比较成熟的金融、通信市场外,制造业、政府两大领域以及教育、医疗、健康养老、文化创意、电子商务等生活服务业领域会是服务外包企业非常有力的在岸市场爆发点和增长区域。成都市在国家大的政策方针指引下,下一步还应加大在岸外包市场的支持政策,促进在岸市场开放。

三、产业转型升级重点方向

(一)坚持国际化的长期发展战略

1.国际化是服务外包转型升级的重要途径

从国际角度来看,尽管世界经济复苏缓慢,但多极化、全球化、一体化仍是世界经济时代潮流,全球服务外包市场仍将保持增长态势。发达国家如美、欧、日等仍是全球离岸服务外包的主要发包地,中国则是全球第二大服务外包承接地。服务外包不仅成为推动世界经济发展的重要动力,也是我国服务业参与国际竞争转型升级的主要途径。在成都市推动企业继续国际化进程中,过去几年服务外包所积淀的产业基础以及先天的"国际化基因",将成为成都服务外包转型升级重要途径。

(1)进一步推动 ITO 与 BPO 的融合一体式发展

ITO(信息技术外包服务)是指企业专注于自己的核心业务,将其 IT 系统的全部或部分外包给专业的信息技术服务公司,包括信息技术设备的运维服务、通信网络的管理、信息系统的开发、软件开发和测试、集成电路设计及测试、备份和灾难恢复等。BPO(业务流程外包服务)则是指企业将内部的流程或职能(比如事务处理、供应链管理、索赔管理、人力资源管理、财务管理等)外包给供应商进行交付完成。

在过去几年的发展中,ITO 一直是中国服务外包供应商所从事的最大服务领域,也是成都服务外包供应商最擅长的外包领域。BPO 作为新兴领域,虽然在国际服务外包商市场的占比远远不如 ITO,但是其随着全球一体化产业链分工的日趋精细和专业,其未来发展的前景和机会仍然是非常巨大的。最近两年,随着云计算、大数据技术的不断完善和应用落地,不少 BPO 服务企业已逐渐建立自己的 IT 技术开发队伍,不断利用新技术手段提升 BPO 业务流程效率和交付质量,并通过与 IT 技术服务的深度融合,向客户提供 IT—BPM(信息技术与业务流程管理)一体式、主动式的管理服务。这表明我们的部分服务外包企业已基本完成从被动的外包商角色向主动的管理服务商角色的转型。

(2)通过资本力量加强服务外包企业在国际市场的深度合作

服务外包是中国企业融入全球化分工协作中的有效方式,也是对于企业技术水平、跨国服务交付能力、项目管理规范、国际市场资源和商务经验的综合考量。通常跨国外包服务提供商、跨国公司专属研发中心和共享中心由于具备先天的国际化基因,在中国发展服务外包的浪潮中更容易获得长期稳定、技术含量高、价值高的国际化订单。而对于完全本土的外包服务商而言,国际商业市场的资源获取、商业信用关系的建立,文化认同感的建立和高契合度的磨合,都需要长时间、不间断的辛苦培育,开拓的步伐很难一蹴而就。

成都服务外包经过近十年的发展,已经形成了国际服务外包产业的聚集。从企业的数量上来看,本土外包服务商提供商数量约占全市离岸服务外包企业的33.33%,跨国外包服务提供商占25.49%,跨国公司专属研发中心占33.33%,跨国公司专属共享中心占7.85%。而从各类型企业的贡献值来看,跨国公司专属研发中心登记离岸服务外包合同金额占全市的41.68%,跨国公司专属共享中心占27.51%,本土外包服务商占13.81%,跨国外包服务提供商占17%。现在,不少服务外包企业已看到了外资股东在海外为企业带来的财富、影响力和信任度,纷纷邀请知名国际性企业进入自己的股东层,以帮助企业更好获取国际市场的大客户资源与高层次订单。同时,更多服务外包企业也紧紧抓住海外并购机会,通过兼并收购海外细分领域的优势企业,来迅速扩大规模,并渗透当地细分市场。

(3)通过众包平台让创新创业走向国际市场

得益于"互联网+"的思路和技术的可实现,使得众包等新业态产生,并正在形成新的增长点。众包的实质是基于互联网技术的日益完善,让企业通过互联网将工作分包给网络大众,网络大众则借助网络平台提供出创意或解决方案并获取相应报酬,从而让个人的创新创业通过众包机会的起步而成为可能。目前国外主要大型跨国公司等都已开始尝试众包模式,将研发或设计业务进行众包,以Social方式打造云平台,变固定成本为可变成本的"众包",使用三环模型,直接补充人力资源,降低企业成本、提升效率。成都服务贸易协会已联合本土服务外包企业推出主要面向大学生的软件设计程序及开发类的众包平台——小蜜蜂,针对海内外垂直细分领域的建筑设计众包平台——美猴王。通过众包体系的建立,为众多创新创业搭建了通向国际化市场的平台,也将对整个产业发展、地区经济转型带来积极作用。

2. 加快国际标准衔接是"走出去"发展的关键

标准化作为全球治理的重要规制手段,正深刻地影响着全球治理的格局与制度安排。随着标准与知识产权、产业发展和贸易制度的联系日趋紧密,标准竞争成为全球竞争的制高点。为保障服务外包企业的长远发展,成都应顺应全球治理"合作"与"竞争"新趋势,转变观念,鼓励本地企业高度重视国际标准化工作,积极为本地企业"走出去"发展创造条件。

服务外包是一个非常注重标准、产品之间密切协调的行业,各种技术、标准基本上都是全球通用的国际标准。一方面,成都积极鼓励本地企业与服务外包领域的世界 500 强企业进行合作,在学习借鉴先进、科学的管理方法的基础上,更加注重与 ISO20000(信息技术服务管理体系)、ISO27000(信息安全管理体系)等国际标准的衔接,严格按照相关标准执行。同时政府还积极推动服务外包企业开展软件能力成熟度 CMMI 的国际认证,通过深层次的探索和实践,进一步推动企业逐步融入国际标准,有效提升企业核心竞争力。另外,成都服务贸易协会还积极引导和培训服务外包领域的项目管理人员,加强个人 PMP 认证(项目管理专业人员资格认证)的推广,通过专业领域的知识和技能,强化项目完成的品质与项目进行时的协调管理,进一步提高企业的国际化项目交付质量和效率。

3. 人才的国际化是核心要素

随着经济全球化的快速发展,全球生产、贸易的国际化程度迅速扩张,物资、资金技术、信息、人才等资源要素在全球范围内正加速流动。在全球化的大背景下,各产业领域的专业人才正逐渐弱化其区域概念、国界概念,国际性的人才流动呈现加速态势。服务外包作为现代服务业的重要组成部分,在全球范围内已初步形成了新一轮的国际分工,其国际化发展趋势更为明显。而在这其中,服务外包专业人才的国际化,将是产业发展的核心组成。通过实施服务外包产业人才国际化战略,引进和培养一支把握世界产业技术发展前沿、熟悉外包开发流程和交付规则、拥有跨境协同作业的高素质软件人才队伍,将对于推动成都市服务业的高效发展有积极的作用。

2016 年成都市专门制定出台系列加快打造西部人才核心聚集区的若干政策,从中高端人才的引进奖励、科研和创业资金支持、创新产品推广、安家生活配套等多方面,设立激励制度,并加强与国际惯例的接轨。2017 年 6 月借自贸区的东风,成都市还特别针对外籍人才、外籍留学生推出 15 项出入境改革创新便利措施,降低外籍人才取得"中国绿卡"的门槛,拓宽了申请途径,并在停居留资格条件、期限、办证服务等方面提供最大限度的便利。目前,成都市已拥有 18 个出入境服务站点,2017 年还将在外籍人才集聚地再新增 1—2 个出入境服务站点。

（二）将新技术运用作为核心竞争力的基石

1. 提升云计算和大数据的应用及技术储备能力

随着互联网技术的高速发展，云计算、物联网应用的日益丰富，大数据未来的发展前景将更为广阔。目前许多有实力的传统 IT 企业及互联网公司正纷纷进入大数据领域中掘金，成都相关服务外包企业已经在云计算和大数据领域开始布局，其中以华栖云、数联铭品、勤智数码为代表的一批企业已在大数据领域进行开拓。

（1）鼓励发展云计算服务，推进行业平台建设

大数据具有数据体量大（Volume）、数据类型多（Variety）、处理速度快（Velocity）的特点，大数据的 3V 构成也导致其数据价值高但价值密度低。随着云计算和大数据技术的不断进步，使得这一前沿技术逐步走进我们生活的各个领域。为抓住产业发展先机，成都市大力发展云计算服务，鼓励搭建各行业的公有云、私有云及混合云。比如依托华栖云科技有限公司，加强在媒体云服务及云集成领域布局，通过打造开放的"互联网+传播"云生态系统，为广大媒体机构、运营商、教育机构、政企宣教机构、专业视频人员等用户提供专业的媒体云服务、云集成解决方案及行业增值业务。

（2）建设大数据交换平台，推动公共服务领域数据共享

当前，基于新的数据处理方式，大数据应用正逐步渗透到各行业，大数据的应用正越来越广泛。为加快公共服务领域资源开放，推动各行业及业务主管部门之间的协作，促进产业的进一步融合，成都市在政务服务、城市管理等领域建立开放共享机制，面向行政机关、事业单位，搭建起统一的公共服务数据交换共享平台。同时，积极推动大数据在民生领域应用，通过搭建社区服务数据平台，为广大社区市民提供"一站式"劳动社保、社区服务、养老服务、居家生活、文化休闲、医疗保健、家政、缴费与账单管理等信息便民惠民服务，不断提升政府公共服务便利化水平。

2. 引进人工智能资源，提升流程运营服务能力

企业运营流程是一个企业进行生产经营或者贸易等企业工作的程序，而流程运营服务的核心则在于应用新技术，帮助企业的简化工作流程，不断提高

运营效率,有效提升 BPO 服务能力。随着人工智能技术的出现,以提升效率为己任的流程运营服务势必将迎来新一轮的发展。成都重点的服务外包企业如埃森哲、维音等流程运营企业,通过加强自身领域的创新突破,积极运用先进的人工智能技术,推动 BPO 业务流程外包和人工智能技术的相互渗透和融合,进一步提升流程运营服务效率。一方面,BPO 服务提供商采用人工智能技术后,使部分对人力要求较多的企业,能从传统的依靠由大量劳动力提供重复的服务中解放出来,通过程式化智能处理,能做到既快捷又准确,有效提升服务效率,也为企业节约了大量的劳动力成本。另一方面，人工智能在不断被应用后，无论从研发到应用，还是从硬件产品到软件服务，都将形成庞大的产业和市场规模，从而引领和带动成都服务外包在高新技术领域的突破和发展。

3. 提升传统行业的"互联网+"能力

"互联网+"依托互联网信息技术实现互联网与传统产业的联合,并不断优化生产要素、更新业务体系、重构商业模式。"互联网+"旨在充分发挥互联网的优势,将互联网与传统产业深入融合,以产业升级提升经济生产力,实现社会财富的增加。当前,在通信、交通、金融、零售等领域,互联网已经深刻地影响着我们的生活。未来成都将在以下三个领域重点推进"互联网+"工作:

(1)互联网+政务

随着智慧城市建设的不断推进,智慧政务正在成为互联网时代政府治理发展的新形态。智慧政务运用信息和通信技术手段,整合互联网上社会群体与政府治理相关的各项数据信息,对包括经济发展、社会管理、生态保护、文化建设、政治文明、城市服务等公共活动在内的各种需求进行分析判断、科学决策,作出智能的回应,并不断评价政策运行效果改进决策,并以大数据分析为核心,重构智慧感知、智慧评价、智慧决策、智慧管理服务和智慧传播的政府管理新流程,形成政民融合、良性互动的治理新格局。

当前,成都市在智慧政务领域,一是以需求为导向,重视政务基础设施建设,推动政务资源信息库建设,逐步实现政务信息资源的共建共享。二是加快推进大数据政务分析系统研发,促进政务网服务向服务个性化、决策智能化、推送主动化、响应敏捷化的方向转换,有效提升政务服务大众的形象和效率。

（2）互联网+社区

随着智慧城市、"互联网+"等发展理念的提出,智慧社区作为一种新兴社区管理理念也应运而生。智慧社区通过利用物联网、云计算、移动互联网等新一代信息技术,通过集成应用,旨在为社区居民提供一个安全、舒适、便利的现代化、智慧化生活环境,从而形成基于信息化、智能化社会管理与服务的一种新的管理形态的社区,是新形势下社会管理创新的一种新模式。

当前,国内智慧社区的发展还处于探索阶段,除了传统的信息化、安防等基础硬件的建设外,许多企业开始尝试在快递、餐饮、家政、票务、生活服务等领域布局和渗透。为此,成都市目前积极推动社区资源开放,大力发展本地生活O2O服务,鼓励以速递易为代表的本地企业,进一步加强在社区布点互联互通的智能投递柜,逐步培养用户习惯,并有效抢占社区服务的流量入口。在抢占流量入口的同时,逐步创造条件,鼓励企业在社区由低层次向高层次、由单一功能向多功能、全方位的方向发展,尤其是通过互联网渠道,积极开展家政家装、智能家居、汽车保养、维修租赁、充值缴费、票务、医疗健康等便民服务,有效推动社区生活向便利化、智能化方向发展,不断繁荣社区商业。

（3）互联网+旅游

根据四川作为旅游大省将智慧旅游作为工作重点,一方面,通过利用云计算、物联网等新技术和互联网/移动互联网,借助便携的终端上网设备,让人们主动感知和及时了解旅游资源、旅游经济、旅游活动、旅游者等方面的信息,及时安排和调整工作与旅游计划,从而达到对各类旅游信息的智能感知、方便利用的效果。另一方面,通过智慧旅游平台也帮助政府部门聚集旅游信息资源,实现一卡通、客流控制、文物安防、信息推送、紧急救援等方面的应用,有效提升旅游景区和旅游主管部门的运营管理水平。目前,成都许多企业已投身其中。其中,颠峰集团作为成都本土最早的服务外包企业,近年来紧跟"互联网+"时代的脚步,积极布局智慧旅游领域,并与四川及周边多省、市、州以及海外建立了合作关系。下一步,企业的创新还将紧跟新技术如VR/AR的应用,在旅游3D地图、360度环景、网络虚拟旅游、触摸互动等方面有效改善游客体验,提升旅游服务附加值。

四、下一步工作思路

成都将以规模扩大、结构优化、优势凸显为发展目标,坚持实施大企业带动战略,加快产业集聚;坚持实施人才优先战略,奠定产业基础;大力推动服务外包产业集聚、多样化和国际化发展,显著提升成都服务外包的竞争能力和国际影响力。下一步,成都将积极开拓服务外包新领域、新市场,开展产业支撑、人才支撑、品牌支撑"三大系统工程"建设。

（一）着力发展一批重点产业

一是招大引强,加快产业聚集。瞄准世界500强、全球服务外包100强以及跨国企业、行业龙头企业,加大项目引进力度,建立信息沟通和共享机制,充分利用以企招商、产业链招商等方式,实现多渠道、多方式引进,加快形成产业集聚。

二是扶大扶强,培育龙头企业。加快培育服务外包市场主体,建立重点企业联系制度,建成一批具备产业支撑和引领作用的市场主体队伍,筛选一批技术先进、成长性强、前景广阔的行业龙头企业,形成引领带动效应。

三是积极探索服务外包发展新模式新领域。以模式创新推动服务,提升价值,实现由成本驱动向价值驱动的转变。

（二）着力打造一批重点品牌

全面推进服务外包品牌工程,提高成都服务外包在国内外的知名度和影响力,吸引更多的国际发包商和国内外服务外包企业到成都发展。

一是着力打造企业品牌。积极鼓励服务外包企业加强品牌建设,支持企业在海外开展品牌宣传、参加国际性专业展会、获得国际资质认证,扩大对外交往,提高接包能力,增强发包商对成都接包企业的信任度。

二是着力打造园区品牌。支持各服务外包园区针对自身发展实际,进行个性化策划、包装、营销推广。通过制定具体推广策略,提炼园区特色,多渠道营销,使园区品牌定位有效传递到目标客户,推动产业加快向园区集聚。

三是着力打造城市品牌。开展"成都服务"海外行系列活动,加强对成都接包环境和实力的整体包装和宣传,对成都的优质品牌与内涵进行更加专业、有效和广泛的推广传播,扩大成都服务外包在国际上的知名度和影响力。

(三)着力引进和培养一批人才

按照"中高端人才靠引进、基础人才靠培养"的思路,积极引进和培养服务外包产业所需的各类人才。

一是积极探索高层次人才引进机制。着力抓好高层次创新创业人才引进试点工作,细化完善专项标准和个性化方案,创新各种人才激励机制和环境,积极吸引和聘用海外高端服务外包技术和管理人才。

二是加强针对性人才的培训体系建设。充分发挥"成都服务外包人才培训中心"等平台作用,完善人才培养体系,着力开展适应国际服务业要求、熟练掌握国际服务交付标准的实用型服务人才培训。

西安市服务外包发展报告

马卉 白杨①

在市场拉动和政府积极推动下,西安市服务外包保持了快速发展态势,并呈现出高附加值业务比重提升、企业规模实力快速提升、品牌影响力不断提升等发展特点。未来,将通过巩固提升信息技术外包优势领域、突破发展业务流程外包重点领域、着力培育知识流程外包新兴领域,实现服务外包健康持续发展。

西安作为中国首批服务外包示范城市,大力发展服务外包产业,对于优化产业结构、支撑制造业发展、提高服务业国际竞争力、转变经济增长方式具有重要战略意义。西安市被誉为"理想的全球服务外包实施地"和"中国服务外包中西部最具竞争力城市",已跻身"全球服务外包城市前100强"之列。多年来,陕西省委省政府、西安市委市政府高度重视服务外包产业发展,将其作为优先发展的现代服务业重要产业之一。近年来,西安市服务外包产业实现快速发展,成效显著,成为西安极具发展潜力的新兴产业,对西安促进城市经济转型、实施创新驱动发挥了重要作用。

一、发展概况

(一)整体情况

最近五年,西安市服务外包合同金额年均增速达到38.6%。2015年服务外包合同额已达到14.93亿美元,执行额8.27亿美元;2016年服务外包合同服务

---

① 马卉、白杨:西安市商务局。

外包合同额已达到 18.32 亿美元,同比增长 22.71%,执行额 10.6 亿美元,同比增长 28.17%,均高于全国增幅。同时,离岸市场的国家和地区数量也有了较大幅度的增长,目前已有 76 个国家和地区。承接美国、德国、新加坡、中国香港等国家和地区服务外包业务持续稳步增长,东南亚等近岸市场业务增长迅速。软件和服务外包企业数量及从业人员规模扩大,共有服务外包企业 1500 余家,从业人员 15.2 万人。西安市连续两年获得"中国服务外包风采城市——中国服务外包中西部最具竞争力城市",西安的影响力和知名度在提升。

(二)工作推动

西安市服务外包保持较快发展态势,既是企业努力和市场拉动的结果,也是政府积极引导扶持推动的结果。近年来政府为推动西安市服务外包健康持续发展,开展了以下工作。

1. 积极开展企业扶持工作

认真落实中央和省、市服务外包政策扶持资金的项目申报、审核和验收工作,全方位多层面扶持企业发展。

(1)国家资金和省级专项资金

按照国家商务部、财政部以及省商务厅、省财政厅的文件规定和要求,2016 年完成了 32 家园区和企业申报的人才补贴、认证补贴、技改、公共平台共 36 个项目的申报,申请补贴资金 4102.57 万元,实际落实西安市新录用人员补贴、培训机构人才培训、技术出口补助共计 588 万元。此外国家安排示范城市服务外包公共服务平台资金 200 万元,省财政又增加支持 300 万元,所以,西安市获得国家和省级专项资金共计 1088 万元。

(2)西安市级政策专项资金

依据西安市服务外包专项资金管理办法和 2016 年项目申报指南,通过组织召开了项目申报说明会、项目申报专家评审会以及项目资料的收集、汇总和初审,第 1 批安排出口奖励、宽带补贴、拓展国际市场、取得国际认证补贴等八大类共计 83 个奖补类项目补贴资金 1240.82 万元。第二批投资类项目的文件已报市财政局,安排项目 17 个,安排资金为 1585 万元。2 批共计安排 2825.82 万元。同时还验收了 27 个平台、技改和研发项目,完成拨付项目剩余资金 616.5 万元。

2. 开展服务外包投资促进活动

2016 年组织高新区服务外包产业园、碑林区动漫产业园和相关服务外包企业赴美国、加拿大开展了服务外包投资促进活动。在美国硅谷组织举办了高新区服务外包企业推介会,我国驻旧金山大使馆科技领事蒋玉宏,硅谷高创会创始人雷虹,以及硅谷著名企业家等 50 多人参加了本次活动。代表团还参观学习了硅谷著名孵化器 Plug and Play Tech Center 和旗下的创业公寓 1010 大厦,促进了项目合作。在加拿大拜访了多伦多瑞尔森大学及其附属的"数字媒体实验区"孵化器。通过学习交流开拓了企业服务的新思路,为西安市创新创业体系建设提供了很有益的借鉴。为了提升西安服务外包的品牌影响力,我们组织参加了一系列服务外包产业交流活动。组织企业参加了 5 月在北京召开的第 4 届京交会、6 月在大连召开的第 14 届中国国际软件和信息服务交易会、9 月在南京召开的全球服务外包大会。会议期间发放了西安市重点服务外包园区和企业名录、西安招商地图等资料,通过加强沟通、增进了解,宣传了西安的投资环境和优惠政策,拓宽了合作渠道,效果良好。参加了商务部在合肥举办的"中国金融外包峰会"。

3. 加大服务外包人才的培养

2016 年服务外包的人才培养工作,紧紧围绕服务于服务外包企业快速发展的需求,要求和引导服务外包培训机构积极开展培训工作。全年通过大学生实习实训、高校合作、企业定制等项目自主培养软件与服务外包人才 20114 人,培养人数较上年同比增长 35%。学员就业率达 89.9%,其中,服务外包学院荣获由中国服务贸易协会专家委员会颁发的"年度中国服务外包人才培养校企合作示范机构"奖。

（1）多合作模式,加大服务外包培训力度

2016 年西安市服务外包的培训基地分别与西北大学、太原科技大学等 5 所省内外高校进行"3+1"课程置换合作;承担了西安交通大学、西安电子科技大学等 13 所高校生产实习任务;同时,"西安科技大学 IT 人才发展中心""延安大学技术开发中心""西安工业大学实训基地"签约,将在"学科共建""学分互换"等方向探寻新的合作模式,为高校学生提供一个"产业认知—技能锻造—实战经验积累—无缝转型"的"一条龙"服务。

（2）优化人才培养，提供多样化的培训服务

西安市服务外包人才培养工作实施了"技术+语言"定制培训服务，2016年新增合作企业41家，实行学员人才测评体系，建立完整的培训跟踪档案，优化就业服务体系；特别是与NTT DATA、三星数据、住化电子等多家企业进行定制培养合作；与软通动力合作开展项目加强班；与中国远洋集团、中兴软件、新蛋软件等企业合作，签订.net、大数据和电子商务类技术开发合作协议，大大提高了人才培养的能力。同时，加强服务外包人才培训的基础工作，提高培养服务外包人才队伍的水平，积极鼓励从事服务外包培训工作的教师，进行服务外包培训的理论研究及个人价值提升，完成了《Arduino基础教程》《集成电路教程》等技术开发教材及《职业素质课堂V1.0》综合质素教材编写工作。

4. 做好宣传和服务外包统计分析工作

通过与《服务外包》杂志的战略合作，宣传西安市服务外包产业环境。组织全市服务外包示范园区和企业，对商务部服务外包网上统计体系进行了培训；按月汇总并向商务部报送西安市服务外包离岸外包出口合同金额、执行金额和主要国别市场等数据；撰写月、季度服务外包统计分析报告，反映服务外包产业发展态势；同时做好软件出口和服务外包网上合同在线登记管理工作。目前，通过服务外包业务信息管理系统审核的服务外包企业530多家，共审核新注册企业46家，审核合同1214单，审核执行合同1479单，共出具了515份软件出口合同登记证书。全年新增大学以上学历从业人员1.38万人，全市共取得CMM、CMMI、ISO27001/BS7799等相关国际认证140个。

5. 编制《西安服务贸易暨服务外包发展"十三五"规划》

为了对过去五年西安市服务外包产业的发展优势、特点和存在问题进行全面的了解和回顾，并在研究基础上提出今后五年服务外包产业发展方向、重点和目标任务，启动了"西安市服务贸易暨服务外包发展'十三五'规划"项目。通过市政府采购中心以竞争性磋商形式选定相关咨询机构协助编制《西安市服务贸易暨服务外包发展"十三五"规划》，经过编写组的调研、分析、整理、撰写、修改和专家评审，规划已经基本完成。

6. 加强公共平台建设，为产业发展提供保障

西安服务外包网中文网站发布信息2077条，发布微博1123条，英文网站发

布信息 1702 条,日文网站发布信息 1521 条,网站页面总访问量突破 35.9 万人次,较 2015 年大幅提升 79% 以上。西安服务外包人才智力信息平台对 1953 条数据信息进行了更新,发布人力资源、人才培训和招聘求职等产业信息 400 余条。截至目前,西安服务外包公共信息平台已经与中国服务外包网、日本服务外包协会网以及山东、浙江、安徽、上海、深圳、武汉、合肥、无锡等 26 个省市服务外包专业网站实现了相互链接。

二、发展特点

(一)高附加值业务比重提升

目前,西安服务外包业务已涵盖软件开发、信息应用、设计研发、金融服务、动漫创意、旅游服务、生物医药研发、航空航天、汽车制造以及物流与供应链管理等服务外包领域,实现了 ITO、BPO 和 KPO 领域的全覆盖。2016 年西安信息技术外包(ITO)合同金额为 10.11 亿美元,占总合同金额的 55.17%,其中信息系统设计服务、整体解决方案提供、信息技术管理咨询等高附加值业务比重增加;知识流程外包(KPO)合同金额为 7.65 亿美元,占总合同金额的 41.75%,其中工业设计、产品研发、创意设计、供应链管理服务外包、电信运营服务外包等高附加值、高技术含量的业务比重不断增加,服务外包产业不断向高端业务领域拓展。

(二)服务外包产业向园区聚集

西安已形成了八个服务外包产业集聚区:西安高新区软件园、经开区服务外包产业园、航天基地服务外包园区、航空基地服务外包园区、碑林动漫产业园、浐灞金融服务外包园区、国际港务区服务外包园区、曲江文化服务外包园区,八大园区成为承接服务外包产业的主要平台,完成了西安服务外包合同金额和执行金额的 95% 以上。

(三)企业规模实力快速提升

目前,西安已聚集了 IBM、微软、英特尔、艾默生、施耐德、高通、GE 等世界

500 强企业的研发中心及分公司,以及华为、中兴、中软国际、软通动力、博彦科技等众多国内知名企业及其分支机构,服务外包企业规模和实力不断提升。2016 年西安服务外包业务排名前 10 位的中兴新软件、美光半导体、应用材料(西安)、英特尔移动通信、西安锐信科技等龙头企业,合同金额合计达 11.9 亿美元,比 2011 年西安排名前 10 位的服务外包企业的 0.4 亿美元合同金额增长近 30 倍。2016 年,合同金额超过 5000 万美元的企业有 5 家,其中,中兴新软件公司合同金额达到 4.25 亿美元,美光半导体达到 1.68 亿美元,企业实力不断增强。

(四)品牌影响力不断提升

西安服务外包影响力和知名度不断提升,通过参加中国国际软件和信息服务交易会、全球服务外包大会等一系列行业会议,有效宣传了西安的投资环境和优惠政策,拓宽了合作渠道。通过与国家高端智库媒体《服务外包》杂志的合作,在国内外展示了西安品牌和形象,有效提升了服务外包知名度。2015 年西安市商务局荣获中国国际投资促进会颁发的"全国服务外包人才培养突出贡献奖";2015 年全球服务外包大会,西安被评为"中国服务外包中西部最具竞争力城市";2015 年中国服务外包企业领军者年会,西安市获评"全球最佳服务外包城市——中国 15 强";2016 年西安被评为全国 12 个"2016 中国服务外包风采城市"之一。

三、发展趋势

(一)巩固提升信息技术外包优势领域

1. 软件与信息服务外包

西安发展服务外包产业的优势主要体现在强大的软件和信息服务实力上,现已构建了良好的产业生态,聚集了三星电子、IBM、英特尔、施耐德、中软国际、软通动力、东华软件、中兴、华为、神州数码、博彦科技等众多国际国内知名企业。产业创新能力强,仅高新区软件和信息服务业重点实验室、工程与技术中心就超过 100 家。2016 年,西安高新区软件与信息服务外包合同金额 16.52 亿美元,占全市的 89.48%。"十三五"期间,西安软件与信息服务外包应继续发挥优势,依靠核心技术,不断提升产业能级,拓展产业链高端化方向。重点发展大型行业应用软件服务,包括金融证券、电子商务、电信管理、大型商业零售、物流管理、互动游戏娱乐等领域;发展高端领域的嵌入式系统和嵌入式软件平台,包括电动汽车、航空航天、节能环保、先进装备制造等;发展系列化的 IC 产品,加强 IC 设计企业与新一代终端厂商的互动合作,在通信、智能家电、数控装备、物联网、三网融合等领域形成优势。

2. 电子商务平台服务外包

西安电子商务业发展势头迅猛,产业规模扩展迅速,2015 年,电商交易总额突破 1500 亿元。西安国际港务区聚集了国美、阿里巴巴等数百家电子商务企业;经开区围绕数据服务和云计算,引进了世纪互联、中电集团等一批电子商务支撑基础平台企业;浐灞生态区围绕数字出版基地建设,引进了陕西出版集团等一批电子商务应用示范企业;曲江文化区围绕现代文化创意产业,开展了数字影视、数字传媒等电子商务应用服务。到"十三五"末,全市 80% 的企业将开展电子商务应用,70% 的中小企业经常性应用第三方电子商务服务,应紧抓电子商务发展的巨大商机,推进电子商务同西安装备制造、旅游商贸、科技信息的深度融合,整合基础信息资源,规范电子商务数据标准,实现数据共享。利用中国电子口岸西安数据分中心和西安海关的信息系统资源优势,建设西安跨境电子商务通关服务平台。完善电子商务征信、认证、金融、基础数据、咨询分析、安全、供应链和信息服务等支撑体系建设,加强平台与搜索引擎的融合,实现行业平台与综合平台、区域性平台、国际性电子商务平台的高效对接,不断优化电子商务的市场发展环境,打造具有国际竞争力和区域辐射力的电子商务中心城市。

(二)突破发展业务流程外包重点领域

1. 物流与供应链服务外包

西安因特殊的区位优势,在中国物流版图中具有极为重要的战略地位。2016 年,西安成为国家 20 个现代物流创新发展试点城市之一,形成了西安综合保税区、西安新筑铁路货运站、西咸空港保税物流中心、西安国际陆港电商产业园、西安港现代铁路综合物流园区、西安公路物流港、西安大宗生产资料交易市场、跨境电子商务物流配送中心、西安临潼现代物流园等构成的物流网络体系。依托综合保税区、铁路物流集散中心、公路港三大核心平台,打造国际物流枢纽港;依托西咸新区空港新城,促进临空产业聚集发展,打造航空物流枢纽,成为西安重要使命。"十三五"期间,西安将实施"物流业倍增计划",现代物流业的大发展需要加大物流管理及供应链服务,重点发展物流战略规划、物流方案设计、配送网络规划、物流管理咨询、物流技术设备选配、物流数据库管理,引导有实力的企业深入到供应链管理上下游环节,整合供应链环节的物流、资金流、商流和信息流,实施供应链伙伴管理、供应链集成、供应链流程管理等全程服务。鼓励供应链管理企业引入专业技术标准化体系,利用无线射频、智能标签、电子数据交换等现代物流技术,开发基于物联网的智能物流供应链管理系统,提升服务水平。

2. 呼叫中心服务外包

西安通过"呼叫中心产业联盟"和园区建设,加快了呼叫产业的快速集聚,呼叫中心坐席已超 1 万,成为在全国有一定影响力的呼叫中心基地。"十三五"期间西安应加快对国际、国内呼叫中心市场的开拓,将呼叫中心服务推向国内外客户,并逐渐培育在细分市场具有竞争力的企业。加强场地建设、人员培养、业务管理、与客户关系的维护、数据分析、数据维护等,吸引银行、保险、电子商务、电信等行业的大型企业设立呼叫中心总部或区域中心,培育发展一批本地中小型呼叫中心企业,形成呼叫中心产业集群。同时,推动大数据、智能语音、虚拟坐席等新技术、新模式在呼叫中心的应用,打造智慧型呼叫中心,带动大数据产业的发展。

3. 金融服务外包

从全球看,金融服务业是外包市场规模最大,业务模式发展较为成熟的行业。"十三五"期间,金融服务外包将会是中国服务外包产业中增长最快的业务领域之一。目前,金融业已成为西安新兴的支柱产业,2015 年,西安实现金融业增加值 643.88 亿元,对 GDP 贡献率达到 20.1%,占 GDP 比重达到 11.1%,金融业支柱产业地位进一步显现。西安现有银行机构 180 多家,其中东亚银行、汇丰银行、渣打银行和韩亚银行已先后进驻西安。西安有各类保险公司、中介机构、证券公司、担保公司近 400 家,长城、东方、华融和信达四家资产管理公司在西安设立了分支机构,金融机构的聚集,奠定了西安建立西部金融中心,发展金融服务外包的基础。此外,高新区金融业聚集区已初具规模,浐灞生态区的金融商务区已有金融押运及银行票据服务基地、长安银行后台项目等七个重点项目签约,国际港务区已有融资租赁、基金、担保等70多家企业入驻,曲江新区的文化金融、西咸新区的能源金融等也已经起步,金融业的区域聚集促进了金融服务外包产业的快速发展。"十三五"期间,西安金融服务外包应重点发展第三方支付清算、专业解决方案、金融软件与系统开发、运营咨询、金融衍生产品研发咨询、保险业务咨询、金融理财咨询等业务,并逐步向批发银行、市场研究、风险评估、债务重组等高端领域渗透。加强金融数据建设及处理应用,加强数据挖掘与分析、信用分析与评级、风险管理服务、客户价值分析和操作等数据分析处理,着力将西安打造成为我国西部主要的金融共享服务中心。抓住全球金融服务业转移的发展契机,培育壮大金融服务外包机构,鼓励世界知名金融机构将后台非核心业务发包到西安市,做大做强一批金融外包知名企业。

4.政府公共服务外包

政府公共服务外包是西安推动政府职能转变,促进简政放权,提高政府服务水平的有效手段。"十三五"期间,积极贯彻落实国务院关于"推进政府向社会力量购买公共服务"的会议精神,加快发展政府公共服务外包,鼓励政府、公共事业单位等将不涉及秘密的业务进行剥离,重点发展公共事业外包、政府电子政务外包、电子监管、医疗服务、教育服务、信息数据处理、数字城市等公共信息系统开发与运维。加快建立统一的灾备中心、数据中心并进行集成化的服务外包,实现多部门数据的集中备份和容灾系统。逐步推进食品安全检测、公共卫生服务、法律咨询和鉴证评估等服务外包业务,并纳入政府采购服务的目录,着力提高政府效能、减少政府开支;逐步推进公共政策制定外包,涵盖法律咨询、行业质量标准的制定及监督、信息与数据搜集及产业与行业研究等,有效提高政策制定的专业性和实用性。

（三）着力培育知识流程外包新兴领域

1.文化创意服务外包

西安历史悠久厚重,文化艺术人才聚集,具有发展文化创意产业无可比拟的优势,影视传媒、数字出版、动漫游戏、手机娱乐、数字文化、广告策划等高附加值文化创意产业发展势头良好,以高新区、曲江新区为代表的文化产业增速连续多年保持20%以上。"十三五"期间,西安应加快建设高新、曲江国家级文化和科技融合示范基地、国家数字出版基地和国家广告产业园,创建国家对外文化贸易基地,建设全国文化创意中心。加快发展现代文化产业中的高端影视、现代传媒、创意设计以及3D模型外包、国际动漫加工、原创动漫开发、漫画数字化应用、影视特效制作、手机娱乐、数字出版、媒体后台数字库等新兴服务外包业务。利用文化体制创新和文化产业发展契机,培育一批创作、制作、发行、授权以及延伸品开发的高端动漫外包企业,加快影视制作外包、动漫衍生品的开发,依据西安在软件开发行业的优势,加强动漫创意软件的开发,如漫画平面设计软件、动画制作软件、动画音频软件等,鼓励发展建筑、规划、工业、广告、影视等领域的应用动画制作,做大做强西安影视、仿唐乐舞、西安鼓乐、秦腔等特色品牌,鼓励动漫衍生品如网络游戏、主题公园、主题餐饮、数码产品等的开发和拓展。

2. 研发设计服务外包

西安科技实力雄厚,设计人才众多,各类设计机构达1000多家、设计企业3万多家,已有中兴、酷派、闻泰等多个国内一线品牌设计研发机构落户西安,西安在工业设计、交通设施设计、建筑工程设计、文化创意设计、能源化工设计领域具有明显的特色优势。"十三五"期间,继续发挥西安研发设计优势,承接国内外相关产品的研发、设计、测试、解决方案等,重点发展重型装备设计、航天航空设计、船舶设计、超导和钛合金等新材料设计、精密加工设计、通信智能设计、集成电路和软件设计等尖端设计门类;发展高速铁路、高速公路、高原冻土工程、地铁、桥梁、隧道等设计领域;发展原创动漫设计、数字出版设计、网络视频设计、网络游戏设计等领域。深化或延伸产业链,向产品线规划与开发、用户研究、产品市场调研、模具开发、交互体验设计等更高层次服务内容渗透,不断扩大研发设计的业务范围。

3. 生物医药技术研发服务外包

西安在生物医药领域的研发优势明显,技术创新活跃,特别是3D打印、靶向药物、植入器械等方面呈现出前沿化、高端化、集群化的特点。西安高新区借助美国强生全球最大产能供应链生产基地,计划打造千亿级生物医药产业集群,西安康拓医疗技术有限公司、西安新通药物研究有限公司等一大批生物医药、健康服务领域企业在西安聚集,推动个性化健康管理、智能健康产品、健康医疗移动应用服务等快速发展。目前,高新区内已聚集生物医药企业400余家,年均增长25%以上,预计到2020年,高新区生物医药产业收入可望达到2000亿元,成为中国生物医药产业新高地。"十三五"期间,充分发挥西安在医药和生物技术方面的比较优势,积极融入生物医药国际研发链条和体系,发展具有自主知识产权的生物医药产品,重点发展医学检验技术服务、动物实验服务、药物非临床研究和评价、生物技术服务等,推动新药临床试验、临床前研究、药物基因组学、药物安全性评价、数据管理分析等领域快速发展。

4. 检验检测服务外包

检验检测、认证认可是国家质量技术基础的重要组成部分,是国家治理体系的重要工具和技术支撑,也是国家鼓励发展的现代服务业、高技术服务业。西安是重要的工业品、电子产品制造基地,对于产品出口检验检测认证的业务需求巨大,同时随着新兴产业的发展,新产品检测需求也不断增长,加快培育检验检测服务发展意义重大。一是引导公共技术平台、重点实验室、高校研究机构等技术机构向社会开放服务,促进分析检测机构市场化运营;二是加大力度引进国际知名检验检测服务外包企业,做大本土优势检测企业;三是提升检验检测机构等级,鼓励分析检测机构由单纯检测认证型向综合解决方案型服务延伸。争取"十三五"期末出现1至2家在全国甚至在世界有影响力的检验检测机构。积极发展软件评测服务、质量检验测试、设计试制验证、检测试验咨询等面向生产过程的分析、测试、计量等专业服务。重点发展检验检测认证、创业孵化、知识产权、科技咨询、科技金融、科学技术普及等专业科技服务,提升科技服务业对科技创新和产业发展的支撑能力。

武汉市服务外包发展报告

张文波　苏才华　于磊磊①

武汉市坚持"扩规模、优结构、增动力、强基础、促平衡"主线,把握国内外产业转移的重要机遇,深化中国服务外包示范城市建设,有效推动了服务外包产业快速发展。本文总结了武汉市服务外包产业发展现状、特色及政策措施,分析了武汉市发展服务外包产业发展的主要优势和不足之处,对下一步工作提出了有关对策建议。

近年来,武汉市紧抓国际国内产业转移的重要契机和服务外包产业发展的战略机遇,将发展服务外包产业作为助推经济转型升级、创新发展的重要抓手,以"扩规模、优结构、增动力、强基础、促平衡"为主线,坚持改革创新,面向全球市场,加快发展高技术、高附加值的服务外包产业领域,不断提升服务外包示范城市产业聚集效应,服务外包产业发展动力持续增强,产业规模持续扩大,总体发展态势良好,"武汉服务"影响力日渐提升。

一、产业发展现状

(一)基本情况

武汉市于 2006 年被信息产业部、商务部、科技部认定为"国家服务外包基地城市";2009 年经国务院批准,成为 21 个"中国服务外包示范城市"之一。经过多年发展,武汉市服务外包产业在企业数量、从业人数、产业规模、技术进步等方

---

① 张文波、苏才华、于磊磊:武汉市商务局。

面取得长足发展。2016 年武汉市企业签订服务外包合同 6067 份，签约金额 21.57 亿美元；实现服务外包合同执行额 13.63 亿美元，同比增长 12%，发展规模跃上新台阶。服务外包从业人员规模达 17.75 万人，其中大学毕业生占比 84.46%，服务外包产业促进就业创业能力进一步提升。

（二）发展特点

1. 发展规模快速提升

商务部服务外包信息管理系统统计数据显示，"十二五"期间，武汉市服务外包企业数量由 230 家增加至 429 家，服务外包从业人员数量年均增长 30%；服务外包合同执行额由 3.63 亿美元提升至 12.18 亿美元，年均增长 57%，离岸服务外包合同执行额由 2.5 亿美元提升至 6.6 亿美元，年均增长 46%。

2. 产业结构和空间布局相对集中

2016 年武汉服务外包业务以 ITO、KPO 为主要业务类型。其中，ITO 执行额实现 7.77 亿美元，所占比重为 57.1%，相比上年度提升 10.2 个百分点；KPO 执行额实现 5.08 亿美元，所占比重为 37.1%，相比上年度下降 10 个百分点；BPO 执行额所占比重仅为 5.8%，与 2015 年占比基本持平。同时，东湖新技术开发区集中了全市 66% 的服务外包合同执行额，其他各区服务外包合同执行额占比均未超过 10%。由此可见，武汉市服务外包产业发展结构和空间布局尚需进一步优化。

3. 离岸业务来源地广泛

2016 年武汉市有 115 家企业承接离岸服务外包业务，发包业务来源于亚、欧、美、非等 95 个国家和地区，市场多元化程度进一步提升。其中，离岸服务外包合同执行额 500 万美元以上国家和地区 21 个，1000 万美元以上的国家和地区 16 个。与"一带一路"沿线市场服务外包合同执行额实现 1.81 亿美元，同比增长 3.66%。

4. 企业实力明显增强

2016 年武汉市新增服务外包企业 114 家，总数达 517 家。其中，从业人员规模 1000 人以上企业 17 家，5000 人以上企业 8 家。服务外包合同执行额 1000 万美元以上企业 32 家，5000 万美元以上企业 4 家。技术先进型服务企业 60 余家,通过国际资质认证企业 285 家,企业通过的 CMMI、ISO27000 等国际资质认证 455 项。武汉佰钧成公司曾多次入围全国十大服务外包领军企业;捷迅、领航动力、光庭信息、方正国际等公司被评为全国服务外包成长型企业;邮科院、天喻信息入选我国软件百强;武汉颂大教育科技、中英融贯资讯、武汉诚迈科技等企业入选"德勤高科技、高成长中国 50 强"。

(三)特色领域

1. 地理空间信息产业优势明显

以武汉国家地球空间信息高新技术产业化基地为主要聚集区,形成了集数据产品、软件产品、硬件产品、集成系统和运营服务系统的产品体系,拥有包括测绘遥感信息工程国家重点实验室、地球物理大地测量国家测绘局重点实验室等各类研发机构及公共服务平台 28 个,初步建成集信息集散、技术评估、项目孵化及投融资等多功能的公共技术服务体系。2011 年 11 月,武汉地球空间信息及应用服务产业获批科技部首批"创新型产业集群试点"。

近年来,武汉市地球空间信息技术服务"走出去"步伐不断加快。光谷北斗建成泰国北斗基站,中国—东盟北斗科技城项目开工建设,促进了北斗技术在东盟地区通信、交通、航运、金融等关联领域的应用。武大吉奥公司在瑞典、芬兰设立了欧洲分公司,形成以北欧为中心、辐射整个欧洲业务的市场布局。

2. 工程设计服务外包实力雄厚

武汉市工程设计行业发展较早,基础比较扎实,具有明显优势。2015 年,武汉工程设计产业规模有所增长,企业数量达到 497 家,从业人数达 7.28 万人,营业收入为 909.7 亿元,工程技术服务外包业务占全市离岸服务外包业务份额 40% 以上。葛洲坝集团、五环工程公司、中南电力设计院、中铁大桥局、中铁第四设计院等一大批工程勘察设计、施工管理和咨询服务行业的龙头企业中,不乏"中国速度""中国高度""中国跨度"的创造者。目前,武汉市正在积极申报联合国教科文组织"世界设计之都",希望通过"设计之都"的申报,进一步促进工程设计相关产业加快发展。

3. 生物医药产业发展迅速

2013 年武汉生物诊疗制剂及服务产业获批国家战略性新兴产业区域集聚

发展试点。目前,东湖新技术开发区聚集相关企业 200 余家,其中年收入超过 75 亿元的行业领军企业 1 家。光谷生物城充分发挥集聚、辐射和龙头带动作用,聚集了药明康德、辉瑞医药、华大基因、康圣环球、中国医药研究院、武汉生物技术研究院等国内外知名生物企业,形成了干细胞、基因检测、医学影像等多个处于国际科技前沿的特色产业。在科技部生物技术发展中心发布的中国生物医药园区发展情况调研报告中,光谷生物城位列全国 108 个生物产业园第 2 位。近年来,在经济下行压力加大的情况下,光谷生物产业实现年均增长 40%。

4. 软件和信息技术服务业快速壮大

"十二五"期间,武汉市软件业务收入年均增速 43.5%,高于全国年均增速 16 个百分点,产业规模居中部第一位。占电子信息产业比重从 2010 年的 14% 上升到 2015 年的 31.4%。软件信息服务类企业研发投入占销售收入比重提升至 15%;研发队伍占从业人员比重达 45%;2015 年软件著作权登记数、软件专利数,分别是 2010 年的 3 倍、4 倍。

2016 年武汉市完成软件业务收入 1321.8 亿元,同比增长 31.4%。移动互联、云计算、大数据等新兴业态蓬勃发展,业务收入超过 125 亿元,年均增速 77%,成为产业发展新亮点。以北斗为代表的地球空间信息产业相关产品及服务国内市场份额达 50% 以上;数据库、金融卡片等信息安全产品成为国内同类产品单项冠军。

5. 金融后台服务初具规模

《武汉区域金融中心建设总体规划》提出,到 2020 年全面建成中部地区区域性金融中心,以及以科技金融为重点的全国性专业金融中心、全国性金融后台服务基地。为建设全国性金融后台中心,东湖新技术开发区早在 2008 年即出台了《关于促进光谷金融后台服务产业加快发展的意见》,针对金融机构提供落户奖励、购租房补贴、人才引进、基础设施配套等优惠政策,加快金融后台服务产业发展及金融后台服务中心园区建设,完善信息服务产业链。

2015 年武汉市共有总部型金融机构 23 家,在汉设立后台服务中心的金融机构 33 家。银联商务、交通银行、建设银行、招商银行、光大银行、泰康保险集团、太平保险集团、合众人寿、捷信金融等均在汉设立了金融服务中心。数据显示,武汉金融后台建设可直接创造 10 万个以上工作岗位,并带动 30 万人以上就业、创业。

二、工作措施

(一)加强组织领导,完善规划指引

武汉市委、市政府高度重视服务外包发展工作,于 2016 年成立了由市政府市长挂帅的全市服务贸易发展工作领导小组,加强组织领导和统筹协调。政府有关部门将服务外包列为重点发展的产业领域之一,将产业发展目标纳入政府部门绩效管理目标,出台多项政策措施予以重点推进。

为充分借用外脑资源,发挥专家智库作用,武汉市成立了服务贸易和服务外包发展工作专家咨询团队,结合武汉实际对服务贸易创新发展、服务外包提档升级等重点课题深入开展研究,服务政府决策。组织编制《武汉市服务外包产业"十三五"发展规划》《武汉市服务贸易发展规划(2017—2020)》,进一步明确发展目标定位,明晰发展路径。

(二)健全政策体系,优化发展环境

湖北省、武汉市政府相关部门先后出台了一系列支持服务外包产业发展的政策措施,形成了相对完善的政策支持体系。出台的政策文件包括《湖北省人民政府关于促进服务外包产业加快发展的实施意见》《武汉市人民政府办公厅关于积极促进服务外包产业发展的意见》《武汉市促进服务外包产业发展暂行规定》等。通过加强财政支持、创新金融服务、落实技术先进型服务企业税收优惠、强化信息安全和知识产权保护以及政府采购等措施,扶持企业发展壮大,推动服务外包产业加快发展。

目前,武汉市大力推广"马上办""网上办""一次办"政务服务模式,深化行政审批制度改革,创新创业和投资营商环境进一步优化。东湖新技术开发区相继出台了一批创新政策,包括光谷"招商十条""新黄金十条""政务十条""外资十条"等,努力打造最优营商环境。这些政策措施的出台,为进一步加快服务外包发展创造了良好的外部环境。

（三）完善载体建设，集聚优势产业

近年来，武汉市以深化中国服务外包示范城市建设、创建中国软件名城为契机，大力推进武汉软件新城、光谷软件园、光谷金融港、光谷生物城、左岭大数据产业园、未来科技城、多语处理基地、空间地理信息产业基地、国家网络安全人才培养与创新基地建设等园区建设，不断提升园区专业化服务能力，有效提升了服务外包产业集聚化程度。地理空间信息服务、金融后台服务、软件信息技术服务、生物医药研发测试服务、工程设计和技术服务等产业集聚效应进一步凸显，产业链条不断延伸，产业生态体系逐步形成。

（四）重视招才引智，强化人才支撑

武汉市把招才引智列为"一把手工程"，成立由市委书记任组长的招才引智工作领导小组，设立市招才局；先后出台《关于加快构筑国际性人才高地的若干意见》《关于深化人才发展体制机制改革 推动建设具有强大带动力的创新型城市的实施意见》等文件，深化"城市合伙人"计划，加大海内外高层次人才引进力度；实施"百万大学生留汉创业就业计划""百万校友资智回汉工程"，出台宽松的人才引进落户政策，放宽人才落户限制。

为引进服务外包中高端人才，市商务局、东湖新技术开发区等以"楚才回家"活动为品牌，多次赴硅谷、伦敦等海外城市和国内一线城市举办专场活动招揽人才，并在欧洲设立海外人才服务站。市商务局、市教育局组织高校、培训机构和企业创新合作模式，共建实践教育基地，开展"互动式"人才培养，积极做好服务外包人才供需衔接服务。目前，武汉市 27 家服务外包人才培训机构和高等学院被认定为"湖北省服务外包人才培养（训）基地"。光谷软件职业培训学校、软帝职业培训学校多次荣获全国优秀服务外包培训机构奖。

（五）加强平台建设，完善公共服务

先后出台《武汉市服务外包公共服务平台专项资金管理暂行办法》《武汉市服务贸易公共服务平台资金管理使用办法》，进一步整合资源，加强对公共服务平台项目的支持力度。近年来，服务外包产业联盟、商协会组织等中介服务组织

功能得到有效发挥,武汉市服务贸易公共服务平台、地球空间信息产业 CMMI 公共服务支撑平台、生物医药研发外包公共服务平台、软件外包信赖性评测公共服务平台、人才培训公共服务平台等 10 余个功能较全的公共服务平台、公共技术平台相继投入使用,在人才培训、产业资讯、技术测试、创业孵化等方面,为企业提供了全方位的公共服务。

(六)加强宣传推介,促进招商引资

为促进服务贸易和服务外包国际交流合作,武汉市政府、湖北省商务厅于 2016 年联合主办首届中国服务贸易创新发展武汉峰会,吸引来自 30 余个国家和地区服务贸易和服务外包领域知名专家、企业家,以及服务贸易创新发展试点地区、服务外包示范城市政府部门代表 600 余人参会交流。会议期间,举办了高峰论坛、主题演讲、专题对话、"一带一路"项目对接等活动,积极展示武汉市服务外包发展成果,提升了武汉服务品牌影响力。此外,积极组织企业参加国内外服务贸易和服务外包会展以及贸易促进活动,开展招商引资、招才引智工作。

三、发展优势和存在的问题

(一)发展优势

1. 多重国家战略叠加的优势

当前,40 项国家级改革试点正在武汉推进实施,其中仅 2015 年 1 月以来,武汉市获批国家级改革试点 20 余项,包括国家全面创新改革试验区、自由贸易试验区、1+8 城市圈综合改革试验区、科技金融改革创新试验区等。这些国家战略聚焦武汉,赋予武汉开展系统性、整体性、协同性改革先行先试的历史使命,也为武汉市推进服务贸易创新发展、深化服务外包示范城市建设创造了难得的历史机遇。

2. 经济和产业基础优势

武汉市制造业基础雄厚,形成了钢铁、汽车、化工、冶金、造船等相对完备的工业体系,覆盖了 30 多个制造业门类,产业配套能力较强。商贸物流、金融服务、文化创意、工程设计、高新技术服务等现代服务业发展势头良好。同时,具有

全球影响力的产业创新中心建设蓄势待发，信息技术、生命健康、智能制造等战略性新兴产业加速发展初具规模。2016 年实现国内生产总值 11912.61 亿元，比上年增长 7.8%，GDP 总量在 15 个副省级城市位居第四，是中部唯一一个突破万亿元的城市。雄厚的经济基础和完善的产业配套体系，为服务外包发展提供了良好发展基础。

3. 地理区位和交通便捷优势

武汉是中国经济地理中心，以武汉为中心、1000 公里为半径画圆，可覆盖全国 10 亿人口和 90% 的经济总量，市场腹地广阔。武汉历来是"九省通衢"，拥有中部地区最为完善的"铁、水、公、空"一体化现代综合交通体系。作为长江经济带和中部崛起的重要战略支点、"一带一路"重要节点，武汉大通道、大通关、大平台建设成效显现，内陆开放型经济体系初步建成，为服务外包发展提供了广阔的国际国内市场空间。

4. 科教人才资源优势

武汉是我国重要的教育科研中心，高校人才数量全国第一，科教实力仅次于北京和上海，位居全国第三。2016 年共有高等院校 89 所，在校研究生 11.5 万人，普通本专科在校生 94.9 万人。全市拥有国家重点实验室 20 个，国家工程实验室 3 个，国家级工程技术研究中心 27 个，国家级科技企业孵化器 30 家，国家863 计划成果产业化基地 10 个，两院院士 68 人。每万人发明专利拥有量 23.05件。全年技术市场合同成交额 504.21 亿元，比上年增长 7%。武汉市丰富的科教人才资源，为武汉发展智力技术密集型服务外包产业提供了强大的科技和人才资源支撑。

（二）存在的问题和不足

虽然武汉市服务外包产业发展取得一定成绩，但同时仍面临严峻的挑战和困难。从国际环境看，服务外包产业的发展面临着一些不确定因素的影响，如全球政治环境的动荡变化、汇率波动、贸易保护主义和就业回流政策的影响等。从国内环境看，房租和人力价格不断上涨，企业经营成本压力增大。经过近十年高速增长，武汉市服务外包产业发展"瓶颈"问题凸显，持续快速增长的动力需要进一步提升。

当前,武汉市服务外包产业发展的主要制约因素包括:缺少国内领先的大型软件及信息技术龙头企业;国际化高端人才不足,缺乏发展国际服务外包业务所需的多语种 IT 人才;企业开拓国际市场能力需进一步提升,离岸外包业务亟须在盘活存量的基础上培育新的增长点。

四、创新发展思路

(一)健全服务外包产业促进体系

进一步发挥市服务贸易发展工作领导小组统筹协调作用,完善服务贸易和服务外包工作机制,着力构建"纵向协作、横向联动"的工作格局。进一步提升各级服务贸易财政资金的使用效能,支持企业承接国际服务外包业务、开展国际资质认证等方向,促进服务外包产业扩规模、优结构、促平衡。积极协调各有关部门,认真落实国家税收优惠政策,创新金融服务举措,为"轻资产"服务外包企业提供融资便利,帮助企业降低经营成本。依托武汉知识产权审判庭和国家网络安全人才与创新基地,加强服务外包知识产权和网络信息安全保护。

(二)强化服务外包产业发展要素支撑

创新高校、培训机构和有关企业服务外包人才培养机制,提高人才培养质量,为服务外包产业提供人才和智力支撑。加大对核心人才、重点领域专门人才、高技能人才和国际化人才的培养、扶持及引进力度。鼓励各类市场主体加大人才培训力度,支持服务外包培训机构创新发展,建设一批服务外包人才培养示范基地和实训基地。加强园区载体建设,创建一批服务外包示范基地。以服务和满足中小企业发展需求为导向,整合和挖掘各方资源,打造一批服务外包公共服务平台。

(三)注重服务外包产业招商和主体培育

围绕优势产业和发展重点领域,创新服务外包招商引资工作方法和路径,提高服务外包产业招商的实效性。瞄准"大产业",狠抓全产业链招商,大力引进培育处于产业链核心、关键环节的龙头企业,带动上下游配套企业集聚。紧盯世界 500 强企业、全球外包 100 强企业,着力引进跨国公司、国内龙头企业落户武汉,进一步提升服务外包产业规模能级。支持本土领军企业做大做强,加强特色品牌建设,提高核心竞争力,打造一批主业突出、竞争力强、具有较强国际影响力的龙头企业,培育一批中小微企业创新创业集群。

(四)加大"武汉服务"宣传推介力度

举办 2017 全球服务外包大会暨第二届中国服务贸易创新发展武汉峰会、"楚才回家"等服务贸易促进活动,促进服务外包国际交流合作,提升"武汉服务"国际影响力。探索建立武汉服务贸易海外促进机构,支持企业参加境内外各类服务贸易促进活动,鼓励本土企业"走出去",建立海外接包中心,拓展海外市场业务,特别是"一带一路"沿线市场。与高端智库媒体开展战略合作,整体宣传推介"武汉服务"品牌。开展服务外包政策宣讲、实务培训等,提高社会各界对发展服务外包重要性的认识。

(五)推动服务外包产业提档升级

依托中国(湖北)自贸区武汉片区对外开放先行先试政策优势和载体作用,积极扩大服务业领域双向开发,引导企业承接信息技术、生物医药研发、保税研发测试等业务,进一步提升离岸业务规模,促进服务出口。鼓励离岸、在岸服务外包业务协调发展,推进 ITO、BPO、KPO 业务类型均衡发展,不断优化产业结构。围绕信息技术、生命健康和智能制造等战略性新兴产业,在大数据、云计算、物联网、地球空间信息、生物医药、通信服务、工业设计等领域,加大产业引导和培育力度,推动服务外包产业链、价值链向高端延伸,为武汉市产业转型升级提供重要支撑。

宁波市服务外包发展报告

王向阳[①]

宁波市按照"政府推动、特色发展、服务转型"的工作思路,注重结合自身产业基础和比较优势,突出"五个坚持",形成了具有宁波特色的服务外包产业。新形势下宁波市将以入围全国服务外包示范城市为契机,创新发展思路,努力推动服务外包产业进入新的发展阶段。

宁波是我国重要的国际港口城市、长三角南翼的经济中心城市,是我国首批对外开放城市之一,城市综合竞争力连续多年跻身全国 10 强,2016 年全市 GDP 达 8541 亿元人民币,人均 GDP 突破 10 万元大关。宁波已连续六年入围"中国外贸百强城市"前 10 位,是全国为数不多的拥有"海陆空"全部类型特殊海关监管区的城市之一,2016 年口岸进出口额达 11666.4 亿元,自营进出口额达 6262.1 亿元。宁波曾被评为全国服务外包最具发展潜力城市,产业规模跻身国内城市前 20 强,2016 年入围全国服务外包示范城市。

一、发展概况

近年来,宁波市按照"政府推动、特色发展、服务转型"的工作思路,注重结合自身产业基础和比较优势,突出"五个坚持",形成了具有宁波特色的服务外包产业,成为推动全市经济稳定增长和加快转型升级步伐的重要引擎。经过多年努力,宁波市服务外包产业从无到有、从小到大、从弱到强,实现了跨越发展。

---

①　王向阳:宁波市商务委员会。

2010—2016 年,全市服务外包执行总额和离岸执行额年均增幅均超过 40%。2016 年全市共完成服务外包执行总额 231.29 亿元,其中离岸服务外包执行额 16.45 亿美元,业务拓展到美国、日本、德国等 130 多个国家和地区,全市承接"一带一路"沿线国家服务外包执行额 2.32 亿美元,同比增长 21%,"一带一路"沿线国家对宁波市发包额占全市离岸外包执行额的 15.8%。至 2016 年年底宁波市共有服务外包企业 1300 家,从业人员 5 万人。全市注册资金 1000 万以上外包企业 50 家,离岸执行金额 1000 万美元以上企业 36 家。同时,2015 —2016 年,宁波市有 9 家企业被列入国家重点文化出口企业名录,占全省国家重点文化出口企业总数的 1/3 以上。

二、主要做法

(一)坚持政府全力推动

宁波市自 2008 年开始积极推进服务外包产业发展,将其列入《宁波市加快推进产业升级行动纲要》重要内容,成立以市领导为组长的市服务外包工作领导小组,健全市服务外包工作增促机制,出台一系列政策措施,落实专项扶持资金,编制全国第一份城市服务外包产业发展规划,成立全国第一家城市服务外包研究中心,在全国率先出台政府服务外包暂行办法,全力推动服务外包产业加快发展。

(二)坚持服务港口经济

宁波拥有得天独厚的港口物流条件,是国际国内重要的港口城市,2016 年宁波舟山港货物吞吐量和集装箱吞吐量分别居全球第 1 位和第 4 位。依托发达的外贸、物流和临港工业基础,宁波大力发展物流供应链管理、国际航运服务、跨境电商平台服务、工业设计等外包业务,历年来与港口经济相关的业务规模占全市外包业务额的比重一直保持在 75% 以上。

(三)坚持宁波智造带动

宁波是全国最早提出智慧城市建设的城市。近年来,宁波市大力推动以

"互联网+"为基础的智慧城市建设,智慧城市项目所释放的大量信息化需求,吸引了包括印度 TATA、巴西 CI&T、微软、IBM、Manpower 等一批国际知名的服务外包龙头企业入驻,并带动本地传统制造企业向服务型企业转型,涌现出"世贸通""宁兴云""家电云"等新型服务平台,有力地促进了宁波经济的转型升级。

(四)坚持示范园区引领

在把握总体快速稳健发展的基础上,宁波市加强对重点产业园区的建设,先后培育了 4 个服务外包示范园区和 2 个服务外包产业集聚区,着力提高产业集聚度。目前,服务外包示范园区(集聚区)所在的鄞州、高新区、北仑、海曙、江北的服务外包执行额和离岸外包执行额占全市服务外包执行总额和离岸执行总额的比重均在 70%以上。

(五)坚持人才基础支撑

宁波市高度重视服务外包人才培训工作,专门成立了市服务外包人才培训服务中心,设立了包括宁波服务外包学院在内的 14 家服务外包人才专业培训基地,建立了高校、培训机构与企业之间的产学一体化协同机制,有针对性地举办初级和中高级等不同类型的培训班,为服务外包产业发展提供充足的人才资源储备。

三、新形势下发展思路

宁波市将以入围全国服务外包示范城市为契机,继续把服务外包产业作为新常态下促进大众创业、万众创新,形成产业升级新支撑和外贸增长新亮点的重要抓手,加快落实中央相关政策措施,进一步加大财政资金扶持力度,进一步完善产业基础建设,努力推动服务外包产业进入新的发展阶段。一方面,要强化争先进位意识,以建设示范城市为突破口,努力推动产业规模进一步扩大,争取若干年后在示范城市中的位次有一定的提升。另一方面,要以调结构为抓手,推动质量不断提升,在继续巩固 ITO、BPO 传统领域的基础上,加大对 KPO 及与物联网、云计算、大数据等新技术相融合的外包新业务的开发,促进产业向价值链高端拓展。

（一）明确服务外包发展重点

把握新时期国际服务外包发展趋势,结合国内外宏观经济环境变化、客户需求变化、技术变化,从宁波的产业特点和基础条件出发,重点发展智慧服务外包、工业设计外包、动漫创意外包、物流与供应链外包、金融服务外包、财务数据处理、人力资源数据处理、远程医疗服务,以及装备制造、电子电器、汽车及零部件、石化和高档纺织服装等5大重点行业的行业解决方案设计等外包业务。优化服务外包产业布局,根据各地定位和产业特点发展具有特色的服务外包产业,形成重点突出、定位准确、分工协作、优势互补的发展格局,实现全市服务外包产业全面可持续发展。

（二）推动园区差异化特色发展

坚持"政府推动、多方共赢"的原则,高标准规划、建设和打造若干服务外包核心示范区。鼓励各地根据自身区位优势和产业基础,打造一批各具特色的服务外包产业园区,走差异化特色发展道路。鼓励条件成熟的外包特色园区申报市、省级服务外包示范园区。建立差异化的政策引导机制,鼓励服务外包企业向园区集聚,进一步提高园区的集聚效应。提高园区专业化管理能力,按照知识型产业园的要求,围绕人才工作、居住、娱乐、交往、休闲的需求,完善园区配套设施建设。

（三）加强服务外包企业引进和培育

一是引进一批尚未在长三角建立区域总部的国内外服务外包龙头企业,重点对国内服务外包前50强企业和软件企业前100强企业进行有针对性的招商。二是留住一批智慧城市项目承接商。将服务外包龙头企业引进与智慧城市项目发包进行统筹考虑,引导一定规模以上智慧城市项目的承接商将长三角区域性总部放在宁波。三是落实服务外包示范城市技术先进型服务企业税收优惠和国家全面推开营改增后对跨境应税行为适用增值税零税率等政策,加大财税政策扶持力度,助力企业做大做强,着力培育一批服务外包龙头企业,提升全市服务外包产业竞争力。

(四)支持企业加大境内外市场开拓力度

鼓励服务外包企业提高创新和研发能力,提高业务接包能力。鼓励服务外包企业扩大境外分支机构规模,支持企业参加国际知名服务外包峰会、展览会和论坛等活动。加强离岸服务外包与"走出去"援外工作的联动,支持服务外包企业积极承担援外项目及境外工程承包项目中的软件研发、系统开发、远程维护、工程设计等业务。研究落实促进在岸外包业务发展的政策措施,鼓励政府部门、事业单位和大型企业通过购买服务等方式,培育本地服务外包市场。

(五)扩大服务外包人才队伍

完善服务外包人才培养体系,加快宁波高校服务外包相关学科和专业建设,鼓励高校设立与服务外包密切相关的软件开发、计算机、电子商务、动漫、数字媒体等专业。鼓励高校与企业、园区合作,共建高端服务外包人才培训、创业基地,开展产学研合作。鼓励企业深度介入高校服务外包专业建设,推动规模较大的企业与高校开展订单式培养。积极推进服务外包人才培训基地建设,鼓励国内外知名培训机构、大型企业与现有定点培训机构合作,开展各类服务外包人才专业培训。加大高端服务外包人才引进力度,对符合市人才引进条件的高端服务外包人才和服务外包行业领军人物,加大政策支持力度,为全市服务外包产业发展提供人才支撑。

(六)打造一批外包公共服务平台

利用好中央下达的服务外包示范城市公共服务平台建设扶持资金,落实地方配套资金,以服务外包产业园区和相关中介机构为依托,加快建设各类服务外包公共服务平台。一是信息服务平台。重点打造企业业务数据共享、项目配对、展会信息、政策咨询、法律法规等服务平台。二是投融资服务平台。建立服务外包企业信用信息系统,推荐优秀服务外包企业到银行融资,降低企业和银行的信息障碍。三是公共技术服务平台。围绕宁波服务外包重点领域打造开源技术和代码信息库、软件质量评测平台、动漫音效素材库、设计素材库等技术支持平台。四是人力资源服务平台。联合猎头公司、人才市场、人才中介企业等，整合服务外包人力资源信息，实时提供给服务外包企业，实现企业与人才的快速对接。

郑州市服务外包发展报告

李 杰①

郑州市充分发挥区位、人力资源和国家、省赋予的各种政策等多种优势,把服务外包产业发展纳入全市发展大局,将发展服务外包产业与郑州承载的中原经济区核心区、郑州航空港经济综合实验区、中国(河南)自由贸易区(郑州片区)、中国(郑州)跨境电子商务综合试验区、郑洛新国家自主创新示范区核心区等国家战略紧密结合,内引外联,统筹协作,加强产业引导,努力做大做强全市服务外包产业规模,提升服务外包企业专业化服务能力和郑州服务外包品牌效应,将郑州打造成为中西部地区独具特色、具有国际影响力的中国服务外包示范城市。

郑州市委、市政府高度重视服务外包产业发展建设工作,坚持把服务外包产业发展作为全市进一步扩大对外开放、全力加快产业结构调整、全面加快经济增长方式转变的重要突破口,围绕"发挥比较优势、突出发展重点、合理规划布局、承接产业转移、示范集聚发展、创新郑州服务"等理念和要求,不断加大政策扶持、资金支持和招商力度,持续完善服务外包产业投融资体系,全面推进产业发展。2016 年 5 月,郑州市获批中国服务外包示范城市。

一、发展概况

"十二五"期间,郑州市服务外包稳步增长,产业规模持续扩大,产业链条逐

---

① 李杰:郑州市商务局。

步完善,服务外包企业服务能力和水平显著提升。据不完全统计,截至 2016 年年底,郑州市从事服务外包业务的企业数量逾千家,通过各类国际资质认证的企业 98 家,认证数量 181 个,年培训服务外包人员近 2 万人。服务外包多园布局格局形成,郑州软件园、金水科教园、国家知识产权创意产业试点园区、河南省电子商务产业园、郑州国际物流园区等五个园区先后成功获批河南省服务外包示范园区,园区内聚集了全市 50%以上规模的服务外包企业,产业聚集效应初步显现。在服务外包产业创新创业方面,引进和培育了河南金科教产业孵化器、863 软件孵化器、UFO 等专业孵化器,全面优化产业创业创新环境,驱动服务外包产业转型升级,河南服务外包产业园被列为"河南省科技企业孵化器孵化场地建设重点项目"。全市有离岸业务的服务外包企业 180 多家,离岸业务企业占全市服务外包企业的近 20%,服务外包已成为全市服务贸易的重要着力点。目前,郑州离岸外包市场覆盖日本、美国、加拿大、欧洲、新加坡、越南、印度、中国香港等多个国家和地区,服务外包正迅速成长为郑州市调整产业结构、促进经济增长的新动能。

二、比较优势

（一）中国交通枢纽及"丝绸之路经济带"重要支点

郑州地处中国中部地区,处于东南沿海区域和西部大开发区域之间,同时处于陇海经济带和京广经济带上,起着承东启西、连南贯北的桥梁和纽带作用,是中原城市群"大十字"形骨架的核心城市。对我国国内市场而言,郑州市是全国知名的中部交通枢纽城市;对全球离岸市场而言,随着近年来的发展,郑州已经从一个内陆城市发展成为中欧国际铁路物流中心城市、丝绸之路经济带主要支点以及丝绸之路经济带和 21 世纪海上丝绸之路相衔接的重要节点。"十三五"时期,郑州市将以"三网融合、四港联动、多式联运"为核心,着力完善布局合理、联动便捷、功能完备、衔接高效的运输体系,加快构建全球通达、全国集疏的大通道体系,建设国际化、现代化、立体化的综合交通枢纽。卓越的区位及交通优势对郑州承接全球及国内产业转移,汇集人流、物流、信息流、资金流等各类产业要素,推动城市开发开放建设具有重要的促进作用,成为郑州市发展服务外包产业的核心优势之一。

(二)河南省省会及中原城市群城市优势

郑州是河南省和中原城市群首位城市,是全省创新资源、高等研究院所、人才资源集聚的地方,也是公共服务、配套环境优势集中的地方。2015 年郑州市生产总值突破 7,000 亿元,GDP 增长 10.1%,在全省 18 个省辖市排名第 1,名列省会城市第 7 位;GDP 占全省比重达到 19.8%。电子信息、生物医药、新材料、新能源、汽车及零部件、文化创意和移动互联网等新兴产业异军突起,经济基础呈现出特色鲜明、门类较全、充满活力的特点,为承接现代服务业产业转移奠定了坚实基础。郑州市的经济和产业辐射作用越来越强,是省内、中西部邻省地区资金、技术、信息、人才、创新和公共服务等生产要素的主要聚集地。

(三)人口及教育资源丰富

河南省是全国人口大省,截至 2015 年年底,河南省常住人口 9480 万人。省会郑州在全省优秀人才的汇集方面具有明显的优势,同年底郑州全市常住人口达到 956.9 万人,人口密度达到 1285.1 人/平方公里,各类在校生近 300 万人,人力资源及教育资源储备较为丰富,客观上为大力发展以"人脑+电脑"为显著特征的服务外包等知识密集型产业提供了坚实保障。

(四)相对较低的商务运营成本及生活成本

根据中国服务外包研究中心发布的数据显示,2014 年服务外包主要城市成本要素排名中,郑州在 61 个城市中排名第 50 位,相对较低的商务运营成本及生活成本推动郑州具有承接全球及国内服务外包产业转移的可能性及可行性大大提升,为郑州市吸引产业转移和企业投资,发展服务外包提供了一定竞争优势。

三、战略机遇

(一)"中部崛起"及中原城市群区域经济一体化发展

2003 年河南省委七届五次全会审议通过《中共河南省委 河南省人民政府关于全面建设小康社会规划纲要》,作出了实施区域性中心城市带动战略,加快中原城市群经济隆起带发展的重大战略。同年在《河南省全面建设小康社会规划纲要》中提出，努力建设大郑州使其成为中原城市群经济隆起带的龙头，全省先进制造业和高新技术产业基地、现代服务业中心、现代农业示范区及经济社会的核心增长极。2008 年提出了城市圈域经济发展模式，推动大城市周边城市群的整合发展，催化周边地区城市化进程，即以增长极为指向，以城市圈域为定位，以发展轴为方式来首先构建大郑州经济发展模式，在郑州城市发展到较高水平后将大郑州的圈域范围扩大，突破省级行政区域，划分形成中部城市群区域经济一体化。《国家新型城镇化规划（2014—2020 年）》明确提出加快培育中原城市群，使之成为推动国土空间均衡开发、引领区域经济发展的重要增长极，中原城市群列入 7 个国家级城市群。2016 年 5 月，在国家发改委公布的年度工作重点中，将中原城市群规划纳入年度工作安排。

（二）河南省服务业及供给侧结构性改革建设

服务业是衡量一个地区和国家经济发展程度的重要标志，河南省高度重视服务业发展，《河南省推进服务业供给侧结构性改革专项行动方案（2016—2018 年）》明确要求，到 2018 年力争服务业占 GDP 的比重达到 45% 左右，从业人员占比达到 33% 左右。郑州市作为河南省的省会及经济中心，首先担负承载和引领全省服务业发展的重要角色，同时其服务业及服务外包的发展也面临全省产业发展的势能机遇。郑州发展现代服务业建设现代商都，将在七个产业上寻求突破和提升，实施七大工程，即现代金融业、商贸物流业、文化创意旅游业、信息服务业、科技服务业、健康养生产业、房地产业。国际商都的打造，为郑州打造开放型经济，进一步提升城市品牌，聚集人流、物流、信息流、资金流等各类产业要素，并将为郑州承接全球服务外包业务转移带来更为广阔的市场前景。

（三）国际商都城市转型和建设势能

近年来，郑州市经济社会快速发展，城市综合竞争力稳步提升。2016 年，郑州市入选由华顿经济研究院（原上海经济发展研究所）发布的"2016 年中国百强城市排行榜"，排名第 15 位，和 2015 年相比进步了 3 个位次。2016 年河南省领导在郑州调研时，强调郑州的发展事关全省发展大局，郑州市的发展已经站上了新的起点,下一步要瞄准更高目标,提出"推进城市国际化,全面提升竞争力"的要求。城市国际化是城市在全球范围内运用和配置各种资源,全面参与国际分工与合作的过程,郑州市推进城市国际化是适应全球竞争的战略选择,是转变发展方式的有效途径,是提升城市品质的内在需要,也是城市自身发展的客观要求。目前,郑州市的基础设施、产业发展、区位优势都拥有良好的基础。经济的全球化发展,使城市与国际间的融合发展日益增强,也为郑州市推进国际化提供了难得的机遇。

(四)多重国家战略平台叠加

近年来,郑州市先后获批承载国家级加工贸易承接转移示范地、交通综合枢纽示范工程城市、通航产业综合示范区、郑洛新自主创新示范区(核心区)、中国(郑州)跨境电子商务综合试验区、中国(河南)自由贸易区(郑州片区)、郑州航空港经济综合实验区等多项国家级对外平台战略,为郑州加快发展外向型经济,实现经济发展方式转变提供了强大的政策支撑。

(五)获批中国服务外包示范城市

2016年5月,商务部、发改委、教育部、科技部、工信部、财政部、人社部、税务总局和外汇管理局等国家九部委联合发布《关于新增中国服务外包示范城市的通知》,郑州被确定为中国服务外包示范城市,享受国家相关政策及资金支持。跻身服务外包示范城市,成为郑州在服务外包产业内提升城市品牌和影响力的重要契机。

(六)明确服务外包产业发展重要地位

2016年中国服务外包示范城市建设被列入郑州市"十三五"时期对外开放工作的重要内容。《中共郑州市委 郑州市人民政府关于进一步扩大对外开放全面提升国际化水平的意见》(郑发〔2016〕15号)明确要求,"发挥服务外包示范城市等国家级试点的引领带动作用,促进全市对外贸易转型升级";"以国际化、高端化、差异化、集聚化和品牌化为重点,构建专业特色突出、技术优势明显、行业领域广泛、市场基础扎实、创新能力较强的现代服务外包产业体系"。2017年

5月《市政府工作报告2017年重点工作任务分解》第18条明确："推进国家服务外包示范城市建设,大力培育服务贸易和服务外包本土品牌",并对包含服务贸易和服务外包在内的重点任务明确主管单位一把手负责制,建立工作台账,年度及阶段性工作纳入全市目标管理考核体系及绩效考核体系。发展服务贸易、服务外包已成为郑州市重点工作。

四、"十三五"期间发展思路

（一）指导思想

秉承创新、协调、绿色、开放、共享发展理念,全面落实党中央、国务院关于促进服务外包产业加快发展的决策部署,抓住郑州跻身国家服务外包示范城市的势能,围绕全球及我国服务外包产业升级发展的新特征和新趋势,坚持以国家中心城市建设为统揽,以开放创新为动力,坚持目标导向、问题导向和"创优势、增实力、补短板、能抓住"的工作方针,以中国服务外包示范城市建设为契机,借力中国（河南）自由贸易区、中国（郑州）跨境电子商务综合试验区等郑州市承担的国家战略和对外开放平台,对标分析,精准发力,抢抓机遇,加速发展,推进郑州服务外包产业提档升级,做大做强,推动"中原文化、郑州服务"上台阶,出品牌,成规模,将服务外包打造成为郑州市建设内陆开放型新高地的重要突破口。

（二）产业发展导向

利用郑州区位、人才、产业等比较优势,同步推进信息技术、业务流程和知识流程外包服务,做大做强基础服务外包领域,巩固提升特色服务外包领域,战略布局新兴外包领域,着力发展高技术、高附加值服务外包业务,引导现有优势企业逐步从"基于人力成本优势的信息技术服务提供商"转化成长为"具有垂直行业业务流程再造咨询能力及依托专有服务技术的服务供应商",服务外包持续向产业价值链高端延伸。

（三）产业发展目标

立足产业发展现状和国际市场服务外包发展趋势,大力发展知识流程外包

（KPO），做大做强信息技术外包（ITO），完善提升业务流程外包（BPO），量质并举，形成郑州市服务外包产业特色和产业梯队。通过 3 至 5 年努力，形成 10 至 15 个主导产业突出、创新能力强、体制机制先进的服务外包产业示范园区，培育 10 家行业领军型企业，100 家市级重点企业，国际服务外包合同年度执行总额及增长速度处于国家中西部地区领先水平，努力打造国家中西部重要的服务外包基地城市。到 2020 年，基本形成龙头企业聚集、人才供给充沛、平台体系完善、创新能力突出、竞争力强和特色明显的服务外包产业生态体系，"中原文化、郑州服务"国内国际影响力和辐射力不断增强。

（四）产业发展空间布局

充分依托郑州现有产业载体分布，按照"示范引领、集聚发展、特色布局、协调升级"的发展思路，计划构建"3+2，特色发展+外围组团"的服务外包产业空间布局。

1. 3+2

"3"即以郑州市高新区、金水区、经开区为核心构建服务外包产业发展核心聚集及创新升级区；"2"即以郑东新区、航空港实验区构建服务外包产业发展前瞻布局及总部聚集区。

高新区：依托区内郑州软件园、河南省国家大学科技园、郑州中原国家广告产业园、河南省电子商务产业园、郑州电子电器产业园、郑州生物医药产业园等园区，重点发展软件与信息服务外包、北斗导航与遥感服务、IT 教育培训、云计算外包、虚拟现实解决方案、信息安全服务、手机 APP 开发服务、大数据外包、智能服务外包、动漫游戏、文化创意、广告影视外包、互联网营销推广服务、呼叫中心外包、生物医药研发、集成电路和电子电路设计服务、电子信息服务等领域。

金水区：依托区内国家知识产权创意产业试点园区、河南外包产业园、金水科教园等园区，重点发展工业设计外包、文化创意外包、软件研发、软件测试、生物医药外包、检验检测外包、动漫游戏外包、IT 教育培训、IT 咨询、金融外包服务、会展外包服务、教育课程开发服务、电子信息服务、旅游产品开发服务、企业内部管理与运营服务、供应链管理外包、知识产权研究服务、产品技术研发、商务服务外包等领域。

经开区:依托区内郑州国际物流园区、河南保税物流中心、河南省通信产业园、郑州国际陆港、普洛斯郑州物流园等园区,重点发展现代物流外包服务、供应链管理服务、跨境电商外包、生物医药外包、电子信息服务、动漫游戏外包、呼叫中心外包、大数据分析服务、IT教育培训、基因工程技术服务等领域。

郑东新区:依托区内各重点CBD楼宇,着力发展国际金融外包、云计算外包、大数据外包、智能服务、商务服务外包、会展外包服务等领域。

航空港实验区:依托区内中部国际电子商务产业园等园区,着力发展物流外包、航空物流外包、航空会展服务、航空金融服务、供应链管理服务、跨境电商外包、生物医药外包、商务服务外包等领域。

2. 特色发展+外围组团

结合中原区、二七区、管城区、惠济区、登封市等现有的商贸、文化、旅游、医药、机械研发等特色产业基础和发展优势,加强载体建设,积极发展特色服务外包,打造服务外包特色产业发展区。位于核心功能区外围的新密市、新郑市、荥阳市、中牟县、上街区五个县(市、区)组团,依据各个县(市、区)的核心产业发展相关配套的外包服务产业。同时,依据产业梯度转移的规律,推动外围组团成为郑州市服务外包产业的梯度转移后备区。

V 国际经验篇

爱尔兰服务外包行业发展现状及展望

肖汉雄　杨丹辉①

本文主要介绍了爱尔兰服务外包行业发展现状和发展态势。爱尔兰是全球最重要的软件外包接包国之一，以软件行业为代表的服务外包行业是爱尔兰外向型经济的主导产业。在爱尔兰政府支持下，爱尔兰服务外包企业积极进军海外市场，加快国内行业组织整合，针对英国脱欧创造新的市场机遇，把握住新科技革命带来的战略机遇推动服务外包进一步发展。

爱尔兰国土狭小、人口不多，但在过去的半个世纪里，以软件行业为代表的服务外包行业已成为爱尔兰外向型经济的主导产业。高素质的人才队伍、独特的区位优势以及有力的法律和政策保障，共同支撑了爱尔兰软件外包行业的蓬勃发展，使其成为全球最重要的软件外包接包国之一。近年来，随着本国经济转型和国际市场形势的变化，爱尔兰软件外包行业的发展呈现出一系列新的特征。

一、爱尔兰服务外包行业发展现状

国际金融危机发生后，特别是欧洲主权债务危机的爆发，曾使爱尔兰经济一度陷入低迷，但 2013 年和 2014 年爱尔兰 GDP 仍实现了正增长，2015 年的增速更是高达惊人的 26.3%。爱尔兰以出口导向的经济结构决定了其对于国际市

① 肖汉雄：中国社会科学院研究生院工业经济系博士研究生；杨丹辉：中国社会科学院工业经济研究所资源与环境研究室主任，研究员，博士生导师。

场的复苏十分敏感,有力的经济复苏使爱尔兰再度赢得"凯尔特凤凰"的称号。2015 年,在《华尔街邮报》和传统基金会的评选中,爱尔兰位列经济自由指数榜单的第 9 名。

服务贸易占据重要份额,是爱尔兰对外经济交往的一个重要特征。由图 5-1 可以看出,爱尔兰对外出口在很大程度上依赖服务业。在金融危机过后的复苏历程中,爱尔兰的货物出口处于停滞状态;而服务业出口则迅速反弹。金融危机过后的 2010 年,爱尔兰服务贸易出口重新跃上千亿美元大关,2012 年已经远远超过货物贸易。到了 2014 年,爱尔兰服务贸易出口额冲上 1800 亿美元。金融危机后几年服务贸易出口的回升成为爱尔兰经济复苏的重要动力。此间,服务贸易出口额经历的剧烈波动则在一定程度上反映出这一部分高度依赖国际市场的特征。

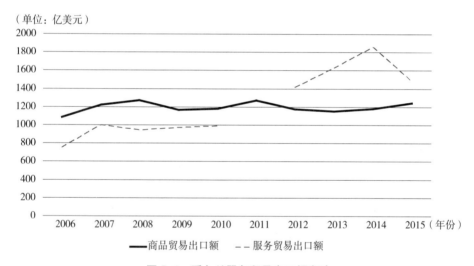

（单位：亿美元）

图 5-1　爱尔兰服务贸易出口额变动

资料来源:UN COMTRADE。

从服务贸易结构来看,计算机与信息服务业在爱尔兰的服务贸易出口中始终占据重要地位,这一领域的出口额在爱尔兰服务贸易总出口额中所占比重超过30%,该行业的高涨与衰退也与爱尔兰服务贸易总出口额的变动保持着高度的一致。

（单位：亿美元）

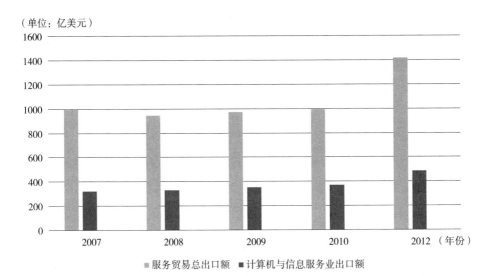

图 5-2　爱尔兰计算机与信息服务业出口额变动

资料来源：UN COMTRADE。

表 5-1　2008—2014 年爱尔兰计算机与信息服务业发展情况

	2008	2009	2010	2011	2012	2013	2014	2015
企业数目	10632	11264	11869	12350	13099	13578	13687	13972
销售额（千欧元）	52176768	51337952	55006540	65077764	74532737	80344938	99020998	104967586
雇员人数	69507	62864	63626	65164	68280	72670	77616	89278

资料来源：2008 年至 2014 年数据来自爱尔兰中央统计办公室，2015 年数据为作者估算

二、爱尔兰服务外包行业主要实体

爱尔兰外包行业的快速发展在一定程度上得益于一批有能力的支撑保障机构，这些机构受到了爱尔兰科学基金会（Irish Science Foundation）和爱尔兰政府的支持。

（一）爱尔兰软件工程研究中心（Irish Software Engineering Research Center）

爱尔兰软件工程研究中心，位于利默里克大学（Limerick），其前身可追溯到

20世纪80年代中期都柏林三一学院建立的研究中心。这一机构受到爱尔兰政府和欧盟相关研究项目的支持,旨在聚集一支来自大学和研究机构的学术队伍,为产业部门提供有力的支持。与现实产业保持密切联系是该研究中心最为显著的特点。目前,它已经成为全球范围内最知名的软件研发中心之一,有效推动了爱尔兰软件行业的发展。该研究中心每年的预算超过八百万欧元。其来自学术界的合作伙伴包括考克大学、都柏林大学和都柏林城市大学等爱尔兰知名学府,而来自业界的合作伙伴则有戴尔、微软、丰田、英特尔和IBM等大型跨国公司,超过40家合作企业涵盖了医疗、能源、电信、计算机等广泛领域。

（二）通信、软件与系统组织

通信、软件与系统组织位于沃特福德理工学院（Waterford Institute of Technology），创设于1996年,2006年其机构设置进行了较大规模的改革,以更好服务于产业界的需要。目前,该组织下设14家附属企业,部分企业已经成为上市公司,其中研究人员队伍超过百人,主要研究方向集中于信息与通信领域。近年来,这一机构的主要研究方向包括移动平台、数据分析以及增强现实和虚拟现实技术。爱尔兰科学基金会、爱尔兰企业局等机构为该组织提供必要的研究资金。通过爱尔兰科学基金会的研究中心,该组织已经与微软和思科等行业巨头展开合作,在业界拥有来自35个国家的425个合作伙伴,其中包括诺基亚、爱立信、阿尔卡特—朗讯、德国电信和沃达丰等大企业。过去5年中,通信、软件与系统组织为超过200家创业企业提供了创新解决方案。

（三）香农自由贸易园区

香农自由贸易园区是爱尔兰开发开放的重要平台,也是爱尔兰软件外包行业发展的标志性产物。园区位于克莱尔郡,面积2.43平方公里。园区邻近爱尔兰三大航空枢纽之一的香农机场,距离恩尼斯和利默里克两个主要城镇的距离均在20公里以内,交通十分便捷。入驻园区的企业能够获得爱尔兰政府所给予的在雇佣、利润等方面的税收优惠。目前,注册于香农自由贸易园区的企业超过100家,包括K&N、通用电气资本、汉莎技术、英格索兰、英特尔、齐默和明导等,雇佣员工约为6500人。园区企业每年的出口额超过25亿欧元。

香农园区的管理方是香农开发局（Shannon Development），隶属于爱尔兰政府，建立于 1959 年。正是在 1959 年，香农园区作为世界上首个自由贸易区建立起来。20 世纪 50 年代晚期，香农机场的服务结构高度单一，十分依赖转机旅客和为跨大西洋航班提供燃油，缺乏竞争优势。由于航空技术的不断发展，飞机航程增加，香农机场作为航班中继站的意义也越来越小。20 世纪 70 年代中期，随着全球企业开始运用计算机系统开展业务，香农园区抓住机遇，运用各种手段吸引国外企业进驻，将自身定位成美国企业打入欧洲的桥头堡。爱尔兰政府向贸易园区内的开发局投资，并与开发局签订 100 至 130 年以上的租赁合同。开发公司以较低租金取得建设用地，转租给进驻公司，这种做法使地价保持低廉平稳。此外，爱尔兰政府还给予有扩大经营规模、提升研发能力需求的企业以财政补助，将跨国公司带来的技术、管理经验和政府激励机制结合，形成有效的技术扩散和传播渠道。1984 年，香农开发局与高校合作，建立了利默里克国家科技园区。在接下来的数年间，香农开发局又陆续建立了 3 个科技园，形成了自身的知识网络。当地政府在提供融资支持、游说外商入驻、协调工会等方面开展了大量卓有成效的工作。经过半个世纪的发展，香农自由贸易园区发展取得了全球瞩目的成绩，航空、通信、电子、软件、金融等主导产业聚集了大量全球范围内具有影响力的跨国企业。香农园区不仅已成为欧洲范围内最重要的外商投资聚集地之一，也是全世界最重要的服务外包基地之一。目前，这一园区的规模仍在不断扩大之中。

三、爱尔兰服务外包行业发展态势

（一）投资来源多元化，积极进军海外市场

传统上，爱尔兰服务外包企业主要承接欧洲和美国跨国公司的业务外包。为欧美企业提供电讯呼叫中心、软件研发等业务支持，是爱尔兰服务外包的主要领域。但是，由于欧美市场逐步趋向饱和，爱尔兰开始注重推动外国投资多元化，吸引中国、印度等新兴市场国家投资成为爱尔兰招商引资的重要目的。随着中国、印度等发展中大国在世界经济舞台上的地位逐日强化，许多企业开始将爱尔兰作为新的投资目的地。

2016 年中国企业在爱尔兰的投资总额达到 29 亿美元,延续了过去几年的增长势头。中国电信巨头华为早在 2004 年就已经进入爱尔兰,在当地市场销售产品,并与当地企业合作展开研发活动。2013 年,华为在爱尔兰和都柏林设立了两个研发中心,2015 年又在都柏林设立了新的研发办公室。中兴、联想等 ICT 领域的传统企业同样在爱尔兰设立分支,与当地企业合作。互联网巨头腾讯、工商银行和招商银行等金融机构都在爱尔兰进行了投资,利用爱尔兰有利的人才队伍和丰富的行业经验铺平自己进军欧洲市场的道路。同为英联邦成员国的印度,其企业也凭借广泛的历史文化联系向爱尔兰不断渗透。印度 IT 业巨头印孚瑟斯与爱尔兰企业展开合作已有多年历史,2015 年又宣布在爱尔兰增加雇佣 250 名员工。印度最大的跨国公司塔塔集团也在都柏林建立了分支机构,2015 年宣布增加 80 名员工。除此以外,爱尔兰还利用欧盟成员国的身份,积极开拓中东欧国家的投资进入。2016 年 9 月,俄罗斯著名的网络安全软件公司卡巴斯基在都柏林建立了欧洲范围内的首个研发中心。

近年来,爱尔兰低廉的税率、高素质的人才体系和独特的地理位置,吸引了发展中国家的企业不断进入,将其作为投入欧美更广阔市场的跳板。为应对这一趋势,爱尔兰政府实施了一系列战略,以适应对接发展中国家企业的需要。例如,爱尔兰教育部宣布一项十年计划,将汉语等语言纳入课程中,使学生所学习语言的种类更加多元化。作为爱尔兰招商引资的主力,爱尔兰投资发展局(Investment Development Agency)也正在不断扩张其全球范围内的触角。近年来,该局已经在中国的上海、北京和深圳,印度的孟买等地,巴西的里约热内卢以及俄罗斯的圣彼得堡建立了分支机构。来自新兴国家的投资将有望扩展爱尔兰服务外包行业的业务来源,并使其面对世界经济的波动时更富竞争力。

(二)加快国内行业组织整合

2016 年爱尔兰软件业协会(Irish Software Association)和爱尔兰信息通信技术协会(ICT Ireland)宣告启动合并,从而形成了新的行业组织——爱尔兰技术协会(Technology Ireland)。爱尔兰技术协会作为爱尔兰商业与雇主联合会(Irish Business and Employer Confederation)的一员展开活动,后者是爱尔兰最大的企业联合组织,对于爱尔兰国内乃至欧盟的政策制定进程都有着不可忽视的

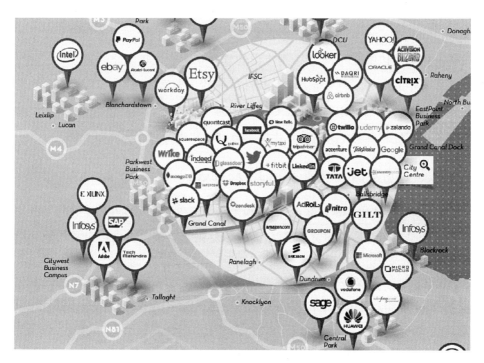

图5-3　全球科技企业在都柏林的分布

资料来源:爱尔兰技术协会。

影响力。行业组织的整合与发展是爱尔兰政府和企业应对日益加剧的国外竞争,加强沟通合作、发挥集群优势,在新的高度上广泛开拓市场的重要举措。

　　爱尔兰技术协会的总部坐落于都柏林,协会由全国各地超过200家企业组成。该协会是爱尔兰电信、通信、数码和软件行业企业的代表。协会下设首席执行官论坛、产品经理领袖论坛、科技企业人力资源论坛等若干分论坛,为成员企业提供沟通与交流的重要平台。这些论坛定期举行活动,为企业界、学术界与政界提供频繁交流的机会。协会还设有数据、物联网、数字经济政策、劳动市场与技能、创新与科学技术、欧洲事务与贸易、软件技术网络、电信通信技术网络等多个工作小组,负责对专门领域的现状和发展趋势进行评估,并向协会提出建议和报告。

　　作为软件外包行业的重要出口国,爱尔兰软件企业必须与欧洲、美国等地的软件公司保持密切联络。为此,爱尔兰技术协会加入了欧盟的同业组织数字欧洲(Digital Europe),并与英国技术协会(Tech UK)、美国信息技术行业理事会

（Information Technology Industry Council）和软件与信息产业协会（Software and Information Industry Association）建立工作关系。此外,技术协会还继承了爱尔兰软件业协会的传统,即向年度表现杰出的软件企业颁发年度软件工业奖。这一奖项在每年的 11 月颁发,是爱尔兰软件行业的一大盛事,约有 500 家业内和业外企业的代表出席。这一奖项在爱尔兰国内和海外都有着广泛的影响力,反映出爱尔兰软件行业对于为行业作出突出贡献的新兴企业的支持和激励。

（三）针对英国脱欧创造新的市场机遇

由于地理、文化的密切联系,英国和爱尔兰长久以来都存在着十分特殊的关系。英国是爱尔兰最大的贸易伙伴,而爱尔兰则是英国第五大出口目的地和第九大进口来源地。除此以外,英国和爱尔兰签订有共同旅行区域（Common Travel Area）协议,使得两国公民能够在两国间畅通无阻。英爱两国还进行教育资源、医疗资源的共享。共同的语言文化,使得一国企业在另一国进行活动时几乎没有任何阻力。爱尔兰软件行业同样向英国市场大量出口产品服务。

2016 年英国以全民公决方式退出欧盟。一方面,这对爱尔兰经济是一个较为重大的负面因素。在公决结果宣布之后,彭博将对爱尔兰 2017 年度 GDP 增长的估计大幅调降 0.7%。公众普遍担心,英国退出欧盟之后,爱尔兰共和国与北爱尔兰之间将重新实施边境控制,而英国与爱尔兰间有可能互相征收关税,这对于人员和货物的往来将会十分不利。特别是对于需要频密人员往来的服务外包行业而言,爱尔兰与英国之间的开放边境政策出现了不确定性。英爱不再同属欧盟共同市场,对爱尔兰全球外包中心的地位构成了一定的损害。2015 年度,爱尔兰计算机行业向英国出口的各类服务达到 69 亿欧元之多;在通信行业的出口中则有 24%以英国作为其目的地。英国退出欧盟共同市场,必然对爱尔兰计算机、通信行业构成较大的打击。此外,英国脱欧后英镑的低迷走势,更使得爱尔兰的人力成本优势相对于英国本土大为失色。

另一方面,英国脱欧也使得爱尔兰获得了一些特别的优势。首先,英国脱欧有利于爱尔兰进一步吸引人才。相对于近年来不断收紧政策空间的几大传统移民国家,爱尔兰始终保持着相对宽松的移民政策。脱欧后,英国将执行更为严厉的移民和签证政策,这必然进一步增强爱尔兰的吸引力。爱尔兰财政部长墨菲

(Eoghan Murphy)称,英国公投后,申请爱尔兰护照的人数出现激增。2016 年 6 月,爱尔兰政府就宣布了一项投资 200 万欧元,引进 3000 名技术工作者的计划,其主要目标瞄准中南欧地区。其次,英国退出欧盟共同市场在一定程度上提升了爱尔兰吸引外资的区位优势。ESRI 的研究指出,由于英国和爱尔兰之间作为投资目的地有很强的可替代性,英国退欧后,爱尔兰成为欧盟共同市场内的唯一一个英语国家。对于英语世界特别是美国的跨国公司而言,爱尔兰作为无障碍地进入欧洲市场的桥头堡地位进一步凸显。为抓住这一有利机遇,爱尔兰政府已经采取多种措施,吸引外国企业前来爱尔兰投资。2016 年 10 月,墨菲进而宣布,爱尔兰政府要提供"精心而可靠"的承诺给后退欧时代的外国投资者。爱尔兰科技部长布什内尔(Bushnell)甚至声称,爱尔兰要感谢英国退欧的决定给爱尔兰带来了更多的投资。

(四)新兴技术在爱尔兰落地生根

当今世界,新科技革命和新工业革命蓬勃兴起。人工智能、虚拟现实、物联网等新技术新理念成为引导未来产业发展的强大动力和新的价值源泉。由于新兴产业的利基市场尚在形成过程中,领军企业普遍采取内部化策略,试图将创新带来的垄断利润控制在企业内部,这对外包市场的进一步扩容带来了一定的冲击。

面对新的市场形势,爱尔兰各级政府通过各种方式吸引投资,鼓励创新,力争把握住新科技革命和新产业革命带来的战略机遇。早在 2010 年,IBM 就在其都柏林分支设立了智能城市技术中心和研发实验室。都柏林市政府与 IBM 公司合作,在 2016 年 3 月启动了智能都柏林项目,旨在整合都柏林境内的各个智能城市计划,对其进行协调改善和提升,以提高都柏林的智能城市管理水平,作为向爱尔兰全国乃至国外进行推广的平台。企业与政府双方通过数据共享、项目设计理念沟通等方式,共同参与爱尔兰首都的智能城市设计进程。2015 年开放的克罗克公园体育场(Croke Park Stadium)号称首座物联网体育馆,也被视为智能城市测试平台。英特尔公司与爱尔兰地方政府在此项目中展开了密切的合作,将其物联网系统纳入体育场设计和建造进程中,为体育场提供运输、通信、能源和垃圾管理系统。都柏林城市大学的信息技术与数码学会也参与了这一项目。此外,都柏林市政府还将建设完善公共交通信息系统。

在大数据领域,爱尔兰同样表现不俗,并为其传统服务外包业务转型升级确立了可行的方向。目前,都柏林已成为欧洲数据中心最集中的地区之一,拥有30个以上的数据中心。2016年,亚马逊决定扩充其在爱尔兰数据中心规模,增加500名员工;苹果和Facebook也相继宣布将斥资数亿欧元建立新的数据中心,二者在爱尔兰的员工总数均超过5000人。Equinix推出了增加在都柏林投资的计划,而移动支付领域的巨头ACI环球公司则选择在利默里克建立新的数据中心。

跨国公司与爱尔兰政府和企业展开合作,将各类新兴技术引入爱尔兰,为爱尔兰服务外包行业带来了新的机遇和挑战。通过对新技术的吸收、消化,爱尔兰企业将能够提升其综合竞争能力,进一步实现在服务行业价值链上的攀升。同时,新兴技术和产品服务的复杂化,也对爱尔兰企业进行系统整合集成、提供综合解决方案的能力提出了更高的要求,促使其加快重塑区位优势,拓展服务外包的业务边界,并为服务外包企业营造更加便利的运营环境。

印度服务外包行业发展现状及展望

肖汉雄　杨丹辉

本文主要介绍了印度服务外包行业发展现状和新动向。印度是世界最大的服务外包接包国，支撑印度服务外包行业发展的主要实体有班加罗尔科技园、印度软件与服务业企业行业协会（NASSCOM）等。近年来，印度服务外包行业发展出现对接智能制造与新工业革命、加大新兴市场开拓力度、把握大数据商机、加快针对移动互联网应用的转型等新动向。

印度是全球服务外包产业链上最为重要的一环之一，也是世界最大的服务外包接包国。凭借语言、人力成本、政策等多方面的优势，印度成为服务业发展实现"弯道超车"的成功范例。未来，通过承接外包合同崛起的印度软件与电信业巨头，将通过对工业革命的深度渗透，意欲继续充当印度经济的龙头。

一、印度服务外包行业发展现状

根据 NASSCOM 的统计口径，2015 年全球 IT-BPM 市场的总交易额约为 1.2 万亿美元，增长率为 0.4%；而印度企业在这一市场上的收益从 2014 年的 1320 亿美元增长到 1430 亿美元，年度增长率高达 8.5%，大大超出全球市场的增长率。卢比对美元的走弱进一步强化了印度出口服务的竞争力。在总额约 1650 亿美元的全球外包市场中，印度企业的出口额达到 1080 亿美元，增长率高达 10.3%。在印度市场的业务中，56% 是承接国外企业的外包合同。据 NASSCOM 估计，整个 IT-BPM 产业对印度国内生产总值的贡献超过 9.3 个百分点。印度从业企业雇佣的人员总数达到 370 万人，比上一年度增加了 20 万人。

目前,这一市场上的印度企业超过 16000 家,在全球范围内的 80 多个国家开展业务。这些企业分布在印度境内 50 余个城市。其中,处于创业期的新兴企业超过 4200 家,体现了 IT-BPM 市场所具有的强大生命力。

在整个 BPM 领域,2015 年全球市场容量为 1860 亿美元,增长率为 3%;外包总量为 670 亿美元,增长 8.3%。印度市场承接的 BPM 外包业务达到全球外包市场中的 38%。印度市场的收入为 280 亿美元,增长了 8.1%;出口超过 240 亿美元,增长了 8.8%。印度国内市场仅为 36 亿美元,增速也比较缓慢。据估计,BPM 领域的出口至少带动了 110 万人就业。据估计,到 2025 年,印度 BPM 市场的收入额将达到 540 亿美元,年增长率达到 8%—10%。这其中,传统 BPM 业务将占据 340 亿美元的份额,而余下部分将由 IT-BPM 占据。

在 2015 年,全球软件市场基本处于停滞;总额为 3860 亿美元,增长率仅为 0.2%。而印度市场的总成交额则达到 65 亿美元,增长 6.4%;出口额 21 亿美元,增长 10.3%。印度市场依靠国际市场拉动的态势十分明显。印度软件业的员工总数达到 136000 人,增长了 16%。

印度新兴企业的强劲势头是十分令人瞩目的。在印度软件业约 4400 家新兴企业中,1200 家是在 2015 年设立的,当年投资额达到 49 亿美元,暴增 150% 以上,这表明资本对印度市场十分看好。这些企业创造的就业岗位超过 8 万个,为印度经济作出了巨大贡献。

印度承接外包保持强劲发展态势。2009 年仅有 45% 的全球外包业务以印度作为其目的地,而 2014 年 55% 的全球外包业务流向印度。2013 年有 29 家数据传输中心设立在印度,2014 年又有 41 家。这一数字已经超过印度之外的亚洲全部地区之和。根据 NASSCOM 的预测,全球外包市场在接下来的几年内仍将以 9%—10% 速度扩张,两倍于 IT 行业的扩张速度。这意味着印度在全球 IT 行业中的地位仍有望继续加强。

二、印度服务外包行业主要实体

(一)班加罗尔科技园

班加罗尔科技园在不长的历史中缔造了服务外包发展的"印度奇迹"。

1990 年印度电子工业部主导成立了 3 个软件科技园区,分别设立在班加罗尔、布巴内斯凡尔和浦那。这三个科技园区也被称为印度软件科技的金三角。1991 年第一个软件科技园创立。1992 年班加罗尔的计算机软件出口仅为 150 万美元,而到了 2001 年已经增长到 16.3 亿美元。在短短 10 年内,班加罗尔的计算机软件出口飙升超过百倍,占印度全国软件出口总额的 1/4 以上。

经过十几年的发展,班加罗尔科技园已经远远领先金三角的其他两极。班加罗尔周边集聚了印度理工学院、班加罗尔大学等 10 所综合大学以及 70 余所各类学院,每年有 1.8 万名计算机专业毕业生,使班加罗尔软件科技园得到技术和人才的双重支持。目前,班加罗尔市的科技企业共有 4500 多家,其中有超过 1000 家有外资背景。今天的班加罗尔已经成为全球领先的信息科技中心之一,被誉为亚洲的硅谷。班加罗尔科技园的成功得益于其独特的区位优势,也与印度政府的大力支持密不可分。

1. 班加罗尔的区位优势

班加罗尔是印度高等学校和科研机构最集中的地区,有 10 所综合大学,292 所高等专科和职业学校,28 所国家和邦一级的科研机构以及超过 100 家企业科研机构。较高的教育水平和大量人才的聚集,使得班加罗尔在发展信息产业的方面具有得天独厚的优势。此外,班加罗尔与附近的浦那、布巴内斯凡尔地理位置十分接近,交通便利,人员、信息和资金的流动频密,这些有利条件形成了一张开放型的创新网络。

2. 产学研间的紧密合作

印度的高校通常以理事会方式治理,理事会中往往有来自企业的代表。这些代表能够充分表达企业的诉求,促进学校的培养方式与企业实际需求相适应。教师队伍与企业可以进行双向的人才流动,教学内容与企业的实践联系紧密。班加罗尔的高等院校也鼓励支持高校师生在科技园中参与创新创业活动。这种双向互动的模式实现了人才的合理流动,也为科技园区提供了自我发展能力。

3. 当地政府的扶持措施

1986 年印度中央政府出台政策,广泛鼓励各种形式的合作与软件职业培训,促进了印度软件产业的合资、合作与各种联盟。在知识、人才密集的班加罗尔,印度投入了大量资金。1999 年印度政府《IT 行动计划》的出台,带动了班加罗尔科技园的巨大发展。为鼓励企业在班加罗尔投资,政府在水、电、气、通信等基础设施方面给予了全方位的优惠。

4. 注重交流合作

通过科技园区间的交流机制,班加罗尔科技园与其他科技园保持着密切的沟通合作,充分带动其他科技园的发展,也拉动了印度经济的增长。同时,科技园也与美国、以色列和日本等国建立大量合作开发安排。如班加罗尔科技园中最著名的企业 Infosys 就与微软、IBM、英特尔等企业展开合作。高质量的国际合作,为班加罗尔赢得了"亚洲硅谷"的地位。

图 5-4　印度软件科技园区的分布

资料来源:www.mapofindia.com。

（二）NASSCOM

1988 年,Infosys、NIIT 等印度软件企业联手成立了 NASSCOM。这一协会成立的宗旨是成为印度软件产业发展的催化剂。初创阶段,NASSCOM 的主要任务是游说政府修改相关政策法规,以改善国内软件产业环境,帮助印度企业树立国际形象。协会经常举办高层次的研讨会,与政府就相关产业政策进行对接。

印度软件科技园的启动和发展与 NASSCOM 的不懈努力是分不开的。20 世纪 90 年代,NASSCOM 致力于推动印度软件产业的整体发展。在协会协调下,印度政府开放了电信业,实施电信产业的私有化,大大降低了网络连接费用,使得电信行业运营商数目增加,价格下降。通过反盗版热线,协会协助警方破获了大量盗版案件,增强了民众的知识产权保护意识,为软件行业的健康发展奠定了基础。协会还建立了多个论坛,涵盖流程外包、新兴中小企业、创新、人力资源和产品质量等部分,组织成员企业定期进行讨论,沟通信息,进行商业联络。这些举措推动了 20 世纪 90 年代印度外包产业黄金时期的到来。2000 年后,面对美国需求下降、保护主义上升的态势,NASSCOM 组织力量对美国各界展开游说,推介印度外包服务的优势。同时,大力进取欧洲市场。在"印度—欧洲软件联盟计划"的框架内,印度企业与欧洲企业展开战略合作,使得印度在欧洲外包市场占据的份额稳步上升。NASSCOM 组织印度企业与欧洲企业展开洽谈,并在人员培训、市场拓展等方面合作。

三、印度服务外包发展的新动向

(一)积极对接智能制造与新工业革命

近年来,印度的服务外包领军企业已经开始布局新工业革命下智能制造和服务性制造。例如,作为世界著名的软件公司和印度服务外包的"巨无霸",Infosys 在制造业领域的地位并未被外界熟知。然而,近年来这家行业巨头在工业 4.0 领域的频频动作,让人不得不对其刮目相看。

首先,Infosys 定位国家层面技术标准,直接参与了工业 4.0 和工业互联网的标准制定过程。2016 年的汉诺威国际博览会上,德国"工业 4.0 平台"和美国"工业互联网联盟"举行了关于标准合作的系列主题研讨会,积极推动两大组织的合作共赢。Infosys 参加此次主题研讨会并发布了"增强工业 4.0 和工业互联网的互通性"的主题演讲,从软件层面阐释了两者互联互通的技术要点。某种意义上说,印度公司在美德两国竞争工业 4.0 国际标准制定过程中扮演了调解员的角色,从而开始深度介入智能制造等新兴领域。

Infosys 一方面投身于理论标准的制定,另一方面还积极和知名企业结盟,推进工业 4.0 进程。如库卡公司(KUKA)新近宣布和 Infosys 结成工业 4.0 合作伙伴。库卡在机器人领域位居欧洲第一、世界第二,专注于为工业生产过程提供先进的自动化解决方案。此次与 Infosys 合作意在联合打造一个工业 4.0 云平台,以云技术来增进设备的连接,并将商业合作伙伴的设备也接入此平台,以打造生产制造的智能生态系统。

在库卡之外,Infosys 还与其他智能软硬件公司密切合作,包括与 SAP 公司联合制定工业企业三维数据建模的标准,与宝马公司共同搭建商业智能系统等;与德国博世公司合作,在航空工业领域,提供信息系统服务,通过监控电动工具和从业人员的工作状况,提升生产效率。值得注意的是,库卡、SAP、宝马、博世都是德国工业 4.0 的标杆性企业。其中,库卡以机器人见长,SAP 是企业信息化方面的领导者,宝马公司在汽车行业的定制化生产方面独树一帜,而博世则是工业 4.0 标准制定的主导企业之一。能够与这些公司在智能制造领域建立合作关系,表明 Infosys 在某种程度上得到了德国工业界的认可,成为在德国工业 4.0 平台上的活跃一员。

另一家印度大型 IT 企业 TechMahindra,主要服务于汽车与航空等业务领域,是印度领先汽车制造商 Mahindra(马恒达)集团的一员。2014 年,其营业额为 40 亿美元,近几年,该企业每年都保持 50% 的增速,是印度备受关注的高增长企业。目前,TechMahindra 已经成功"走出去",在全球 52 个国家或地区设有分支机构,英国电信等电信运营商、欧美大型汽车企业都是 TechMahindra 的客户。为应对新工业革命的挑战,TechMahindra 加快向新兴业务渗透的步伐。3 年前,TechMahindra 开始集中将经营资源投入物联网领域。迄今,该公司已有 5000 多人从事物联网领域的有关业务,包括软件工程师、数据分析专家、售后服务等。同时,为抓住工业 4.0 时代所带来的机遇,TechMahindra 明显加大了对制造业领域的应用研发。如,马恒达技术公司建立了将工厂设备联网,使用传感器采集数据,并通过分析挖掘,得出高效生产方式的系统。这一系统目前已经在印度多家工厂使用,旨在通过对计算机和车床收集的数据进行分析,来科学地调整设备配置和生产计划,马恒达希望其能将工厂的生产效率提升 15%—20%。

此外,2013 年 TechMahindra 推出了印度首个电动汽车"e2o"。这款电动汽车,能够与智能手机实现高水平的互联互通,包括开关空调、开关车门、确认电池余量、查找附近充电站等。这款车的智能功能还能够实现汽车状态的远程监控,保养预警提醒等功能。TechMahindra 的另一项研发是在印度国内生产的汽车进行总体管理,可预测零部件维修更换时间等的软件系统。"e2o"团队的负责人公开宣称,该计划的愿景是搭建一个大的平台,将全球范围内工厂、车辆和驾驶员等数据都导入系统中,进行一体化管理,并基于此,开展各种服务,掌控制造业价值链中附加值较高的部分。在智能工厂和智慧交通方面,TechMahindra 的设想不仅仅是改善生产效率,还包括带动产生新的服务、新的业态。

随着工业信息化和智能制造技术的推广,对工业软件和信息系统的需求必然出现进一步的上升。印度软件企业将软件系统的开发与国内外制造业厂商的实际需求相结合,积极参与到工业4.0前景中,这种战略布局有利于印度服务外包企业实现自身转型的同时,拓展服务外包的新领域,巩固提升其在全球服务外包产业链上的地位。

(二)加大新兴市场开拓力度

传统上,印度软件企业的主要合作伙伴是美国。印度和美国在语言方面有共通性,大量印度移民在美国工作和生活,这为印度软件企业开拓美国市场提供了独特的优势。随着美国服务外包传统业务市场竞争不断加剧,印度企业开始积极开拓亚洲市场和发展中国家市场,与这些国家的企业开展合作。2016 年上海服务外包交易促进中心与 NASSCOM 于印度孟买签订合作协议,致力于促进中印两国服务外包产业发展。协议旨在双方将通过合作,共同挖掘潜在的服务外包项目,为中印两国服务外包企业搭建展示平台,为中印企业间的沟通交流创造有利条件,并在中印两国软件和服务业产业领域开展数据、信息和调研结果的交流和共享。此前,Infosys、HCL、Zensar 等 NASSCOM 会员企业的在华分支已与中心建立了业务合作关系,并向中国市场引进印度高端软件外包人才,从人员层面促进中印两国的交流沟通。

近年来,印度企业还将目光瞄向中国国内一些欠发达相对落后的地区。2015 年印度工业联合会与和贵州贵安新区达成协议,共同建设中印 IT 产业园,双方旨在借助中国与印度 IT 产业发展上的优势互补,助推 IT 产业发展。印度企业主要看中了贵州决心发展大数据集群的战略优势,意图通过企业之间的紧密合作与资源共享,开辟印度软件产业新的市场拓展区。2016 年,NASSCOM 代表团访问贵州,与贵州省大数据发展管理局进行洽谈,谋求在联合智造、大数据人才培训等领域进行合作。

印度政府也将推广中印间软件行业的合作作为重点事项。在中印战略经济对话的议程进程中，软件技术领域的地位不断提升。2016年中印战略经济对话高技术工作组会议参会人数和规模创历次对话该组别新高，中印两国高技术领域100余名政府、企业、专家代表围绕信息技术服务业发展，软件产业政策支持情况开展进行了交流。

Infosys、Satyam等印度软件企业尽管早已进入中国市场，但长期以来其在中国市场上的发展并不十分顺利。造成这一状况的主要原因在于中国与印度在法律、文化和语言等方面存在诸多差异，导致印度企业在中国的发展水土不服。即便如此，印度企业以中国为跳板进军日韩市场的努力始终没有停止。中国互联网经济的迅速发展，无疑为印度企业带来了新的商机，中印在软件业方面的合作有着广阔的前景。

此外，印度软件业也在进一步开拓其他非欧美国家的市场。印度软件业协会已经向政府提出，要求对《日本—印度自由贸易协定》的重新审定时，加入有利软件行业的内容。在2016年的日本高新电子技术博览会（CEATEC Japan）上，十余家印度企业参展，展现出印度企业在物联网等领域已经取得的进展和优势。展览举办方还专门设立了"印度日"，以便于印度企业与日本企业进行合作洽谈。方兴未艾的非洲市场同样对印度企业具有很大的吸引力。2016年在肯尼亚举办的印度—非洲电信通信行业展上，印度电信协会、印度政府以及超过80家印度IT企业参加了展览，当场签署了50余份合作协议。在新兴的软件业强国以色列，印度大使馆举办了多次研讨会，邀请以色列与印度两国官员和企业家出席。其中，网络安全等领域成为两国企业和机构研讨的热点话题，推动两国在电子商务等方面的交流也在计划之中。

总之，印度软件行业已经意识到过度依赖欧美特别是北美市场带来的风险，政府和企业积极致力于开拓发展中国家和亚洲国家的新市场，并已经取得了一定成效，这显然有利于稳定印度在全球服务外包市场格局中的地位。

（三）把握大数据商机

作为软件业的大国，印度发展数字经济具备一定的有利条件，政府和企业也高度关注大数据产业的发展及其对服务外包的影响。早在 2012 年年初,印度联邦内阁批准了国家数据共享和开放政策,目的是促进政府拥有的数据和信息得到共享及使用。在数据开放方面,印度效仿美国政府的做法,制定了一个一站式的政府数据门户网站 data.gov.in,把政府收集的所有非涉密数据集中起来,包括全国的人口、经济和社会信息,并向公众开放。与此同时,印度的信息技术局也制定架构和标准,以人读和机读形式保证数据和信息的共享。印度政府还拟定一个非共享数据清单,保护国家安全、隐私、机密、商业秘密和知识产权等数据的安全。

根据印度技术创业培训公司 Simplilearn 发布的最新报告,2016 年,大数据为印度 IT 行业提供 6 万个就业机会,同比增长 30%,这一迅猛发展势头预计在 2017 年仍将延续。另据 NASSCOM 的产业报告,到 2018 年,印度数据分析市场的规模将会从目前的 10 亿美元扩张到 23 亿美元。随着印度 IT 服务公司对大数据分析需求快速增长以及云计算领域新时代数字项目的发展,IT 行业对大数据专业人士的需求将持续上涨。预计在 2017 年,印度对数据科学家的需求将大幅增长,将会出现大数据人才短缺。

由于印度企业加快向大数据这种知识密集型服务行业的转型,曾经助力其掌控业务流程外包行业的人力成本优势有可能遭到一定程度的削弱。但是,凭借数量庞大的 IT 工程人员队伍,以及 IT 行业在过去 15 年作为世界最大外包目的地所积累的丰富经验,印度在大数据时代抢占先机仍然具有显著优势。目前,不仅印度小公司纷纷涉足大数据市场"淘金",而且就连 Infosys 和 Wipro 这样的外包行业巨头也开始进军大数据市场。

目前,班加罗尔汇集了印度大部分大数据企业,占有印度 40% 的大数据就业市场份额。其他大数据专业人员需求旺盛的城市包括浦那、海德拉巴、德里、孟买和金奈等。2016 年,印度诸多大数据创新企业,包括 Realbox、Scienaptic、Bridgei2i 等公司已完成融资并步入良好发展时期。

(四)加快针对移动互联网应用的转型

随着移动互联网建设运营成本降低以及智能手机的快速普及,印度原本相对滞后的电信技术设施建设有望转为移动互联的后发优势,即印度更快地跨越台式机互联网,直接进入移动互联网的阶段,进而给印度基于移动互联网的业务发展带来巨大机遇。首先,移动互联网带动电子商务快速发展。据印度 RedSeer 咨询公司估算,2016 年印度互联网带来了 450 亿美元的商品和服务。尽管网络使用率还比较低,印度电子商务市场在 2010 年到 2015 年已经增长 3 倍,网上销售 2020 年预计达到 1 万亿美元。目前,印度互联网产业无论在规模还是多样性方面正在加速崛起。外向型信息技术行业与风险投资相结合、移动通信迅速发展、人口年轻化,这些有利因素促使世界互联网巨头和风险投资把目标瞄准印度市场。2015 年以来,阿里巴巴、软银、DST 和老虎基金对印度电商、打车软件等的巨额投资进一步提升了印度互联网的热度。

由于印度国情特殊,国外开发的移动互联网应用来到印度,往往难以适应独特的环境。打车软件 Ola、购物应用 Flipkart、支付软件 Paytm 等印度本土化的移动业务明显在与国外竞争对手的较量中占据上风。目前,众多印度外包企业已经涉足移动端应用的开发,印度本国市场的巨大需求,对于印度软件企业提升自身的技术水平、增强对于移动互联网市场需求的把控能力具有显著的正向刺激作用。可以肯定的是,移动互联网的迅速发展,将为软件行业共同拓展本土和海外业务获得一片更广阔的新天地。

日本服务外包行业发展现状及展望

肖汉雄　杨丹辉

本文主要介绍了日本服务外包行业发展现状和趋势。日本是世界软件外包市场上的主要发包国之一,近几年日本发包市场保持低速稳定增长态势,服务外包业务结构特色鲜明。日本服务外包模式的基本特点是,局限于部分步骤和流程的外包,而将核心环节与能力掌握在自己手中,一级接包商和二级接包商控制在日本大企业手中,软件离岸外包业务多属于三级接包或者四级接包。随着大数据、智能制造与物联网时代的到来,日本服务外包市场将发生新的变化。

日本作为工业强国和经济大国,是世界软件外包市场上的主要发包者。对日软件外包在中国的服务外包行业中地位重要。尽管日本信息服务产业在近年来出现总量上的停滞,但围绕新工业革命的发展,以及 2020 年东京奥运会到来的契机,日本软件外包市场将出现新的变化。

一、日本服务外包的现状

(一)外包市场保持低速稳定增长

自 2013 年起,日本软件与信息服务外包产业市场扭转了下降趋势,开始小幅增长。在高度信息化的日本社会,软件和信息服务市场总体维持在较慢增长的状态。预计在未来几年直至 2020 年奥运会前,日本仍将保持这种增长态势,其中汽车和零售行业一直是增长的重要驱动力。

据中国外包网统计,2015 年日本软件与信息服务外包产业总收入为 733 亿美元,2011—2015 年复合年均增长率为 1.3%。2015 年通用商业应用软件和家庭应用软件占日本软件外包市场的 28.5%，跨行业和垂直行业应用服务占 25.6%，网络和数据库管理占 17.1%，操作系统软件占 3.3%。IDC 对日本 IT 市场规模进行的统计和调研显示，2015 年日本 IT 市场中信息化服务市场规模为 5369.4 亿日元，同比增长 2.7%；软件外包市场规模为 28188 亿日元，同比增长 4.2%。根据 IDC 日本的统计和预测，2015—2019 年，日本 IT 市场年均复合增长率约为 0.8%，2019 年日本 IT 市场规模将达到 15.2 万亿日元。

中国接包商在对日承包业务领域具有得天独厚的优势，日本约有超过 70% 的离岸外包业务发包到了中国。2009—2015 年，日本对华软件发包的规模从 25.09 亿美元增长到 71.7 亿美元，年均复合增长率高达 19.13%。据赛迪的预测，2016—2018 年，日本仍将是中国软件外包市场最主要的发包国之一，2018 年日本对中国的发包规模将达到 109 亿美元。尽管日本软件市场持续低成长、日本软件外包服务经历结构性调整和出口市场多元化等原因，导致日本市场在中国软件出口中的份额可能将有所下降，但对于中国服务外包企业而言，日本市场的重要性在很长时间内是无可取代的。

传统上，日本软件与信息服务离岸发包的比例一直比较低。由于日本国内的独特商业与文化环境，日本企业往往倾向于将外包工作交予本国企业完成。然而，这种业务安排导向面临着严峻挑战。近年来，日本信息技术服务业出现了比较大的人才缺口。严格的移民政策和缓慢的人口增长，造成日本新兴信息技术产业的劳动力供给压力增大。仅是从事 IT 软件编码的技术开发人才，日本国内的缺口就高达 10 万人左右。在这种情况下，日本的离岸外包业务量经历了快速的增加。以存储软件为例，其离岸外包的比例已高达 81%，远远超过美国的 47% 和欧洲的 35%。

日本经济产业省开展的特定服务业调查数据显示，目前，日本共有软件与信息服务企业 2.9 万家，从业人员总数 101 万人。在人员结构中，直接从事软件开发相关的系统工程师与程序员的人数占 60%。在数字化转型的时期，日本社会依然表现出对于软件人才的强劲需求。

（二）服务外包业务结构特色鲜明

在日本软件和信息服务业中，软件委托开发占到 40%，而软件产品仅占据

10%。日本软件企业希望软件能够产品化、集成化和多用途化,降低软件开发的边际成本,并提高软件开发的效率。日本软件企业在软件智能开发、自动开发和产品化等方面进行了大量的研究和投入。但是,日本客户比较偏爱系统的独特性,希望能够获得专有的、差异化的定制服务,这使得软件定制化的比例始终较高。这部分应当归因于日本软件与信息业务的行业来源呈现出的多样性。与欧美国家显著不同的是,日本市场上的软件产品买方很多来源于制造业,制造业在买方占据的份额甚至超越了软件同业和金融业,这反映出日本制造业在其经济结构中所占有的十分特殊的地位。

日本制造业出口的动力源源不绝,嵌入式软件在其中发挥着重要的支撑作用。根据其相关统计分类,日本政府将软件业务划分为委托开发软件、嵌入式软件、套装软件和游戏软件四大类。虽然嵌入式软件并不与使用者发生直接关联,但这一类软件“隐身”在各种设备的硬件之内,在确保设备功能方面扮演着不可或缺的角色,成为日本制造业国际竞争力的软件基础,也是造就日本制造优势的重要元素。嵌入式软件广泛安置在生产机械、建筑机械、汽车、电器、通信器材、移动设备等处。可以说,嵌入式软件有力地支撑了占据日本GDP18%的制造业。

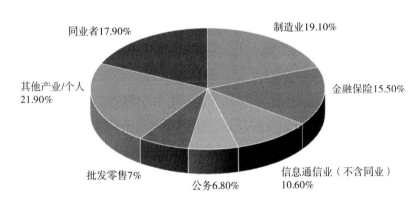

图5-5　日本软件市场买方的构成

资料来源:日本经济产业省。

在嵌入式软件被广泛应用的产品领域,日本企业往往具有很强的国际竞争力。以打印机为代表的计算机周边设备和办公设备,以数码相机、摄像机为代表的影像机器设备,以数字一体机为代表的办公机器等大量运用嵌入式软件的设备和产品,是日本制造的标志性产品。此外,在机动车辆等日本具有极强国际竞争力的产品中,嵌入式软件和系统大规模集成电路(LSI)也同样发挥着越来越重要的作用。在个人计算机领域,处理器、操作系统以及桌面通用软件是欧美产品的天下,但在嵌入系统领域,日本企业产品竞争力极强。嵌入式软件的外包在日本软件外包业务中占据很大比例。根据经济产业省进行的调查,从开发体制来看,日本企业嵌入式软件的委托开发比例高达82%,远高于欧美。

（三）服务贸易长期处于逆差

日本服务贸易与货物贸易有着很大的不同。在货物贸易方面,日本始终是全球最大的出口国之一,长年拥有巨大的贸易顺差。而在服务贸易方面,日本的贸易额则明显偏下,服务出口只占其 GDP 的 3.5% 左右,而且处在逆差状态。

1. IT 服务贸易占比较低

日本 IT 服务贸易在日本服务贸易中所占的比重较低。2015 年日本 12 大项服务贸易中,IT 服务出口额 3910 亿日元,仅占日本服务出口总额的 1.6%;IT 服务进口额 13830 亿日元,占到日本服务进口总额的 5.4%。这一方面是由于日本软件企业的国际竞争力不如欧美同行,市场局限在国内;另一方面,日本企业为国外市场提供服务时往往直接在国外设立分支,在很大程度上替代了服务的直接输出。

2. 逆差逐年加大

2005 年日本的 IT 服务贸易逆差为 1699 亿日元,2015 年则增大到 9925 亿日元,年均复合增长率将近 20%。2015 年日本出口 IT 服务总额为 3910 亿日元,进口则为 13830 亿日元。日本服务贸易逆差的主要来源一是引进先进的技术和产品,二是购买外包服务。

从表 5-2 容易看出,日本服务贸易逆差国家可分为两类:一类是美国、英国和德国等技术先进的西方国家,另一类则是中国、印度、菲律宾等具有人力成本优势的外包承接大国。随着信息技术的发展和应用的普及,日本一方面积极引进国外包括"大物智云"技术在内的新型 IT 技术,另一方面也在充分运用国外人才补充国内人才的不足,并降低成本。

表 5-2 日本软件行业逆差来源国 （单位：亿美元）

	国家/地区	2014 年	2015 年
1	美国	2528	3088
2	中国	1780	1736
3	瑞典	290	854
4	新加坡	825	788
5	英国	801	611
6	印度	281	527
7	荷兰	402	376
8	中国台湾	314	324
9	菲律宾	141	299
10	德国	357	289
11	瑞士	262	268
12	澳大利亚	160	132
13	越南	40	126
14	法国	55	84
15	中国香港	115	51

资料来源：日本财务省。

二、日本服务外包模式的特点

在日本的软件行业中，一般习惯于把将开发项目委托给国外承担的情况称为 Offshoring，而非 Outsourcing。日本企业通常将软件服务外包称为 Offshore Software Development，译为中文，则是离岸开发。这一细微的差别体现出日本企业对外包这一业务环节的独特理解。日本企业的外包通常并不彻底，往往局限于部分步骤和流程的外包，而将核心环节与能力掌握在自己手中。

自 20 世纪 90 年代以来，日本经济始终处在低迷状态，增长乏力。这给日本企业的生存带来了很大压力。为了降低成本、增强企业的弹性，日本企业也紧随欧美企业之后，加入了离岸服务外包的行列。然而，日本企业的外包决策受到了日本文化和公司治理结构的显著影响，与西方国家形成明显的差别。在日本，企业之间的关系如同其社会结构一样，呈现出相对比较固化、等级结构森严的状况。日本企业的关系是等级分明的金字塔型,这在日本制造业特别是大型汽车制造业,如本田、丰田等企业周边表现得尤为突出。位于金字塔顶端的企业处在支配地位,驱动整个价值链条。与之形成直接供给关系的企业称为一级接包商,而与一级接包商形成直接供给关系的企业称为二级接包商。长期的业务往来在上下级企业之间形成了比较固定的纽带。在这种关系中,市场力量发挥作用的空间相对于欧美模式受到了一定的制约。

在日本离岸服务外包领域,特别是离岸软件服务外包领域,企业之间的金字塔型结构和关系同样存在。在日本式的外包模式中,一级接包商的企业从最终客户手中承揽项目,进行总体设计,并将工作分割成若干个模块,再将各个模块分包给二级接包商。二级接包商还会寻找三级或四级接包企业,完成具体的模块设计、代码转换和测试工作,任务细分到相当层次后,才会实施离岸外包。日本的软件离岸外包业务多属于三级接包或者四级接包。在发包时,日本的最终用户往往希望总承包商拥有强大的资金储备和抗风险能力,具有在日本本地承担法律责任的能力,并与自身保持比较长时间的良好关系。因此,一级接包商一般会是日本国内规模较大的企业。在日本式的沟通中,客户往往不会以严格的文字形式表达自身的需求,一级接包商需要根据客户的业务特点,与客户进行密切的沟通,完成产品系统的设计工作。如果客户与承包商间的互相了解程度不足,这种日本式的沟通方式就会十分费时费力。因此,国外企业几乎无法进入日本的总承包商行列。能在日本承揽大型合同的企业只有 NEC、索尼、富士通、野村证券等少数几家日本大企业。这些企业通常控制着价值链中的高端环节,将整个项目流程进行切割后,再将那些技术含量比较低的业务外包给邻近国家。由于高附加值的环节往往被总承包商自己留在手中,外国企业只能接到一些被转了二手、三手甚至更多环节的外包业务。因此,日本软件外包单量的规模往往不大,技术含量较为有限,接包企业的利润率因此会受到一定限制。

三、日本服务外包市场展望

（一）大数据时代带来的新变革

新世纪以来,日本始终面临着经济增速缓慢、少子化和老龄化、社会基础设施老化等诸多问题。为扭转这一现状,保持经济持续增长,日本政府决定通过大力发展 IT 产业,特别是大数据和云计算,促进经济发展。日本政府在 2013 年 6 月公布了新的信息产业发展战略——《创造世界最先进的 IT 国家宣言》(以下简称"宣言")。这一宣言全面阐述了 2020 年前以发展开放公共数据和大数据为核心的日本新 IT 国家战略,提出要将日本建设成为一个具有世界最高水准的广泛运用信息产业技术的社会。宣言提出后,每隔一年,日本政府都会按照技术的发展和变化对宣言进行修订。宣言所提出的日本大数据国家战略将在以下方面影响其未来的服务外包市场及业务构成。

1. 开放数据

2012 年 6 月,日本 IT 战略本部发布《电子政务开放数据战略草案》,迈出了政府数据公开的关键性一步。居民可浏览中央各部委和地方省厅公开数据的网站。为确保国民方便地获得行政信息,政府将利用信息公开方式标准化技术实现统计信息、测量信息、灾害信息等公共信息的开放,在紧急情况下可以较少的网络流量向手机用户提供信息,并尽快在网络上实现行政信息全部公开并可重复使用,以进一步推进开放政府的建设进程。2013 年 7 月 27 日,日本三菱综合研究所牵头成立了"开放数据流通推进联盟",旨在通过产业界、政界和学界的联合,促进日本公共数据的开放应用。

2. 创新应用

2012 年 7 月日本总务省 ICT 基本战略委员会发布了《面向 2020 年的 ICT 综合战略》,提出"活跃在 ICT 领域的日本"的目标。新 ICT 战略将重点关注大数据应用所需的社会化媒体等智能技术开发、传统产业 IT 创新、新医疗技术开发、缓解交通拥堵等公共领域应用等。如通过 IT 技术实现农业及其周边相关产业的一体化,构筑医疗信息联结网络,根据基层数据,确立地区和企业的健康管理对策改革国家及地方的行政信息系统,计划在 2021 年度之前,原则上将所有的政府信息系统云计算化,减少三成运行成本。

据著名的日本矢野经济研究所预测,2020 年度日本大数据市场规模有望超过 1 兆日元。该机构的报告显示,2011 年度日本的大数据相关行业的市场规模为 1900 亿日元,2012 年度约为 2000 亿日元,同比大约增长 5%。该机构同时预测,到 2013 年度以后,每年度将增长 20%;照此计算,到 2015 年度将达到 4200

亿日元,2017年度达6300亿日元,2020年度约为1兆500亿日元。日本大数据市场在其本国内IT市场中所占比重,2011年度为1.7%。假定今后日本的IT投资额不变,到2015年度大数据的比重为3.8%,2017年度占5.7%。据此推算,到2020年度,大数据市场在日本IT市场总额中将占10%左右。

日本Gartner的调查报告指出,大约六成以上的企业目前正在积极考虑活用大数据。因此,确保大数据分析的人才将成为重要的课题。实际上,目前日本大数据专业人才严重不足,"数据科学家"不足1000人,而美国则超过1万人。因此,大数据领域的众多需求将可能向国际市场寻求解决方案,其中外包将成为日本大数据产业发展的重要途径。

3.大数据的服务兴起对服务外包提出了新的要求

一是对承包商的集成解决能力提出更高需求。新时代服务外包以"大数据"为突出特征,要为客户提供个性化解决方案,就需要充分利用与客户相关的"大数据"。客户更重视利用外包实现自身业务流程的调整和转型,需要外包企业提供创新、有效的解决方案;服务外包企业需要从业务流程外包、信息技术外包向业务流程管理外包、知识流程外包转型,从被动外包商转为主动管理服务商。因此,企业要有挖掘和分析"大数据"的技术与能力。市场上的中小企业,由于资金和人才方面的欠缺,在这一竞争中可能将会处在比较不利的地位。NTT、富士通等日本国内企业由于实力强大,熟悉日本市场的状况,在这一竞争中处在领先地位。国外企业若希望进入日本数据分析的市场,则必须付出更为艰苦的努力。二是对安全和隐私提出更高要求。传统上,日本在个人信息保护法等法律基础上落后于欧美国家。但日本大数据产业发展到这一阶段,如何处理隐私和信息保护已成为关键问题,修改和进一步完善个人信息保护法规也已经被提上日程。日本政府提出,要成立研究机构对法律措施的必要性等展开研究,并尽快制定基本方针。大数据时代的服务外包合约,往往意味着大量个人信息和隐私在企业间流动。这要求承包商具有严格的内部管理制度和职业精神,接包企业所在的国家同样也要具有完善的法律体系和可靠的执法能力。

（二）智能制造与物联网催生新市场

总体来看,日本智能制造及物联网的发展几乎与其他欧美发达国家同步,起码没有出现明显的落后。工业 4.0/工业物联网对日本产业界带来了很大冲击。为此,日本分析了自身在硬件及切入式软件技术方面的优势及产业特点,于 2015 年 1 月公布了"新机器人战略"。2015 年 5 月在"新机器人战略"框架下,成立了产官学一体化的"机器人革命倡议协议会"。2015 年 10 月设立了"IoT 推进组织"(IoT Acceleration Consortium),通过产官学合作来推动日本全国的物联网、大数据、人工智能等的技术开发与商业创新。

与德国提出的工业 4.0 概念最接近,而且专注于制造业智能化的应属由大学和民间企业于 2015 年 6 月组织成立的"工业价值链倡议"(Industrial Value Chain Initiative,IVI),目前有近 60 多家制造业大企业及 IT 企业参加。同时,日本政府开始集中信息通信研究机构、理化学研究所等研究组织的力量开发集人工智能、大数据、网络安全于一体的公共服务平台,未来 10 年内拟投入约 1000 亿日元开发技术,以对抗来自 GE、IBM、Google 等平台大企业的竞争。

汽车行业始终是日本的支柱产业,同时也是工业 4.0/工业物联网的最佳实践对象行业。日本各大汽车企业利用原有自动化程度高,生产技术创新活跃的优势,大力推动大数据、物联网、云服务、智能化的开发和应用。如图 5-6 所示,目前日本汽车产业都开始探索生产大数据及社会化大数据在开发、设计中的应用。

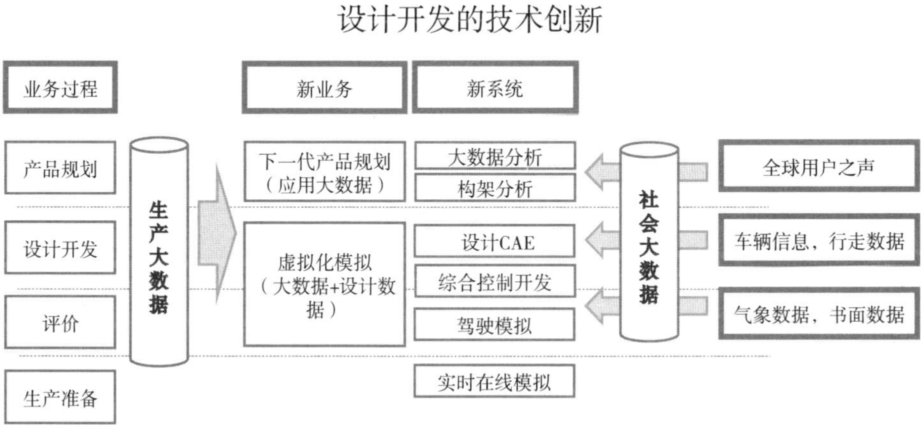

设计开发的技术创新

图 5-6 日本汽车行业设计开发的创新

除制造业、服务业等行业致力于物联网的应用,推动与网络的融合以外,IT

企业也结合自身优势提出众多应对工业 4.0/工业物联网的冲击解决方案。如富士通公司除积极参与美国 GE/IBM 等倡议的工业互联网联盟（Industrial Internet Consortium，IIC），成为 IIC 标准与工程组总监外，基于自身的工厂实践提出了 IIoT 应用模式："工厂可视化"试验平台 FOVI。

智能制造、物联网等技术完成了将互联网的终端从人到物的扩展。从本质上讲，物联网和互联网的思想具有一致性。从这个角度出发，如果说互联网成就了大量的软件企业和技术，那么，物联网也同样是软件企业和技术的"用武之地"。物联网体系涉及行业应用软件开发、系统集成、信息交互、数据处理和数据挖掘等方面的服务外包业务。物联网是工业化与信息化融合的典型产业，对各行各业都有很强的融合性和渗透性，由此衍生出的信息化服务外包需求量将是前所未有的。物联网所涉及的传感器制造，也需要大量的嵌入式软件，由此引发的外包需求也是海量的。同时，深度渗透物联网产业也对信息服务外包企业提出了提升自身的研发能力、业务能力和管理水平，提升企业规模和层级的要求。可以预见，随着技术不断成熟以及应用普及，日本智能制造和物联网等新兴领域的外包需求将逐步释放，为主要接包国带来新的市场机会以及更高的技术要求。当然，还应当看到，如何分割新兴业务，并保持其发包的碎片化特征，对于日本发包企业同样会是新的挑战。

美国服务外包行业发展现状及展望

肖汉雄　杨丹辉

本文主要介绍了美国服务外包行业的发展特点与发展趋势。美国是开展离岸服务外包最早也是最多的国家,美国的发包额占到全球发包总额的64%。美国服务外包模式基本特点是开展整体性外包,企业往往会把某些服务的整个流程完全外包出去。美国发包的重点行业主要是软件与信息服务业和金融业。2008年金融危机以后,美国业务流程服务出现回归趋势,大数据、云计算和移动互联网的兴起,对外包行业构成了新的冲击和挑战。

作为全球第一大经济体和最大的发达国家,美国经济高度依赖其先进高效的服务业。服务业占美国经济的份额接近80%,美国还是全球范围内最大的服务贸易进出口国家。自服务外包兴起以来,美国始终是国际市场上最主要的服务发包方,其在服务外包产业链上的地位从未被撼动。

一、美国服务外包发展现状

美国是开展离岸服务外包最早也是最多的国家,在全球服务外包开支中,美国约占2/3。2015年的数据显示,美国、欧盟和日本共同占据了国际发包市场中超过90%的份额,主导着国际服务外包行业的发展,其中仅美国的需求就占到全球发包总额的64%。美国的需求决定了整个全球外包市场的发展。而由于美国较高的人力成本,其服务外包以离岸外包为主。美国离岸外包涉及的行业也十分广泛,主要由本国的需求推动,所占据的份额达到发包市场的一半以上。据美国Cutting Edge公司最近发表的报告,目前90%的美国公司至少有一项业务被外包。美国服务外包业务主要集中在纽约曼哈顿、旧金山硅谷、亚特兰大、洛杉矶等地区。

根据 IDC 的研究报告，美国 IT 外包需求量最大的前 10 位行业分别为：制造业、银行业、政府、金融业、通信媒体、零售批发、服务业、公共事业、医疗健康、保险业。此外，美国业务流程外包占全球业务流程外包的 60% 以上，其业务重点包括人力资源、金融和财务等后台管理业务；制造、物流、客户服务等运营业务；产品设计与开发、市场与营销等。

二、美国服务外包模式的特点

美国跨国公司为降低服务成本，或为顾客提供及时、优质的服务，常常开展整体性外包。在美国的整体性外包模式下，企业往往会把某些服务的整个流程完全外包出去。这种模式对于接包商的能力提出了很高的要求，不仅要求接包商有廉价的成本优势，同时要具备很强的组织、协调和管理能力，是一种高度依赖市场提供解决方案的模式。

与日本模式有着显著的不同，美国大型跨国公司更多地采用事业部制的组织结构管理企业，将某一特定流程外包的决策下放到事业部层级。各事业部具有较大的权利，彼此之间相对独立，其所开展业务的价值链环节也各不相同。在这种架构下，各事业部为了减少自身的负担、有效提高竞争力，往往选择将各种服务活动整体外包出去。直接将大量价值链环节外包给印度等国成本低、质量有保证的国外企业，由后者解决，从而增强了企业的灵活性，能够对变化迅速的市场作出最佳的反应。开展业务外包后的跨国公司比外包前显得更精干，使得公司能更好地将企业资源集中到核心业务。由于外包后的公司业务部门减少，管理更加简单，组织结构犹如一个倒立的大写英文字母"T"，因此，美国跨国公司的离岸服务外包模式也被称为"倒 T 型"模式。

如果说日本企业是使用外部技术来补充和扩大企业的核心能力，用内部技术来发展企业的核心竞争力，那么美国企业则更倾向于将核心技术外包出去。美国企业在技术外包上明显表现得更为彻底，而日本企业显然做不到这一点，在技术外包上经常会留有余地。

基于美国软件外包模式的显著特点,发包方提出需求后,承包方需要分析需求,并提出解决方案,完成系统设计、详细设计、分解模块、模块的工程实现、需求修订、实施更正、测试、系统集成和售后服务等一系列工作。这就要求外包服务供应商的人员规模较大,能够应对较长的项目开发周期,具有一定的资金实力和开发大型项目的经验。相比日本企业的外包企业,承接美国公司服务外包的门槛通常更高。所以,中国企业进军日本市场难度较低,而要承包美国企业的项目就需要更强、更全面的能力。

三、美国服务外包的重点行业

(一)软件与信息服务业

近年来,美国的软件与信息服务市场增长十分迅速。2015 年全球软件市场的总收入为 3304 亿美元,其中美国市场的总收入就达到 966 亿美元,占全球软件市场总额的 29.2%。2011 — 2015 年美国软件市场的复合年增长率达到4.9%,超过了欧洲市场。2016 年美国谷歌、亚马逊、苹果、微软和脸谱五大科技公司在软件业务的收入已经超过 300 亿美元。

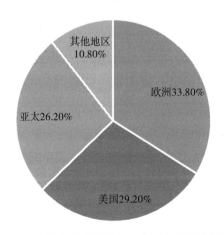

图 5-7 2015 年全球软件与信息服务主要市场所占份额

资料来源:MARKETLINE。

据 MARKETLINE 公司的预测,美国软件市场未来几年内仍将加速增长,2015—2019 年间的复合增长率将达到 7.6%。预计到 2020 年,美国软件市场的价值将达到 1394 亿美元。

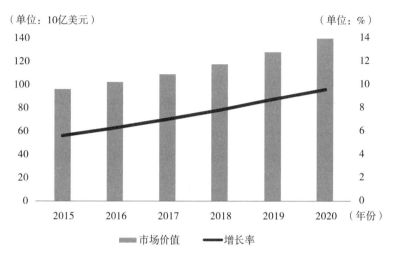

图 5-8　2015—2020 年美国软件与信息服务市场规模预测

资料来源：MARKETLINE。

随着软件产业的发展呈现出规模化、服务化、专业化和国际化的特点，软件外包行业已经成为规模巨大的市场。据中国台湾工业技术研究院的统计，2001年全球软件外包服务市场的规模仅仅为 144 亿美元，而来自美国市场调查机构 Statista 的预测指出，这一市场在今后几年中仍将以 5% 以上的速度增长，在 2019年有可能达到 2.6 万亿人民币。在全球软件外包市场中，美国、欧洲和日本是主要的需求方。印度是其中最大的受益者，而菲律宾、中国和爱尔兰等国所获取的订单也在不断提升。

同时，美国寻求软件外包服务的动因日益多样化。

首先，面对国内持续增长的软件服务需求，美国国内软件人才严重短缺。移动互联网的迅速兴起，进一步加强化了这一趋势。根据劳动市场咨询公司 Career Advisory Boarding 的调查，到 2020 年美国软件行业对于开发人员需求的缺口可能达到 140 万人之多。全美国目前公开招聘的计算机编程相关岗位约为 50 万人，但美国高校每年输送的毕业生只有 4.3 万人。而且相比印度、中国等国家，美国软件开发等专业人员的薪酬水平明显偏高。咨询公司 My Hiring Club 的薪酬调查结果显示，美国 IT 专业人员的平均年薪高达 13 万美元，而中国和印度 IT 专业人员的平均年薪都仅为 4 万美元,不足美国同行的 1/3。面对这一薪酬水平的巨大差距,美国企业普遍倾向于向海外寻求较为廉价的人力资源,从国外大量进口软件服务。

表 5-3　2015 年主要国家 IT 行业从业人员的平均薪资

排名	国别	平均薪资(美元)
1	瑞士	171465
2	比利时	152980
3	美国	132877
4	英国	129322
5	爱尔兰	122433
6	澳大利亚	112340
7	阿根廷	51380
8	中国	42689
9	印度	41213
10	菲律宾	37500

资料来源:MyHiringClub.com。

其次,软件服务的多样性特征导致人才供应与需求结构错位。由于软件行业对从业人员的需求范围广阔,市场变动速度较快,在美国境内往往无法找到数量合适、具有某种特定技术专长的人才。美国互联网企业中充斥着大量没有获得专业学位的人员。在业界标杆的谷歌公司,一些团队甚至有 14% 的人员没有获得计算机专业的相关学位。美国大学计算机专业课程的设置与实践需要的对接不紧密,更加重视理论学习,而非编程语言、项目管理与合作等实际知识。在这种情况下,转向海外寻找适合的人才和服务成为企业的必然选择。

再次,简化非核心业务,提升竞争力。移动互联网的兴起进一步抹平了传统企业与互联网企业间的界限,许多曾经由传统企业统治的领域现在均由新兴企业掌控。Uber、Airbnb 等企业的涌现就是这一趋势的代表。目前,美国约有 67% 的编程岗位是来自非科技类公司。这些企业仍保留大量的编程岗位,同时也激励相关下属部门将编程业务外包出去,以便提高自身的竞争力,专注于核心业务。

最后,降低成本,减少不必要的开支,也是软件行业选择外包的重要因素。现实中由于软件行业员工队伍所具备的技能与企业的实际需求之间往往存在不够匹配的现象,企业经常要对员工进行大规模、频繁的培训。此外,企业招聘专业人才也需要花费大量时间和精力。美国软件公司的招聘程序往往持续数周时间。例如,谷歌公司仅是面试流程就长达一周。将订单外包给国外企业,可以最大限度减少人事、管理等方面的开支,将企业有限的资源投入到核心竞争力的培育中,而将非核心的部分交予合作伙伴完成。

（二）金融业

美国另一个大规模依靠外包业务的行业是金融业。20 世纪 70 年代,已经有部分证券公司为节约成本,将一些准事务性活动外包。20 世纪 80 至 90 年代,在成本因素和技术升级的共同推动下,外包交易的规模进一步扩展。金融机构的离岸业务在 21 世纪初持续增长。印度依然是美国金融机构服务外包的最大目的地。美国运通、花旗集团、通用电气、摩根大通和美林集团等都在印度国内从事外包业务。如花旗银行将支票业务、贸易融资和客户服务等业务外包给由它控股的 eServe 公司,该公司设在印度的孟买和金奈,承接花旗在南亚、东欧和非洲的业务。近年来,中国、马来西亚和菲律宾也成为美国企业外包服务的重要目的地。

随着外包需求的增加,金融业的外包业务不断拓展,催生出更多形态的专业外包服务。技术外包设计的范围不再只局限于服务器和数据中心的托管,还延伸到公共和私人云计算、开发管理、软件维护,用户支持、数据库和系统管理等服务。《华尔街日报》早在 2013 年 5 月就曾经报道,银行将旗下的抵押贷款服务和止赎处理等业务外包给印度大型金融公司成为美国银行发展的新趋势。后台功能外包的发展已经延伸到金融服务业。银行将其贷款零售业务外包给使用行业标准流程技术且能够降低成本的服务商。保险企业的一些理赔业务也交由更加专业快捷的第三方进行处理。将人力资源、采购、设备管理、支付处理和区域组织等功能外包给第三方服务商的做法也并不少见。

HfS 的研究报告指出,银行正开始将业务外包视为自身核心业务战略性的扩张。金融业不再局限于将外包看作降低成本的手段,而是通过外包提高灵活性,使自己拥有更高水准的服务和技术。促进业务的扩张和确保运营的合规性,是金融企业选择外包时所考虑的最重要的因素。摩根斯坦利、田纳西第一银行等大型银行将按揭贷款业务外包给专业的住房贷款承包商PHH进行处理,后者在规模和专业程度上相对许多银行有着巨大的优势。汇丰已经向其在北美和世界各地的分支引入了Equifax的风险管理服务;后者的SCV系统帮助汇丰能够精确地识别与核实用户身份,有助于提升客户的体验。为了降低合规成本,美银美林、花旗、摩根大通等美国企业和德银、兴业等都引入了同一套集中管理的尽责监督系统。这些事例体现了服务外包正有效帮助金融业提高竞争力,可靠管理风险。

近年来,银行改革已经开始和更为广泛的多产业数字化改革互相融合。新技术不仅能够改变客户习惯,也推动了产品、服务和商业模式的创新。在这一时代背景下,金融业对外包服务商的需求将可能集中在以下各个层面:一是利用大数据进行分析,在充分了解客户的基础上进行更为优化的客户细分,对产品和渠道进行创新,以进行更多的精确营销,节省成本、提高效率;二是对业务流程进行数字化改革,提供更加安全便捷的业务系统和信息处理系统,以提升服务的便捷化程度;三是评估改造其他行业的新技术,推进金融智能设备的换代升级;四是设计适用于移动端和云环境的无缝商业模式;五是在客户交流中推广品牌,运用社交媒体等数字化节点提升价值。

从根本上看,外包服务商的角色将趋向于数字化和信息化进程中的代理。服务商必须为银行带来对消费驱动模式的深层理解,并帮助银行消化利用新技术和新市场。

四、美国服务外包发展的新趋势

(一)美国业务流程服务出现回归

尽管软件行业外包的规模不断扩大,更多的国家参与其中,但是2008年金融危机之后,美国软件行业也出现所谓的内包(Insourcing)趋势。金融危机以来,美国政府大力推行"再工业化(Re-Industrialization)"和"制造业回归"的政策,以应对美国出现的产业空心化,并在新一轮产业革命中占据先机。制造业的回归和本土高端制造业的兴起一方面为服务外包带来了机遇；另一方面，在特朗普政府促进本土产业发展、拉动国内就业的大背景下，与外包相反的内包成为美国企业改善公众形象、增加市场份额的热门策略。例如，著名的运通（American Express）将为美国客户服务的呼叫中心和支持部门从亚洲迁回美国本土。将大量信息技术岗位外包到印度的通用电气（General Electronics）已经宣布，将在美国国内新增1.5万名员工，特别是将在底特律的信息技术中心大量扩员。

内包趋势的出现不仅归因于美国各级政府的引导，还有其他一些客观原因。美国总统大选、英国脱欧公投等一系列事件所引发的国际市场波动和不确定性，使得美国企业进一步意识到，就算是最低层次上的外包，也会增加企业的营运风险。这些风险往往是难以凭借原来的成本测算模型估算的。特别在世界市场变幻莫测与政治经济局势复杂的情况下，这些不确定因素会人人增加企业的风险与成本。就显性成本而言，外包依然比内包便宜，但内包带来的市场与产品质量的可确定性是任何接包国家和企业都不能提供的。

不可否认，在特定时期，外包转为内包，还有利于企业创新利益的固化。外包所导致的供应链拉长，导致企业设计、生产和营销环节之间的距离不断拉长。这些环节的分散化，使得企业管理层和设计人员无法得到来自一线的及时反馈，从而也就非常不利于企业改进其产品和服务。随着美国创新能力逐步向日常生活产品和服务渗透，进一步加速了美国企业的收缩行为。由于全球创新竞争加剧，美国企业必须更加重视知识产权的保护，而不能一味将生产流程移向对这方面权益保护可能不尽完善的海外。在新兴产业蓬勃发展的局面下，美国企业往往重视集中力量打造自己的竞争能力，进行内部化的收缩和布局。单纯追逐低廉劳动力成本而进行的外包，其发展有可能受到不同程度的抑制。

（二）云计算对外包的冲击

大数据、云计算和移动互联网的兴起，对外包行业构成了新的冲击和挑战。云计算通常通过网络以按照需求、易扩展的方式获取资源，而广义的云计算指的是服务的交付和使用模式，通过网络以按照需求、易扩展的方式获得所需的服务。这种服务可以是IT与软件、互联网相关，也可以是其他服务。2011年，美国联邦政府在发展云计算应用方面的开支达到200亿美元，占联邦政府IT总开支的 25%。美国超过 1/4 的企业都使用某些云计算服务。2016 年,美国云计算市场的规模占到全球总规模的 56%。

云计算使得传统外包和内部运作之间的界限已经变得逐渐模糊。对于已经借由外包大大降低成本的企业来说,云计算带给其持续降低成本的机遇。但新的云环境需要不同的服务,从而导致外包行业重新洗牌。从 IT 的角度看,云计算实际上意味着企业必须管理更为复杂的混合环境,在云服务方面,企业必须面临安全、数据整合和服务利用率等多个方面的困难。这要求外包供应商发挥重要的整合作用。

(三)大数据时代的新挑战

美国政府将大数据视为强化美国竞争力的关键因素之一,把大数据研究和生产计划提高到国家战略层面。2012 年 3 月,美国奥巴马政府宣布投资 2 亿美元启动"大数据研究和发展计划",这是继 1993 年美国宣布"信息高速公路"计划后的又一次重大科技发展部署。美国政府认为大数据是"未来的新石油与矿产",将"大数据研究"上升为国家意志,对未来的科技与经济发展必将带来深远影响。美国政府还在积极推动数据公开,已开放 37 万个数据集和 1209 个数据工具,并在 2013 年 5 月初进一步要求,政府必须实现新增和经处理数据的开放和机器可读,激发大数据创新活力。同时,美国政府也是大数据的积极使用者,2013 年曝光的棱镜门事件显示出美国国家安全部门大数据应用的强大实力,其应用范围之广、水平之高、规模之大都远远超过人们的想象。2012—2013 年间美国国家安全局(NSA)、联邦调查局(FBI)及中央情报局(CIA)等联邦政府机构还大量采购亚马逊的云服务,以支撑其大数据应用。

随着大数据时代来临,数据成为推动产业发展的新枢纽及核心要素,大数据外包成为全新的服务外包细分领域并迅速发展。由于大数据必须与其他行业的领域知识相结合,在不同的领域环境和不同的应用需求下,大数据的获取、分析、反馈的方式都会不同。针对不同行业与领域业务需求,展开数据特征与业务特征的研究,进行大数据需求的分析,将带来从需求分析——业务模型——数据模型——数据采集——数据分析——总结反馈——数据分析的全生命周期的外包产业链。作为 KPO 的新领域,大量的大数据外包企业出现,形成丰富的数据外包解决方案,帮助处于大数据时代的买家进行内部数据挖掘,或侧重优化,帮企业更精准找到用户,降低营销成本。传统企业在大数据时代提出的新需求,将为整个产业带来新的动力。

（四）人工智能的"颠覆"

与上述技术和行业发展的影响相比,人工智能对服务外包行业的冲击可能更为突出。目前,谷歌、Facebook、微软等技术巨头都对人工智能进行了深度布局,不时在人工智能领域推出一些引起业内轰动的研发和创新成果。一旦人工智能技术趋于成熟并投入应用,将对美国 IT、互联网以及传统银行、保险行业的业务流程再造和行业发展范式带来革命性的影响,大量传统工作岗位将由人工智能替代,同样基于这些工作岗位的业务外包也有望被人工智能取代,这将成为美国服务外包行业发展面临的最大挑战之一。

我国在"一带一路"沿线国家和地区服务外包发展及展望

谢兰兰①

本文重点介绍了中国承接"一带一路"沿线国家服务外包的现状及特点,分析了沿线国家信息产业和市场的总体特征,主要沿线国家的市场潜力与服务外包需求,我国在沿线国家服务外包发展前景,提出了政策支持重点建议。

"一带一路"战略的实施,为我国服务外包产业提供了广阔的新兴市场。一方面,沿线的多数发展中国家和地区通信网络基础设施不完备,信息化程度低、数字鸿沟大,对信息化产品和服务存在巨大需求。另一方面,信息产业通过物联网、云计算和大数据为我国与沿线国家的基础设施建设、资源开发、金融合作项目的顺利实施提供技术支撑和信息服务。随着"一带一路"战略的深入推进,我国服务外包的市场空间和结构将得以拓展和优化、规模进一步扩张、方式也更加多样化。积极开拓"一带一路"市场对于确立和扩大我国服务外包产业在国际规则制定中的主导地位和话语权,嵌入全球价值链中高端,提升服务贸易的国际市场竞争力和推进"一带一路"战略具有重要意义。

一、中国承接"一带一路"沿线国家
服务外包的现状及特点

(一)规模不断扩大,涵盖领域日益宽广

随着"一带一路"战略的推进和不断深化,中国与沿线国家各领域的经贸合作

---

① 谢兰兰:河北廊坊师范学院副教授、中国社会科学院研究生院博士生。

往来日益频繁,承接沿线国家和地区的服务外包业务开始增长和提速。2014—2016 年,我国承接沿线国家和地区服务外包执行金额分别为 98.4 亿美元、121.5 亿美元和 121.3 亿美元。占我国离岸服务外包的比重分别为 17.60%、18.8% 和 17.23%,增长趋势明显。2014 年和 2015 年我国在沿线国家和地区服务外包执行金额同比增速 36.3%、23.4%,超过同期全国离岸服务外包增速(分别为 23.1%、15.6%)(见表 5-4)。沿线国家和地区正在成为经济新常态下我国服务外包产业重要的接包目的地和转型创新发展的新动力。

从结构构成看,我国在沿线国家和地区的服务外包业务领域涵盖信息技术服务、工程设计、工业设计等,其中离岸软件外包比重最高,最具发展潜力。2012—2016 年,我国对外签订的软件合同数量总体下降,而沿线国家和地区则稳步增长(见表 5-5),从 8858 项增长至 9427 项;2012 年中国与沿线国家和地区签订的软件合同执行金额只有 26.52 亿美元,2015 年达到 3 年来的峰值,为 54.57 亿美元,3 年时间增长了 106%,高于同期中国软件出口的平均增长速度(76%),占中国软件出口额的比重从 13.7% 稳步提高至 16.3%;同时,我国与沿线国家和地区的平均软件合同金额①亦增长迅速,从 2012 年的 31.7 万美元提高至 52.01 万美元。

表 5-4　2014—2016 年中国承接"一带一路"沿线
国家(地区)服务外包规模及增长速度　(单位:亿美元)

年份	执行金额	同比增速	占我国离岸外包比重	其中:东盟执行金额	东盟占沿线比重
2014 年	98.4	36.30%	17.60%	53.8	54.7%
2015 年	121.5	23.40%	18.80%	63.2	52%
2016 年	121.3	-0.10%	17.23%	65.7	54.2%

资料来源:根据商务部数据整理。

---

①　平均软件合同金额等于软件出口执行金额除以合同数。

表 5-5 2012—2016 年中国在"一带一路"沿线国家(地区)软件出口规模及增长速度

(单位:项、亿美元)

年份		2012 年	2013 年	2014 年	2015 年	2016 年
合同数	全球	53887	52683	52265	52173	52790
	沿线国家	8558	8296	8536	8412	9427
	比重	15.9%	15.7%	16.3%	16.1%	17.9%
协议金额	全球	2342073	3207160	3771518	4257816	4648930
	沿线国家	301015	386292	530395	725124	658627
	比重	12.9%	12.0%	14.1%	17.0%	14.2%
执行金额	全球	1941700	2535602	3005781	3339304	3423007
	沿线国家	265217	318429	445699	545659	490159
	比重	13.7%	12.6%	14.8%	16.3%	14.3%
同比增速	全球	—	30.6%	18.5%	11.1%	2.5%
	沿线国家	—	20.1%	40.9%	22.4%	-10.2%

资料来源:根据商务部数据整理。

(二)市场集中度高,区域分布极不均衡

从区域分布看,我国承接沿线国家和地区的离岸服务外包主要集中在东南亚地区。2014—2016 年,我国承接东南亚 11 国离岸服务外包执行金额分别为 53.8 亿美元、63.2 亿美元和 65.7 亿美元,占沿线比重分别为 54.7%、52% 和 54.2%(见表 5-4),显示出较相对成熟的市场基础。近两年与中东欧、西亚北非等国家和地区的服务外包业务开始提速。2016 年,中东欧 16 国服务外包合同执行额增长 26.3%,成为除东南亚 11 国外增长率最快、规模最大的地区。另外,乌兹别克斯坦、东帝汶、阿富汗、波黑、罗马尼亚、巴林、也门共和国等国的服务外包业务增速较快。

(三)市场开发不足,比重偏低

沿线一些国家市场环境堪忧,政局不稳、经济落后、法律体系不健全或信用环境差,市场开发存在一定难度和风险。目前,我国对这一区域的市场开发程度较低。以软件市场开发为例,近年来,中国软件前 5 大单一市场国家(地区)出口执行金额在总出口额中达 60% 以上的份额。相比之下,沿线地区的出口比重

偏低。2016 年沿线 64 国软件出口总合同数和总执行金额占比分别为 17.9% 和 14.3%，同期出口最大 5 国（地区）①为 59% 和 62%（见表 5-6），相差甚远。2016 年沿线地区软件出口额在 500 万美元以下的国家有 21 个，在一些中东欧国家，基本处于市场空白状态。

表 5-6　2012—2016 年中国软件出口最大 5 国（地区）与沿线 64 国占比

（单位：%）

年份		2012 年	2013 年	2014 年	2015 年	2016 年
合同数	出口最大 5 国（地区）占比	64	65	62	63	59
	沿线国家占比	15.9	15.7	16.3	16.1	17.9
协议金额	出口最大 5 国（地区）占比	65	61	62	64	67
	沿线国家占比	12.9	12.0	14.1	17.0	14.2
执行金额	出口最大 5 国（地区）占比	66	64	62	61	62
	沿线国家占比	13.7	12.6	14.8	16.3	14.3

资料来源：根据商务部数据整理计算。

二、沿线国家信息产业和市场的总体特征

（一）沿线各国信息化建设程度差异大

发包国的互联网和信息技术发展状况是决定其服务外包产业规模最重要的因素。"一带一路"沿线国家众多，贯穿亚欧大陆，包括亚洲、欧洲和非洲。② 各国信息化基础设施建设水平呈阶梯分布，差异极大。国际电信联盟（ITU）发布的 2015 年全球 IDI 指数（信息通信技术发展指数）显示，东南亚部分国家、西亚北非部分发达国家、中东欧地区、俄罗斯信息化基础设施建设水平较高（见表 5-7）。

据 ITU 数据显示，东盟的 IDI 指数由 2011 年的 3.51 提高至 2015 年的 4.51，低于世界平均水平（5.03），但年均增速（6.47%）高于同期世界平均增速

---

① 美国、日本、中国香港、新加坡和韩国。
② 本报告以商务部《2015 年度中国对外直接投资统计公报》中涉及的国别为准，共涉及 64 个国家和地区。具体划分见文中表 5-7。

（6.3%）。新加坡、马来西亚、文莱、泰国高于世界平均水平（见表5-7）。随着东盟与区域外国家合作的不断深化，经济自由化程度不断提升，经济发展活力被极大激发，信息化基础设施建设发展迅速。截至2016年6月，东南亚11国的网民渗透率为48.3%，总网民数量达3.09亿，高于亚洲平均水平（45.6%）（见表5-8）。由于岛屿众多，东南亚国家移动宽带发展速度远高于固定宽带，2014年移动宽带普及率超过43%，是固定宽带普及率的近15倍。①

南亚国家普遍存在基础设施建设落后，工业基础薄弱，经济结构不合理等问题，信息化程度极低。2015年，除马尔代夫外，南亚各国的IDI指数均远低于世界平均水平（见表5-7）。2015年被联合国确定的世界最不发达的45个国家中，南亚有4个。② 南亚经济的最大推动力来自印度。印度约占南亚经济总量的70%，印度服务业占GDP的比重在50%以上，工业仅占约25%，农业占比约为20%，与发达国家的产业结构类似。印度是世界最大的服务外包离岸接包国和IT产业基地，占全球信息技术及服务业离岸外包总产值的50%以上③，具有良好的信息产业发展基础。

西亚北非地区各国信息化基础设施建设和信息化水平分化巨大。沙特、阿联酋、以色列是该区域信息化建设和发展最快的国家。沙特是中东最大的IT市场，信息化水平高，且一直致力于信息化基础设施改造升级。截至2014年年底，宽带用户普及率约94.5%，互联网用户普及率约63.7%，移动用户普及率约171%④，2015年IDI指数为6.9，位列全球第45位。阿联酋是全球最富裕的国家之一，2015年人均国内生产总值（70570美元）位居全球第10位，IDI指数为7.11，位列全球第38位。IDC公司认为，医疗、交通、金融服务业以及大量基础设施项目的实施和投资将扩大阿联酋信息技术服务市场的规模。以色列经济发达，信息化水平高，是全球高新科技产业的聚集地。中东欧地区高等教育体系发达，软件教育成熟，多语言优势突出，波兰、匈牙利等国已经成为西欧最重要的近岸服务外包目的地。

其他区域中，俄罗斯IT产业发展处于全球领先，是全球重要的高端软件离岸外

---

① 中国信通院：《2016年中国—东盟信息化发展与合作白皮书》。
② 分别是阿富汗、孟加拉国、尼泊尔和不丹。
③ 商务部：《"一带一路"及欧盟服务外包合作指引》。
④ 商务部：《"一带一路"及欧盟服务外包合作指引》。

包市场。此外,区域内存在众多 IDI 指数低于全球平均水平的国家和地区(见表 5-7),这些地区信息化建设滞后,网络覆盖率低,经济发展的信息化支持基础薄弱。

表5-7　2016年沿线国家 IDI 指数

区域	经济体	IDI 指数	全球排名	区域	经济体	IDI 指数	全球排名
东南亚	新加坡	7.95	20	西亚北非	阿联酋	7.11	38
	马来西亚	6.22	61		阿曼	6.27	59
	文莱	5.33	77		沙特阿拉伯	6.9	45
	泰国	5.18	82		以色列	7.4	30
	越南	4.29	105		伊朗	4.99	89
	菲律宾	4.28	107		土耳其	5.69	70
	印尼	3.86	115		埃及	4.44	100
	柬埔寨	3.12	125		科威特	6.54	53
	东帝汶	3.05	128		约旦	5.06	85
	缅甸	2.54	140		黎巴嫩	5.93	66
	老挝	2.45	144		卡塔尔	6.9	46
南亚	马尔代夫	5.04	86		巴林	7.46	29
	斯里兰卡	3.77	116		叙利亚	3.32	122
	不丹	3.74	117		也门	2.02	155
	印度	2.69	138		巴勒斯坦	4.28	106
	尼泊尔	2.5	142		伊拉克	—	—
	孟加拉国	2.35	145	中东欧	捷克	7.25	32
	巴基斯坦	2.35	146		波兰	6.65	50
	阿富汗	1.73	164		罗马尼亚	6.26	60
中亚	哈萨克斯坦	6.57	52		保加利亚	6.69	49
	乌兹别克斯坦	4.05	110		匈牙利	6.72	48
	吉尔吉斯斯坦	3.99	113		斯洛伐克	7.23	33
	土库曼斯坦	—	—		立陶宛	7.1	39
	塔吉克斯坦	—	—		拉脱维亚	7.08	40
东亚	蒙古	4.95	90		斯洛文尼亚	7.23	33
独联体	俄罗斯	6.95	43		阿尔巴尼亚	4.92	91
	阿塞拜疆	6.28	58		爱沙尼亚	8.07	18
	白俄罗斯	3.66	119		克罗地亚	7.04	41
	乌克兰	5.33	76		黑山	6.05	62
	亚美尼亚	5.6	71		马其顿	5.97	65
	摩尔多瓦	5.75	68		塞尔维亚	6.58	51
	格鲁吉亚	5.59	72		波黑	5.25	80

资料来源:ITU。

表 5-8　东南亚各国互联网使用状况

国别	人口	互联网用户	互联网渗透率①
新加坡	5781728	4699204	81.30%
文莱	436620	310205	71.00%
马来西亚	30949962	21090777	68.10%
泰国	68200824	41000000	60.10%
菲律宾	102624209	54000000	52.60%
越南	95261021	49063762	51.50%
印尼	258316051	132700000	51.40%
东帝汶	1261072	340000	27.00%
柬埔寨	15957223	4100000	25.70%
老挝	7019073	1400000	19.90%
缅甸	56890418	11000000	19.30%
亚洲	4052652889	1846212654	45.60%

资料来源:Internet World Stats(www.internetworldstats.com/stats3.htm#asia)（截至 2016 年 6 月 30 日）。

(二)市场潜力巨大

第一,从现实需求看,沿线的多数发展中国家和地区信息化程度低、数字鸿沟大,对信息化产品和服务存在巨大需求,对外发包潜力巨大。新加坡、印度、印尼、马来西亚、巴基斯坦、泰国、阿联酋、沙特、俄罗斯已与我国在服务外包领域建立了合作基础。安永公司的研究报告显示,2018 年西亚北非地区服务外包市场规模预计将达 70 亿美元。像迪拜等一些商务发展好的城市已经将服务外包列为重点发展方向,并建立外包区。未来,这一新兴市场区域在云服务、系统开发、互联网服务等领域将呈现可观的市场和合作机会;随着"一带一路"沿线交通运输、能源工业、电子通信等领域的大量投资与广泛合作,中亚、西亚地区将释放更多工程、工业技术服务与专业业务服务需求②。

第二,任何产业的发展都离不开软件技术和信息系统服务的支持。未来随

---

① 互联网渗透率等于使用互联网的人口与总人口数之比。

② 商务部中国服务外包研究中心:《2016 年中国服务外包发展回顾和 2017 年七大发展趋势》。

着中国与沿线国家在铁路、电力、钢铁、航天、核能、油气等领域的产能和装备制造的深化合作，与之相关的软件产品和信息技术服务外包需求必然快速增长。以与通路通航相关的交通设施软件为例，目前中国已经与泰国、印尼、老挝、马来西亚、巴西、俄罗斯等国家开展高铁项目或达成合作意向。与高铁运行相关的电子自动化设备、监控系统、嵌入式系统、管理服务系统以及个性化的系统集成解决方案等信息化产品都会有强劲需求。

第三，在许多国家信息化产业和市场刚刚起步的情况下，我国服务外包产业具有明显的竞争优势。根据各国产业在全球价值链中的地位和市场情况，进行差异化市场开发，着力构建面向沿线国家地区的服务外包合作体系，建立起统一、透明的服务标准，逐渐形成品牌效应，尤其在软件开发等高端服务外包业务中，加大力度推进我国软件的行业标准和产品技术标准的采用和普及，一方面有助于我国与沿线各国形成全面互联互通的整体格局，另一方面，将推动我国服务外包产业向全球价值链的高端延伸，提升我国服务贸易的国际市场竞争力。

三、主要沿线国家的市场潜力与服务外包需求

本部分主要关注两类国家：第一类是信息化程度高、经济基础好、双边合作基础好、贸易和投资条件宽松的国家；第二类是本国信息化建设刚起步、经济发展迅速、内外部条件稳定、市场潜力大的国家。

（一）新加坡

1. 信息产业市场环境

新加坡具有优越的信息基础设施条件。截至 2015 年年底，固定电话用户 201.82 万户、移动电话用户 821.14 万户，宽带用户 1199.21 万户，其中无线宽带用户 1051.88 万户[1]，2015 年在世界经济论坛《全球信息技术报告》中名列第一。良好的法律保障体系和教育制度，为新加坡信息产业的发展提供了充分的保障和高端人才储备。

---

[1]　商务部：《对外投资合作国别（地区）指南》。

新加坡是全球软件和信息通信服务企业的集聚地。据统计,全球前 100 位的软件和信息通信服务公司中,超过 80 家在新加坡设有分公司、区域总部或全球总部①,进行研发、供应链管理、物流、售后服务等活动。

2. 重点合作领域

(1)金融服务外包

新加坡金融体系发达,是全球第三大金融中心②、第三大外汇交易市场③、是亚洲美元中心市场,也是全球第三大离岸人民币交易中心④。2015 年,其金融保险业产值 477.7 亿新元,占 GDP 的 11.9%。包括 165 家商业银行、278 家基金公司、181 家保险公司在内的全球 700 多家金融机构在新加坡设立了分支机构⑤。作为亚洲离岸人民币业务交易中心,新加坡与中国的人民币跨境金融业务有良好的合作背景和广阔的合作前景,开展金融服务外包业务潜力巨大。

(2)物流供应链管理

新加坡是全球重要的转口贸易中心。目前,新加坡开通了 200 多条海运航线,连接全球 123 个国家和地区的 600 多个港口,是仅次于中国上海的世界第二大集装箱港口。新加坡也是亚洲地区的航空运输枢纽,截至 2014 年年底,已经汇聚了全球 100 多家航空公司往返于 60 多个国家和地区的 250 多个城市。作为世界物流枢纽,全球第三方物流公司 25 强中有 17 家在新加坡设有基地⑥,发展物流供应链管理服务外包条件得天独厚。

(3)智慧城市相关的软件外包业务

新加坡一直致力于打造智慧国家,2014 年发布了"智慧国家 2025"10 年计划,建设覆盖全国的数据收集、连接和分析的信息化基础设施平台,通过全面的信息化应用实现资源的最大化价值。这将为物联网、产业及城市系统解决方案的研发、信息化基础设施平台的运营与维护等服务外包,提供大量市场需求。

---

① 商务部:《"一带一路"及欧盟服务外包合作指引》。
② 第一和第二名分别为伦敦和纽约,排名来自 Z/Yen Group 2016 年公布的全球金融中心指数。
③ 第一和第二名分别是伦敦和纽约,排名来自国际结算银行 2016 年报告。
④ 第一和第二名分别是中国香港和伦敦,排名来自 2016 年环球银行间金融通信系统(SWIFT)。
⑤ 商务部:《对外投资合作国别(地区)指南》。
⑥ 商务部:《对外投资合作国别(地区)指南》。

（二）印度尼西亚

1. 信息产业市场环境

印尼是世界第 4 人口大国，虽然互联网渗透率仅为 51.4%，但网民数量高达 1.327 亿（见表 5-8）。近几年，印尼电信行业增长势头迅猛，3G 网络处于起步运营阶段，移动终端网络用户数量激增。庞大和持续扩张的网民群体是印尼信息产业发展的重要基础。印尼的软件外包需求较大。在东盟区域内，印尼的软件进口额仅次于新加坡和马来西亚且保持增长。UNCTAD 数据显示，2012 年起印尼由软件贸易顺差国变为逆差国，且贸易逆差呈扩大态势。2012—2015 年，贸易差额分别为 1.5 亿美元、5.1 亿美元、4.8 亿美元和 7.1 亿美元。

2. 重点合作领域

（1）电子商务外包服务

印尼的电商产业发展方兴未艾，潜能巨大。预计到 2020 年，电子市场市值有望达到 1300 亿美元，成为继中国和印度之后的第三大亚洲市场。[①] 印尼信息技术产业的发展状况无法匹配电商的繁荣发展，在电商平台开发、运行与维护、数据分析及客户的售前、售中和售后服务等外包业务上潜力巨大。

（2）移动互联网相关的软件设计开发等业务

流量监测机构 StatCounter 报告显示，2015 年印尼国内 70% 的网络数据流量来自移动端。[②] 2015 年，印尼是 Facebook 移动端使用率最高的国家，雅加达在 Twitter 上活跃度位居世界第一。未来与移动互联网相关的 APP、手游、社交媒体等软件开发维护等外包业务前景良好。

（三）俄罗斯

1. 信息产业市场环境

俄罗斯是全球重要的软件和信息服务接包国。2016 年 IDI 指数为 6.95，信息化指数已达发达国家水平。俄罗斯拥有一批强实力的软件外包企业，尤其在

---

① 《印尼或将发展成为亚洲第三大电商市场》，2016 年 8 月 2 日，新浪网。
② 《印尼或将发展成为亚洲第三大电商市场》，2016 年 8 月 2 日，新浪网。

中高端业务领域竞争力极强,可以从事定制软件的研发、测试和服务、高端编程、提供整体解决方案等。俄罗斯的软件贸易规模庞大,每年均有大量进出口,在软件产品贸易中存在大量逆差(见表5-9),显示出国内对软件产品的需求旺盛。

表5-9　2005—2015年俄罗斯软件产品贸易状况　(单位:百万美元)

贸易额/年份	2005年	2006年	2007年	2008年	2009年	2010年
出口额	1041.29	1369.33	2281.19	3044.53	2550.73	2623.77
进口额	1201.69	1512.98	2227.72	3269.53	3302.39	3955.34
差额	−160.4	−143.65	53.47	−225	−751.66	−1331.57

贸易额/年份	2011年	2012年	2013年	2014年	2015年	
出口额	3101.51	3493.529	4163.109	4503.614	3971.415	
进口额	4946.28	5168.809	6079.93	6854.121	5520.003	
差额	−1844.77	−1675.28	−1916.82	−2350.51	−1548.59	

资料来源:UNCTAD数据库。

2. 重点合作领域

(1)基于产能合作项目的软件外包

俄罗斯是世界第一资源大国,与中国在油气、基础设施等领域有许多大型项目合作。随着"一带一路"战略的推进,未来两国在油气、化工、电子、高铁、机械、建材等领域的产能合作还将进一步深化。基于产能合作的"跟随"软件外包业务将有广阔发展空间,如工程设计服务、人力资源、检验检测服务等。

(2)互补性软件外包服务

云计算和信息安全有极大需求,这正是我国处于国际领先地位的技术,未来与俄罗斯合作空间很大。

(四)沙特阿拉伯

1. 信息产业市场环境

沙特的网络普及率极高。截至2014年,宽带普及率高达94.5%,互联网普及率63.7%,移动用户普及率171%。① 沙特拥有中东最大的IT市场,2014年市

---

① 商务部:《对外投资合作国别(地区)指南》。

场规模约 115 亿美元,预计到 2017 年将达到 142 亿美元。① 政府大力发展通信和信息技术产业的政策,以及在金融、医疗、教育和交通领域基础设施的升级改造,是促使市场繁荣发展的主要因素。

2. 重点合作领域

（1）与工程相关的设计、技术、行业整体解决方案等外包。为了摆脱单一经济结构的制约,沙特一直寻求经济转型。近年来政府积极对基础设施进行升级改造。据统计在建的工程项目总值超过 1 万亿美元,涵盖医疗、交通、电力制造业等,其间释放出大量与工程相关的设计、技术、行业整体解决方案等服务外包需求。

（2）智慧城市在 IT 产业发展成熟,教育、医疗、交通等基础设施建设比较完善的情况下,沙特政府正在致力于打造智慧城市。这为物联网、云服务、产业及城市系统解决方案的研发、信息化基础设施平台的运营与维护等服务外包提供大量市场需求。目前华为、中兴与沙特在相关领域已经展开合作。

四、我国在沿线国家服务外包发展前景展望及政策支持重点

（一）前景展望

1. 借助"一带一路"政策,我国外包企业"走出去"步伐加快

信息产业规模不断扩张和"一带一路"战略的实施,为我国外包企业的海外扩张提供了更大空间。2014 年工信部参与制定的《周边国家互联互通基础设施建设规划》,制定了支持亚欧信息高速公路建设的方案,提出实现周边国家在数据信息服务、互联网业务和国际通信业务领域互联互通的具体目标,包括2014—2017 年间支持建设和完善中哈、中吉、中塔、中巴等国际跨境陆地光缆系统,极大扩大了相关国家的通信基础设施建设空间。我国对通信基础设施厂商的扶持力度也越来越大,一批有实力的软件信息企业正在加快"走出去"的步伐,纷纷在沿线国家布局,海外融资、并购、设立海外研发中心等活动明显增多。

---

① 商务部:《"一带一路"及欧盟服务外包合作指引》。

如中兴通讯布局俄罗斯、印尼、印度、巴西等国家市场,华为在印度、俄罗斯、土耳其设立研发中心等。

国内发展势头正劲的电子商务行业,是"一带一路"战略的延伸受惠领域。2014年阿里巴巴投资新加坡邮政2.49亿美元,为淘宝和天猫商品顺利进入东南亚市场进行铺垫。2015年蚂蚁金服收购印度支付服务业者One97 Communications 25%股权。同年,阿里与蚂蚁金服投资印度电商Paytm 6亿美元,成为Paytm最大股东,2016年以10亿美元收购东南亚主流电商平台Lazada。京东也在加快布局俄罗斯、印度、印尼等沿线新兴市场,开拓海外业务。未来几年,随着沿线国家信息化基础设施互联互通水平提升,电商行业的发展潜力逐渐释放,良好的行业发展前景和国家政策的大力支持,将有更多中国电商企业借助"一带一路"政策"走出去",成为中国电商企业海外扩张的黄金时期,庞大的电商市场为国内的外包服务企业带来重大利好,与网络贸易相关的配套服务,如商品订购、在线支付、金融贷款、物流配送、售后等环节搭建平台,进行平台的运营和维护方面的需求日益增加。

2. 对外合作项目对服务外包的带动作用进一步增强

"一带一路"战略实施以来,中国与沿线国家的基础设施合作、投资、贸易屡创新高,涉及金额大、领域广、增速快。商务部数据显示,2016年我国企业在"一带一路"沿线61个国家新签对外承包工程项目合同8158份,合同金额1260.3亿美元,占我国对外承包工程新签合同额的51.6%。同期,我国企业对沿线53个国家直接投资额145.3亿美元,双边贸易总额9955亿美元,占总对外贸易额的比重为25.1%,显现出快速增长势头。

中国与沿线国家的国际产能合作涉及高铁、港口、通信、电力、钢铁、航天、核能、油气等诸多领域,此外国家积极鼓励金融、保险等行业开拓国际市场,为国际产能和装备制造合作提供配套服务,这将释放出大量与工程和项目相关的服务外包需求。如与高铁相关的电子自动化设备、监控系统、嵌入式系统、管理服务系统以及个性化的系统集成解决方案,与工程相关的设计服务、人力资源、检验检测服务等。未来,项目带动型外包业务成为我国在沿线国家和地区重要的接包方式,将有效扩大我国的接包规模,加快打开沿线国家市场的步伐,是扩大国际市场份额、提高国际竞争力的重大机遇。

3. 沿线空白市场有望成为我国外包产业树立行业标准和规则的重要阵地

标准意味着话语权。沿线许多国家信息技术行业发展滞后，给我国高端服务外包业务输出带来重大机遇，尤其是在空白市场，我国企业大有可为。在国家政策大力支持下，有望抢得先机，率先构建和推广我国的行业、技术、服务标准，并逐步确立在相关国家中高端外包产业规则制定中的主导地位和话语权。

（二）政策支持重点

1. 风险防范机制

随着与沿线国家的经贸合作的广泛深入开展，在经济、贸易、投资、文化、法律法规等方面的对接障碍逐渐显现出来。为尽可能防范风险，减少损失，应联合相关政府部门、金融机构、行业组织和企业等构建"一带一路"风险防范机制，完善事前、事中与事后的预警、协调和善后，为企业到这些地方进行投资、贸易活动提供准确和有价值的参考与帮助。如，构建风险信息发布平台和搭建企业信用平台，定期发布对沿线国家的风险评级，及时追踪突发的政治、经济、文化等风险事件，及时发布沿线国家企业信用评级等信息。

2. 提前布局沿线空白市场

第一，积极推动软件研发的本土化。沿线各国对软件产品和服务的需求不能一概而论，即使是同一用途软件，也可能因为国情不同需要区别对待。以网络应用及社交软件为例，Uber、雅虎、亚马逊等企业在中国市场受到挫败，最大的问题就是水土不服，在进行海外拓展时本土化战略落实不到位。应引导企业注重软件产品和服务研发的本土化，更好地适应目标市场的语言、文化、法律等需要，以个性化定制的方式满足目标市场的需求。尤其着重对空白市场的开发，如构建中巴信息走廊平台、扩大与孟加拉国、缅甸的网络信息技术合作和软件外包，为占领市场先机奠定良好基础。

第二，积极推动与沿线国家标准的统一互认。结合沿线不同国家的文化、语言、产业特色，聚焦沿线国家的需求，以优势技术产品作为突破口，率先构建和推广有利于我国的业务规则、行业标准和产品技术标准，采取以点带面的方式逐步确立我国在规则制定中的主导地位和话语权。

3. 面向服务外包企业的金融保险支持政策

一是为服务外包企业的海外经营活动提供专项融资服务。如设立专项发展基金,提供银行跨境担保等;二是为企业规避风险提供完善的保险机制,开发有针对性的保险产品。2015年国务院批准保监会设立3000亿元的中国保险投资基金,其中涉及一些专门服务于"一带一路"基础设施建设的项目。目前,国内部分保险公司已经开始设计面向"一带一路"的工程项目和装备制造业的专门险种,但并没有专门针对软件信息技术企业的险种。未来应加快开发面向不同国家、不同项目的针对性险种,解决企业海外经营的后顾之忧。

Ⅵ　国内案例篇

上海浦东软件园股份有限公司

浦软课题组

上海浦东软件园是国内成立最早的软件园区,集聚了一批国际知名企业,构筑了国内集成电路、服务外包和移动互联网产业高地,在软件和信息服务外包方面拥有领先的地位。未来,浦东软件园将进一步培育和引进具有引领作用的前沿服务外包企业,促进其产业链的形成和集聚。

上海浦东软件园股份有限公司于 1992 年 7 月成立,1998 年改制成立有限责任公司。2000 年 3 月上海浦东软件园(以下简称浦东软件园)开园,是国内成立最早的软件园区。浦东软件园先后被国家相关部委认定为国家信息安全成果产业化基地(2000 年 9 月)、国家软件产业基地(2001 年 7 月)、国家软件出口基地(2004 年 1 月)和国家新型工业化产业示范基地(2013 年 1 月)等。

近年来,浦东软件园先后获得了"全国青年创新创业示范园区""亚洲最佳孵化器""上海市五一劳动奖状""上海市文明单位""上海品牌园区""上海名牌""上海市著名商标""上海产业园区品牌开发建设运营机构称号"等各类荣誉30 余项,园区品牌在国内外知名度和影响力正在持续提升。

一、园区服务外包企业发展现状

目前,园区拥有企业数量 1594 家,其中入驻企业数量 536 家,年总产值超过 660 亿元。截至 2016 年年底拥有近百家服务外包企业,其中包括:德州仪器半导体技术(上海)有限公司、思爱普(中国)有限公司、思科系统(中国)研发有限公司、高通企业管理(上海)有限公司、上海文思海辉软件技术有限公司、科锐安通讯技术(上海)有限公司、胜科金仕达数据系统(中国)有限公司、群硕软件开发(上海)有限公司、上海畅联智融通讯科技有限公司等。初步统计,区内服务外包从业人员超过 14000 人,2016 年营收超过 93 亿元,占园区总营收约 14%。

一批国际知名、业界领先企业纷纷落户浦东软件园,构筑国内集成电路、服务外包和移动互联网产业高地,众多实力强劲的国内企业同样选择浦东软件园,在服务外包、芯片设计、移动互联网、电子商务、文化创意、行业应用等产业领域,形成了较强的产业集群优势,各个产业领域合作创新、跨界交融,构成了鲜明的产业链生态圈,体现了上下游之间较强的竞合发展态势,具备了很强的"四新"经济发展动力和先发优势。园区还集聚了张江创投、浦软创投、晨晖创投、青雅投资、迪埃孚投资等风投机构,为技术、产业和企业的创新和创业起到了推波助澜的作用,助推了一批以迦美信芯、天天果园、七牛等为代表的创新型企业。

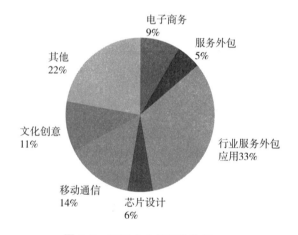

图6-1　园区企业领域分布图

2016 年园区软件及信息技术服务外包利润超过 7.9 亿元,税收超过 6.7 亿元,在从业人员 14000 人中拥有海归 650 人、博士 310 人、硕士 3500 人、本专科生 9600 人,本专科以上从业人员占从业人员总数 90% 以上。百人以下的企业占 57%,100 到 300 人企业占 22%,300 到 1000 人企业占 14%,千人以上的企业占 7%。

其中,出口企业超过 30 家,主要集中在行业应用、移动通信、服务外包、芯片设计等领域,出口总额超过 49 亿元。

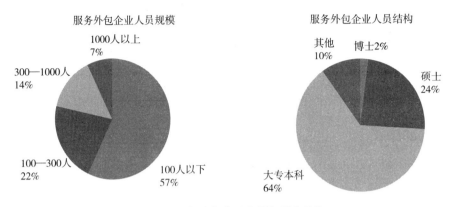

图 6-2　服务外包企业人员规模和结构

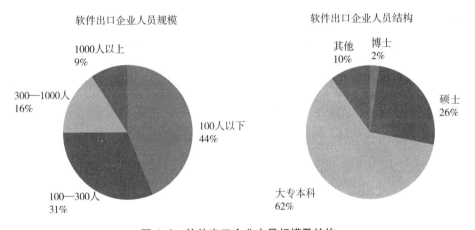

图 6-3　软件出口企业人员规模及结构

　　浦东软件园入选"2015 年度全球最佳服务外包园区——中国十强"（TGOTP China TOP10）榜单。浦东软件园在软件和信息服务外包方面取得了长足的发展，拥有国内领先的地位，随着"一带一路"战略的实施，将会取得更加瞩目的成就。

二、园区服务外包企业发展特点

（一）龙头企业持续发挥引领作用

　　围绕大数据技术研究、产品研发与模式创新，人工智能、芯片设计、电商平台

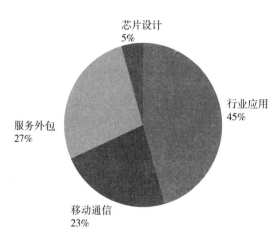

图 6-4 软件出口企业领域分布

等领域,龙头企业如银联数据、大智慧、高通公司、德州仪器、快钱、火速、智位机器人,火星时代、河马动画等企业成为推动产业跨界发展,持续发挥引领作用的主力。花旗软件、群硕软件、华钦等服务外包及软件出口企业,为客户提供 ITO、BPO 和 KPO 业务的全方位服务。龙头企业在各自的领域内带动上下游企业向园区进一步集聚并形成合理的结构,形成良性发展,凸显了集群效应。2016 年数据显示,入园企业规模变大,领域结构更加合理。

(二)"四新"企业发挥示范作用

作为浦东新区首批创意产业园区,园区互联网企业创新速度加快,产品覆盖产业链各个环节,初步形成了园区的核心竞争力。2345、思华科技、棠棣科技等互联网企业在基于互联网领域的软件开发与商业模式创新方面都处于国内领先水平,已经成长为行业龙头企业,比如沪江网全新地打造了全国网络首款移动直播学习平台——沪江 CCTalk,为外语学习群体打造了最纯正的在线互动平台。

(三)服务外包企业呈现外向型

出口企业占服务外包企业的 60%强,且大多为外资企业,占比约为 65%,主要来自欧美、日本及印度,且多数为国外知名企业在中国的分部或研发中心,如:思爱普(北京)软件系统有限公司上海浦东张江分公司、德州仪器半导体技术

(上海)有限公司、高通企业管理(上海)有限公司等。软件出口企业注册资金和出口收入均超过服务外包企业总量的76%。

(四)业务相对集中,人才聚集度高

外资或合资服务外包企业的业务主要集中在软件开发、移动通信、物联网等领域,而内资服务外包企业的业务集中在软件开发和移动通信等领域。软件出口企业的主要出口地区为欧美和日本,随着"一带一路"战略的实施,软件和信息服务出口也稳步增长。

服务外包企业特别是软件出口企业高学历人才聚集,海归、博士、硕士占企业员工的比例远远高于其他企业,这充分显示了国际软件及技术服务市场对软件产品的高要求,以及对软件产品从业人员的高要求,海归人数占总海归人数的约35%,博士人数占总数约28%,硕士占比超过40%。

(五)企业规模大,科研创新强度高

服务外包企业特别是软件出口企业的科研创新服务外包企业平均注册资金是全部企业平均注册资金的约1.9倍,平均营收额是全部企业平均营收额的约2倍。其中,软件出口企业一般为300人以上的大型企业,营收超亿元,营收的大部分来自软件和技术服务。

科技活动投入高,是全部企业平均科研投入的约2.7倍,从一个侧面反映了服务外包特别是软件出口企业的创新能力和产品竞争力源于对创新和科技活动的高投入。

三、发展服务外包带来的效应

服务外包的发展,为园区带来了人才集聚、技术集聚、产业链集聚和资源整合能力集聚的倍增效应显现。

人才的集聚:软件和信息技术服务外包企业特别是软件出口等大型企业,吸引了大批海归、博士和硕士,促进了上海城市人才高地的形成。

技术的集聚:外资企业、软件出口企业、海归人才的集聚,带来了国际上最

新、最前沿的软件和信息技术，使浦东软件园在软件和信息服务领域具有了强大竞争力的技术优势，助长和带动了城市的软件和信息服务业的技术进步，提高了城市的技术竞争力。

产业链的集聚：人工智能等前沿领域企业的集聚，有力地引领和促进了整个产业链的发展和进步，提高了城市软件信息服务业面上的竞争力和发展后劲，扩大了城市的产业规模，提高了城市的产业及企业品质，为将来的发展奠定了技术、人才、产业链等基础，为将来软件和信息服务业的发展创造了条件。

园区服务外包资源整合能力不断攀升，有力地带动了软件服务外包产业的发展。上海服务外包交易促进中心作为部市共建和浦东新区综合配套改革框架下的创新性平台项目，也是全国服务贸易便利化的试点平台，中心任务是服务对接长三角及全国的服务外包，自 2013 年成立以来，中心注册会员累计近 4000家，企业数据库累计 4 万家，项目数据库累计发布项目 10 万多个，线上及线下累计对接项目金额约 25 亿元人民币。同时通过在岗培训，培养了大批合格的 IT技术和服务人才，并向内地辐射，带动长三角及周边地区软件和信息技术服务外包的发展。

四、创新发展思路

未来，浦东软件园将进一步培育和引进具有引领作用的前沿服务外包企业，促进其产业链的形成和集聚。如人工智能企业依托互联网平台提供的人工智能创新服务、人工智能核心技术的开发，一大批与人工智能相关的新消费需求将因为得到技术支撑而得以实现、被有效激发。同时，人工智能产业的发展有利于催生新兴业务和鼓励创新。人工智能技术在语音识别、图像识别等领域已经有了广泛应用，未来还将在人机交互、大数据等领域发挥重大作用，给传统产业供给侧结构性改革带来新的机遇，孕育出海量的服务外包新兴业务。更为重要的是，这意味着未来 10 年，将创造出更多、更新、更前沿的发展机遇和可持续发展的产业生态链。

天津鼎韬外包服务有限公司

齐海涛[①]

本案例主要介绍天津鼎韬外包服务有限公司作为服务经济领域的知名研究咨询机构,成立十多年来在服务外包和服务贸易领域为政府和企业提供咨询服务的主要成果和基本经验,具有一定的参考价值。

一、发展历程

天津鼎韬外包服务有限公司(以下简称"鼎韬"),于 2006 年 10 月在天津滨海新区成立,经历十多年的发展历程,目前已经发展成为全球服务经济领域的知名研究咨询机构,中国服务贸易/外包产业的先驱者及行业资源集成平台。以前瞻性的产业研究为核心,构筑全球产业资源聚合平台,鼎韬作为行业第四方,为美洲、欧洲和亚太地区等全球众多国家、地区、州(省)及当地各级政府、非营利机构、国际组织、园区、协会、企业及从业人员提供专业的咨询服务。鼎韬全球拥有 100 余名高级咨询顾问,研究领域覆盖 IT、制造、生物医药、金融、物流、文化等 50 多个垂直和细分行业,平均从业经验超过 20 年。

二、发展现状

鼎韬总部设在天津滨海新区,国际总部设在美国纽约,同时在北京、上海、南京、合肥等国内城市,以及澳大利亚、印度、欧洲、拉美等地建立了包括 4 个子公

---

① 齐海涛:天津鼎韬外包服务有限公司 CEO。

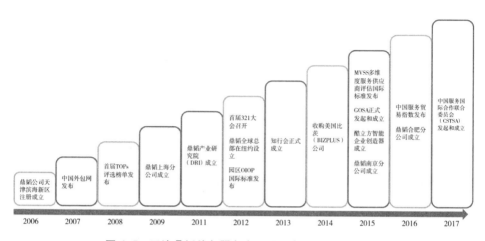

图 6-5　天津鼎韬外包服务有限公司发展历程及大事记

司、5 个地区代表处和 35 家合作伙伴。业务遍及全球 20 多个国家,为 7000 余个政府和企业客户提供高质量的咨询服务。

以"思想整合产业,平台聚集资源"为经营理念,以"知行合一,精勤实践"为价值主张,基于鼎韬的全球影响力和资源,多年来致力于提升"中国服务"在全球的品牌及影响力。鼎韬还是国家发改委、工业和信息化部、商务部、科技部等中央政府机构的长期咨询顾问,并为全国 19 个省、60 多个城市、400 多个产业园区以及 1 万多家企业提供长期咨询服务。

鼎韬荣获"最受全球买家信赖的中国咨询机构"称号,是国家发改委中国投资协会创新委战略合作伙伴、国家商务部咨询服务合作机构、国家工信部咨询服务合作机构、GOSA 发起机构及秘书长单位、中国服务国际合作理事会发起机构等。

目前,鼎韬已经形成八大较为成熟的业务板块。分别为:咨询、服务贸易解决方案、园区运营解决方案、产业创新解决方案、会展活动解决方案、标准、TOPs 系列评选、国际投资并购。

三、主要经验

在十多年的发展过程中,鼎韬从填补行业空白,构建行业标准,制定顶层设计方案出发,采用"自上而下"的发展模式,以"思想引领产业、平台汇聚资源"为发展理念,依托鼎韬强大的行业资源及影响力,为政府、企业、第三方机构、从业人员等各类客户提供从咨询规划到运营支持的"知行合一"的全流程解决方案,在引领和推动产业发展理念创新的同时,也积累了丰富的行业实践经验。

(一)政府咨询

鼎韬为美洲、欧洲和亚太地区等地的众多国家、地区、州(省)及当地各级政府、非营利及国际组织、园区及协会等诸多机构提供长期服务。国际代表客户包括联合国项目事务署、印度 NASSCOM、GIZ 德国国际合作机构、俄罗斯国家协会等等,中国国家级政府和机构代表客户包括国家发改委、中国商务部、中国工业和信息化部、中国科技部、中国服务贸易协会、中国软件协会等等。同时,鼎韬还服务于中国 19 个省和 60 多个城市的各级地方政府和机构,为中国 400 多个产业园区提供常年咨询服务,并且同中国 40 多个地方协会和商会等组织建立了长期合作关系。

- 巴西信息技术和通信技术公司协会
- 保加利亚外包协会
- 中东欧及欧洲合作伙伴
- 马来西亚信息技术协会
- 智利信息技术服务协会
- 波兰信息技术服务协会
- 匈牙利信息技术服务协会
- 保加利亚信息技术服务协会
- 捷克服务协会
- 拉丁美洲服务出口协会
- 菲律宾信息技术和业务流程协会
- 俄罗斯国家协会
- 菲律宾呼叫中心协会
- 全球外包协会
- 国际外包专业协会
- 美国外包集团
- 波罗的海信息通信技术协会
- 印度软件和服务业企业行业协会

图 6-6　鼎韬全球客户及战略合作伙伴

(二)企业咨询

鼎韬为海外企业进入中国,以及中国企业的全球拓展,领军企业和创新创业型企业的发展提供专业的咨询服务,鼎韬企业咨询服务涵盖发展战略咨询、管理咨询、市场调研、行业评选、投资及并购等等。

鼎韬为 1 万多家跨国及领军企业提供专业服务,代表企业有:国际商业机器中国有限公司、塔塔信息技术(中国)股份有限公司、印孚瑟斯技术(中国)有限公司、索迪斯、简柏特有限公司、凯捷咨询(中国)有限公司、维布络信息科技(上海)有限公司、德勤(中国)会计师事务所、日立咨询(中国)有限公司、赛科斯中国、萨孚凯信息系统有限公司、毕马威企业咨询(中国)有限公司、NEC 软件有限公司等等。

鼎韬不仅深受海外及在华跨国企业的信赖,同时也是多家中国领军企业的忠诚合作伙伴以及创业创新型企业的发展咨询师。如鼎韬与上海联合金融投资有限公司、恒生科技园、亿达集团、关谷联合等多家集团/机构在产业运营、孵化服务、招商引资等领域达成战略合作协议,并成为长城汽车、中国平安、中国移动、交通银行、文思海辉、软通动力等多家企业的长期发展顾问。

四、创新发展的主要思路

(一)咨询:将产业研究与产业运营高度融合提供全产业链服务

鼎韬咨询作为国际化的研究和咨询公司,以市场为咨询服务的归宿与核心,秉承"市场是检验咨询效果的唯一标准"的宗旨和理念,为客户提供更具操作性和实际效果的咨询服务。与众多跨国公司、国家发改委、商务部、地方政府、风险投资机构等形成战略合作的关系,拥有产业海量数据、专家智库、投资项目、企业及人才数据库等产业资源,并深刻参与到国内多个产业新城/园区从顶层设计到实际运营的全流程中,在制定战略的同时,鼎韬更注重战略的落实等执行层面,确保战略的可操作性,为区域及企业的稳步发展奠定坚实的基础。

1. 政府咨询

鼎韬为美洲、欧洲和亚太地区等地的众多国家、地区、州(省)及当地各级政府、非营利及国际组织、园区及协会等诸多机构提供长期服务。包括:产业发展规划编制;新城经济发展顶层设计;智慧城市建设顶层设计;产业发展政策体系设计;产业公共服务平台规划;品牌运营体系规划;招商引资体系规划;产业发展

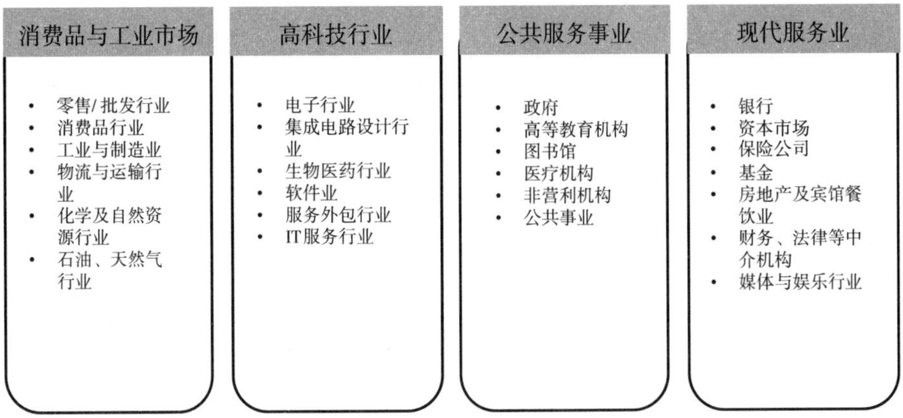

消费品与工业市场	高科技行业	公共服务事业	现代服务业
• 零售/批发行业 • 消费品行业 • 工业与制造业 • 物流与运输行业 • 化学与自然资源行业 • 石油、天然气行业	• 电子行业 • 集成电路设计行业 • 生物医药行业 • 软件业 • 服务外包行业 • IT服务行业	• 政府 • 高等教育机构 • 图书馆 • 医疗机构 • 非营利机构 • 公共事业	• 银行 • 资本市场 • 保险公司 • 基金 • 房地产及宾馆餐饮业 • 财务、法律等中介机构 • 媒体与娱乐行业

图 6-7　鼎韬专注领域

报告/白皮书编制;主题峰会策划及组织等等。

2. 企业咨询

鼎韬为海外企业进入中国,以及中国企业的全球拓展,领军企业和创新创业型企业的发展提供专业的咨询服务,具体包括:为海外企业提供针对中国地区的产业及市场研究分析服务、为想进入中国的海外企业提供全流程解决方案;为在华跨国企业提供"在华服务外包跨国企业二十强评选"活动、针对中国市场及企业的调研及并购咨询服务、针对中国地区的投资选址和推介服务;为中国领军企业及创新企业提供企业发展战略咨询、企业管理咨询、企业投资选址咨询、企业并购及上市咨询、定制调研分析报告、成功案例研究等。

(二)服务贸易解决方案:系统构建服务贸易产业发展的特色路径

2017 年,鼎韬系统推出服务贸易产业发展系列解决方案,从服务贸易发展规划/顶层设计、服务贸易发展指数及报告、服务贸易大数据统计分析平台、全球服务贸易创新支撑平台以及国际服务贸易主题峰会五个维度,助力城市/区域系统构建服务贸易产业发展的特色路径。

1. 服务贸易发展规划/顶层设计

基于鼎韬对于全球及我国服务贸易产业发展的领先及深度研究,以及在区域产业发展路径规划和实践方面的丰富经验,鼎韬为城市及区域服务贸易产业发展提供全面规划顶层设计方案,服务内容涵盖产业内外环境分析、产业定位、细分产业方向选择、产业空间布局、产业发展行动方案、开发模型选择、经济测算与产业政策制定等多个方面,围绕特定区域和城市如何推动服务贸易产业发展展开深度调研与科学论证,全面指导服务贸易产业发展各项工作的实施。

2. 服务贸易发展指数及报告

基于对我国服务贸易产业长期的研究结果,2016 年鼎韬提出了服务贸易发展指数的概念及其计算模型,从不同的角度反映服务贸易的发展规模、水平、速度及其发展的特点。并联合中国服务贸易协会和上海服务外包交易促进中心共同发布了《中国服务贸易发展指数研究报告 2015》,填补了行业空白。

服务贸易发展指数包含 5 个一级指标、23 个二级指标、72 个三级指标,可以较为全面、客观、科学地评价一个地区或国家服务贸易发展情况,为客户全面认识和了解本地服务贸易产业发展情况,以及相关具体工作的开展具有重要指导和启发作用。

3. 服务贸易大数据统计分析平台

数据统计和企业的掌握是政府发展一切产业的基础。2017 年鼎韬开发建设了支撑城市服务贸易产业发展的大数据统计分析平台。平台不仅针对当前我国各城市服务贸易产业发展和企业经营现状特点,服务贸易统计标准和体制,现有数据偏差区间和调整方法,结合全球及我国服务贸易统计和分类标准,建立了一套科学的服务贸易数据采集和分析的算法。同时,建立了分区域管理、KPI 预警、企业档案等多个数据精细化管理功能模块,实现数据的自动跟踪、自动获取、自动计算,并直接生成分析结果,包括服务贸易综合发展指数、产业结构、空间布局、国际竞争力等多项结果,为地方制定产业定位、规划布局、重点方向、核心举措及专项政策等提供数据支撑。平台还采用了云端应用、加密传输等技术全面保障平台数据的安全性。

4. 全球服务贸易创新支撑平台

依托强大的全球产业资源及业务网络,鼎韬携手拉丁美洲服务出口协会、俄罗斯国家协会、美国外包集团、国际外包专业协会、中东欧及欧洲合作伙伴、巴西信息技术和通信技术公司协会等多家国际战略合作伙伴共同发布全球服务贸易创新支撑平台,通过"线上平台+线下整合"的联动模式,通过国际资源整合、联

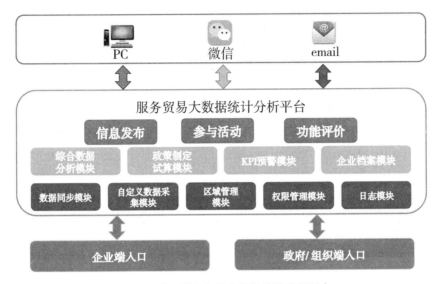

图6-8 鼎韬服务贸易大数据统计分析平台

项目对接、全球信息汇聚、国际网络体系搭建及合作交流,为城市构建新经济时代下服务贸易国际化发展支撑平台。

全球服务贸易(外包)创新支撑平台的整体框架

线上+线下+服务"三位一体的立体化平台体系

Online Platform

线上平台以"信息共享+在线交易(交流、交融、交友)"为核心功能,打造一个即时了解产业发展新动态,学习行业知识,了解合作区域产业环境及政策法规、对接产业资源和项目需求的共享合作平台。

Offline Platform

线下平台依托城市国际合作联盟、城市落地服务中心、国际峰会及访问活动、国际合作发展基金等帮助城市建立全球服务贸易(外包)合作与产业转移的国际网络体系。

Service Platform

服务平台以促进国际交流与合作为目的,整合专业的服务机构和企业资源,为用户提供资讯、宣传、咨询、投资及并购、会展、培训、认证以及项目促进等各项服务。

全球服务贸易(外包)创新支撑平台由线上平台、线下平台和服务平台三个模块组成。依托线上平台汇集行业信息和产业资源,依托线下平台推进国际交流与产业转移,为城市服务贸易(外包)产业发展以及企业国际化战略实施与发展,提供专业化平台的全流程服务,将成为推动区域服务贸易及外包国际竞争力提升的重要抓手和突破点。

图6-9 鼎韬全球服务贸易创新支撑平台体系

5.国际服务贸易主题峰会

作为中国服务经济领域的重要媒体平台,鼎韬多年来策划组织了上百场内容精彩、形式多样的行业活动,公司旗下的 321 领军者年会(千人规模)曾多次获得央视新闻的专题报道。基于其丰富的全球产业资源以及丰富的会议策划组织经验,鼎韬为区域主办国际服务贸易主题峰会提供全流程解决方案,包括会议主题策划、宣传推广、场地布置、嘉宾邀请等专业峰会组织服务。

以上述方案为核心,鼎韬助力城市/地区系统构建区域服务贸易产业发展的路径,即在掌握数据的基础上,通过指数分析形成服务贸易发展的顶层设计;聚焦 1+1 发展路径,有针对性地制定和出台服务贸易发展的本地优惠政策;打造"国际交流合作""服务创新孵化"以及"服贸人才供应链"三大平台;完善综合发展环境等;最终实现服务聚集、产业发展以及城市转型的发展愿景,形成立竿见影的产业发展成果。

(三)园区运营解决方案:以"经营产业"理念构筑产业链条

产业是城市经济及社会发展的内核,我国自改革开放以来,城市/园区产业的发展经历了以"招商引资"为核心的粗放式发展模式,正在朝着以"经营产业"为理念的科学发展路径升级前进。鼎韬以"经营产业"理念,针对产业新城/产业园区的发展提供从顶层设计、管理体系到推广招商的全流程解决方案,帮助客户顺利实现区域的快速起步到成熟发展的顺利过渡。

顶层设计		管理体系		推广招商	
城区/园区战略	**产业规划**	**团队管理**	**平台搭建**	**宣传推广**	**招商/引资**
☆ 内外部环境研究分析	☆ 内外部产业环境分析	☆ 人事组织架构设计	☆ 产业大数据分析平台	☆ 品牌定位及策划	☆ 招商定位及规划
☆ 城市/园区产业定位和产业发展战略	☆ 产业整体发展战略和发展规划	☆ 岗位职责设计	☆ 国际合作平台	☆ 品牌推广渠道建设	☆ 招商政策制定
☆ 城市/园区开发及运营模式	☆ 细分产业发展战略	☆ 外部机构评估	☆ 企业服务平台	☆ 软文推广	☆ 招商资料策划及撰写
☆ 城市/园区空间布局规划	☆ 产业发展实施步骤设计	☆ 内部人才评估	☆ 产业公共服务平台	☆ 新闻稿撰写/发布	☆ 招商引资渠道建设
☆ 城市/园区发展战略和实施路径规划		☆ 薪酬体系设计		☆ 报道/活动视频直播	☆ 招商团队及管理体系建立
☆ 城市/园区发展经济测算		☆ 绩效考核体系设计		☆ 项目申报及认证	☆ 招商引资及企业对接
					☆ 招商活动策划及组织

图 6-10　鼎韬园区运营解决方案

1. 顶层设计

顶层设计服务内容涵盖产业分析、产业选择、产业竞争力分析、产业发展定位、产业空间布局、重大产业规划论证、开发模型选择与产业政策制定等多个方面，围绕特定区域和城市产业发展过程中的实践性课题展开科学论证，为区域产业发展提供最具针对性和可操作性的规划服务。

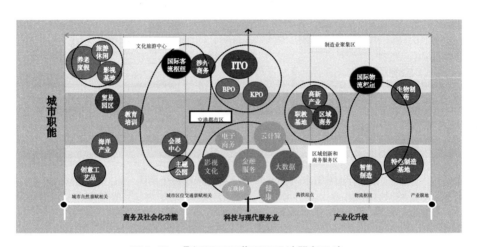

图 6-11   鼎韬园区运营顶层设计服务思路

2. 管理体系

管理体系服务内容涵盖产业新城/园区经营模式设计、盈利模式设计、团队管理体系建设等多个方面，针对产业/企业服务能力的提升，基于鼎韬丰富的实践经验以及行业第三方服务机构资源的聚合，推动技术、人才、金融、国际合作等各类型的产业公共服务平台落地与运营，推动区域产业发展环境的快速完善与成熟，从而有效对接产业的导入与聚集发展。鼎韬采取灵活的合作模式，与地方政府及管理公司形成深度合作，共同推进产业发展管理和推动体系的建立。

3. 推广招商

依托鼎韬强大的产业资源整合能力，引领区域快速构建和提升行业品牌及影响力，并且全面推动产业的快速导入与聚集发展。

基于对鼎韬强大产业运营能力的信任，多家国际顶级机构已与鼎韬在新城建设领域达成一致。鼎韬将产业导入与人口导入、产业发展与城市发展相协调，推动资金与产业的全面导入，从而使得一座活跃新城快速呈现。

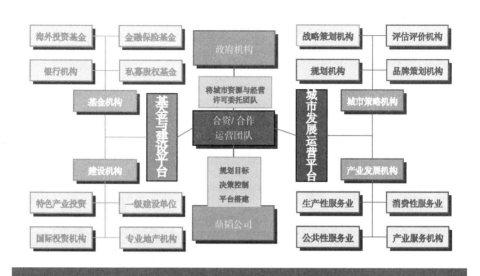

图 6-12　鼎韬园区运营管理体系示意图

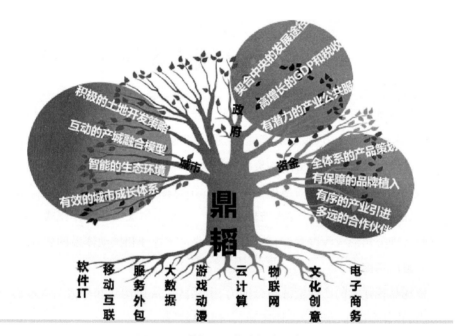

图 6-13　鼎韬园区推广招商示意图

（四）产业创新解决方案：虚实结合，个性化提供创新创业服务

着眼于区域产业创新内核的构建和孵化，鼎韬于2014年创办酷立方智能企业创造器，并在北京设立了首家酷立方智能企业创造器。截至目前，酷立方孵化器已经覆盖北京、天津、南京、成都、合肥、马鞍山、扬州等多个城市和地区。

酷立方专注产业链创新与产业孵化，打造面向创新型小微企业的共享中心，以共享空间、孵化服务、资本支持和交易平台四大特色服务为基础的创新企业孵化模式，整合城市及行业资源，致力于为创业者提供最佳创业体验，打造深度孵化圈。背靠鼎韬集团的全球资源网络体系和支持，酷立方为创业者提供组合投资支持、全程创业辅导、关键合作对接、日常运营支持、多元办公空间等多元化的服务支持，为具有创新力、成长力、有思想的智能企业打造会员协作式创业社区。

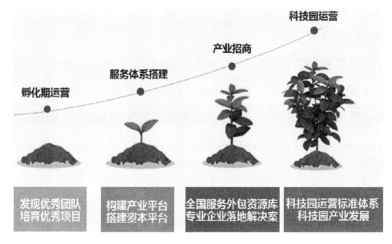

图6-14　酷立方孵化+加速全体系服务方案

（五）会展活动解决方案：提供一站式产业活动组织服务

作为中国服务经济领域的重要媒体平台，鼎韬多年来策划组织了上百场内容精彩、形式多样的行业活动。基于鼎韬丰富的产业资源以及主题活动策划及组织经验，可以根据客户的需求，提供从主题设计、内容策划、宣传推广、场地布置、嘉宾邀请等一站式的产业活动组织服务。活动类型包括：大型国际产业主题峰会（千人以上）；产业主题论坛（200—400人）；海外/本地招商主题会/冷餐

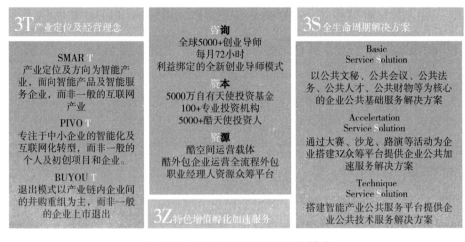

图 6-15　酷立方 3T/3Z/3S 孵化模式

会;产业座谈会;培训会;产业对接及交流会等。

1. 321 年会

全球服务与外包领军者峰会(简称 321 峰会)是鼎韬主办的千人主题峰会,于每年的 3 月 21 日召开,已经连续举办了六届,并曾多次获得央视新闻的专题报道。峰会设立最权威的会议主题,开展最精准的话题研讨,汇聚国际资源,注重对接合作,是国内最高规格、最具实效和最具国际影响力的项目交易平台和国际交流展会。

2. 海外峰会

鼎韬持续为国内行业各方带来国际最前沿、最高水准的峰会资源,并能根据国内政府、园区、企业的需求,提供会后商务拜访及高管对话等定制化系列活动,为中国与全球高管提供无障碍高质量的沟通渠道,促成更多的业务合作,推动中国同世界在产业领域的互联互通。

3. 鼎韬大讲堂

鼎韬大讲堂是由鼎韬产业研究院开设的线下培训课程,邀请业内专家及企业家讲师,针对产业发展、园区运营、企业管理等专题进行深度分享和培训。自开设之日起,鼎韬大讲堂已经走过天津、山东、河北、安徽、湖南、广东、四川、云南等多个省市地区,深受各地政府、园区、企业代表的欢迎和认可。

（六）进行创新性行业标准制定及落地

鼎韬多年来致力于推动科技服务行业的秩序和规范建设，联合国际知名研究机构及买家代表，针对项目交易、产业发展、园区运营和人才培养等维度，发起并推动了多个国际及国内行业标准的建立和推广，促进产业链合理、有序、可持续性发展。

1. MVSS 标准《多维度服务供应商评估系统（Multi-dimensional Vendor Selection System-IT and Outsourcing）》

2016 年，鼎韬联合多家国际研究咨询机构，历经两年多时间的积累和沉淀，共同创建和推出了 MVSS 多维度服务供应商评估标准。基于平衡计分卡、灰色理论等相关研究，MVSS 标准专注于服务及服务商的标准化度量和管理，以服务及企业作为评价标的，将服务采购、评估和管理的流程标准化，形成可度量、可量化、可操作的服务及供应商管理标准化操作指南。MVSS 标准涵盖 7 个一级指标及 30 个二级指标，适用于各种类型服务采购和供应商管理。

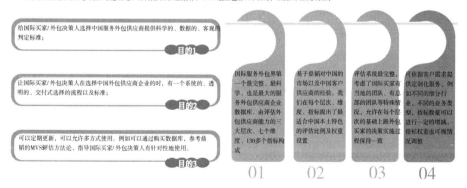

图 6-16　MVSS 多维度服务供应商评估系统

2.《服务外包园区国际运营标准 OIOP™》（Service Outsourcing International Operation Protocol）

2011 年，鼎韬咨询携手 TPI 共同推出服务外包园区国际运营标准 OIOP™，从国际服务外包买家的需求出发，引进国际一流园区的运营标准，对标全球最佳实践，明确差距持续改进。以国际化的视野，帮助中国服务外包园区提升能力，弥补差距，锻铸世界一流园区的综合竞争力。

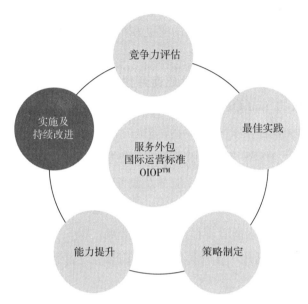

图 6-17　服务外包园区国际运营标准 OIOP™

3.《服务外包企业诚信标准》

2014 年在中国服务贸易协会专家委员会的指导下，鼎韬推动服务外包企业诚信标准的编制和出台。该标准涵盖企业基本信息、基本素质、业务能力、财务信用、社会信用、客户信用等 6 个一级指标，22 个二级指标及 51 个三级指标。从国际发包商的视角出发，以发包商甄选和考核服务商的核心要素及流程为核心，同时借鉴了国际知名信用评估机构和银行金融机构对企业信用评估的核心关键点，结合中国服务外包企业的特点、中国工商税务及法律体系、社会文化等情况，填补了我国服务外包行业空白。

（七）TOPs 系列评选：为行业提供权威标杆

TOPs 系列评选（Chinasourcing-中国科技服务最佳实践评选）是鼎韬产业研究院和中国外包网共同发起的，针对我国科技服务领域的专业评选及研究活动。

作为我国最具影响力和权威性的行业专业研究评选活动,TOPs系列评选秉承"公平、公正、公开"的原则,自2007年启动至今,历经10年的探索和积累,凭借专业、科学、客观的评选体系和评选流程,已经成为目前国内行业影响力最大、参与度最高、公信力最强的年度评选活动;也成为全球发包商寻找中国服务商、企业投资选址以及政府招商的重要参考。

TOPs系列评选范围不仅涵盖城市、园区、企业、培训机构、人物以及事件等各个产业要素,同时也包括金融外包、呼叫中心、生物医药等垂直和水平纬度的产业领域,全方面透视我国科技服务产业发展动态。历届举办的TOPs评选活动包括:

- 中国服务外包企业50强(TOP50)
- 在华跨国服务外包企业20强(MNC TOP 20)
- 全球最佳服务外包园区10强(TGOTP China Top10)
- 全球最佳服务外包城市15强(TGOD15)
- 中国服务外包行业年度十大人物
- 中国企业级服务创新实践(金鳞中国100强)
- 中国最佳产业创新孵化器评选
- 中国最佳服务贸易(外包)协会评选

(八)提供全方位国际投资并购服务

针对国内企业在国际投资与并购方面的需求,鼎韬整合其强大的国外资源,与诸多法律、风险管控、审计、咨询研究等多家机构和企业建立战略合作,为客户提供在国内领先、国际上独树一帜的全球投资与并购服务咨询服务。鼎韬国际并购与投资团队由来自美国、英国、东南亚、拉丁美洲最具影响力的咨询机构组成,具备在美国、欧盟投资市场需要的专业证书。

鼎韬实施全球资本市场最为严格的管理流程、国际指标评估与全球资质审核过程,在业务接洽及实施的整个流程中与华尔街投资银行、全球知名研究咨询公司、美国知名风险评估公司三方紧密合作,确保投资与并购结果符合美国资本市场、国际会计规则与中国当地法律法规,充分保证客户的商业利益与投资权益。

　　鼎韬投资与并购业务的主要目标包括美国、英国、中欧、俄罗斯、东南亚、中南美洲等发达国家和区域，主要实施行业包括 BPO、Call Center、IT 服务、金融服务、自然资源型企业、电子商务、高级服务行业、研究咨询业等。

浙江网新恒天软件有限公司

陈 军[①]

本案例主要介绍浙江网新恒天软件有限公司通过建立完善的技术创新机制和合作创新机制，推进技术创新的基本经验，可供相关企业参考。

一、公司简介

浙江网新恒天软件有限公司（以下简称"网新恒天"）作为浙江大学、浙大网新和美国道富银行的战略合作结晶，是一家致力于为中外企业提供可靠的、专业的 IT 服务及产品的软件公司。网新恒天秉承"让信息系统更简单、让金融活动更简单"的愿景，在实践中不断总结，逐步积累了深厚的业务知识、领先的技术服务水平与成熟的项目管理能力。

网新恒天是以金融信息服务和企业系统管理为主要业务方向的高新技术企业，属于《国家重点支持的高新技术领域》中"电子信息技术"领域。公司积极面向国家信息技术服务创新，将开展金融信息服务作为企业的重要发展战略，以为国际金融巨头提供服务作为突破口，发展自己的核心技术与服务能力，以绝对的优势抢占了金融信息服务的国际高端市场，在软件出口领域稳固地确立了领先地位和国际水准的企业形象。

网新恒天拥有日、美两个软件外包市场上的稳定的高端客户，并与 Intel、IBM、路透社、PFS、DST 等多个大型世界级外企进行战略合作，在技术支持、软件外包、人才培训和未来战略投资等多个领域逐步展开全面合作。

---

① 陈军：浙江网新恒天软件有限公司副总裁。

网新恒天专注于为中外企业提供应用开发、测试与质量保证、云与大数据、移动应用、系统重构、架构咨询、研究与开发等多项技术服务。依托浙江大学强大的学术、科研和人力资源，公司现拥有金融数据挖掘、商业智能服务、金融风险管理服务等主导技术服务产品。与此同时，网新恒天消化、吸收浙大网新和道富银行丰富的管理经验、市场营销能力，为全球金融机构提供高质量、高精度的技术开发和服务支持。

网新恒天秉承"打造最值得信赖的金融领域 IT 服务供应商"的经营理念及"睿智进取，至臻服务"的企业文化，与国内外 200 多个客户建立了合作关系，客户遍布中国、美国、日本、加拿大、澳大利亚、英国、爱尔兰、德国以及法国等国家，业务覆盖金融、制造、医疗、零售、物流、高科技、新能源等行业，在 IT 应用服务和软件出口方面已经位居国内前列。

公司的管理团队具有丰富的管理经验或 MBA 学历，高级管理人员均为硕士及以上学历，基层员工 96% 以上获得大学本科及以上学历，是一支年轻化、专业化、高学历、高素质的团队，具有良好的开拓创新精神，深受顾客、员工、合作伙伴、股东、政府和社会各界的好评，为企业的快速发展作出了重要贡献。

二、发展历程

2001 年浙江大学与美国道富合作成立"浙江大学道富技术中心"，即网新恒天的前身。

2004 年 7 月 29 日，浙江网新恒天软件有限公司正式注册成立。

2007 年 4 月，网新恒天变更成为中外合资企业，其股东为浙江浙大网新国际软件技术服务有限公司和道富集团。

2008 年 12 月，网新恒天成功获得由 DNV 颁发的 ISO27001 信息安全证书，成为国内首批通过该认证的软件外包服务商之一。

2009 年，网新恒天获得"中国服务外包成长型企业 Top100"荣誉称号。

2011 年 6 月，网新恒天荣获"2010—2011 年中国软件和信息服务业最具潜力奖"。

2012 年 6 月，网新恒天再次荣获"2011—2012 年软件和信息服务行业最具潜力奖"。

2012 年 12 月,网新恒天荣膺浙江省商务厅评定的"2011 年度浙江省软件出口前 10 强"称号。

2013 年 6 月,网新恒天获得"2012—2013 年中国软件和信息服务业突出贡献奖"。

2013 年 12 月,网新恒天获得国家发改委、工信部、财政部、商务部、国家税务总局联合认定的"2013—2014 年度国家规划布局内重点软件企业"。

2014 年 9 月,网新恒天成功入选"中国服务外包成长型企业 100 强"。

2014 年 12 月,网新恒天成功通过 CMMI5 认证。

2015 年 3 月,网新恒天荣获"2014 年度全球最佳服务外包供应商——ITO中国 15 强"与"2014 年度全球最佳服务外包供应商——中国 30 强"两大奖项。

2015 年 9 月,网新恒天荣获"中国服务外包成长型企业 100 强"。

2016 年 3 月,网新恒天荣获"2015 年度全球最佳服务外包供应商——ITO中国 20 强"与"2015 年度全球最佳服务外包供应商——中国 50 强"两大奖项。

三、发展现状

近年来,网新恒天开发了以分布式计算与软件架构及设计模式、软件螺旋再生工程模型、业务逻辑自动提取平台、系统设计模式库、大规模软件生产技术平台等技术为核心的超大规模信息系统技术,具有大容量、高并发、高可靠、高实时、高扩展和高性能等特征,可解决全球协同开发、超大规模项目管理、海量知识共享等问题,是目前国际金融、能源、交通、电信等重要行业进行数据管理、数据备份、灾难恢复、安全监管及大规模系统改造、翻新和替换最核心和重要的关键技术,在计算机技术价值链中具有十分重要的地位,是中国经济跳跃发展所不可或缺的关键能力之一。

网新恒天非常注重产品和解决方案的创新,包括中国货币市场系列产品、互联网金融解决方案、量化交易系统、品牌厂商电子商务解决方案、企业基础设施云平台、企业数据集成与分析解决方案、大型遗留系统再工程自动化解决方案、软件性能工程解决方案、智能配送系统。其中,企业基础设施云解决方案(简称恒天云）、数据集成与分析解决方案、企业云存储管理方案（简称 HT Box）、云应用迁移自动化解决方案（闪蝶）系列产品可从多方面满足企业对数据处理的需求，已向市场和产品化迈出了坚实的一步。

网新恒天作为一家具有长远发展战略规划的高新技术企业，在业务发展与规模壮大的同时，高度重视产业人才培养，携手以浙江大学为代表的多家知名高校，合作设立跨领域专业方向、共建信息技术实验室和实习基地、设立高校优秀学生奖学金等，以实现产学研和人才培养的良性互动。

四、创新发展

（一）技术创新基本情况

技术创新是网新恒天整体战略的核心，也是企业发展壮大的引擎。其发展主旨是，致力于全球金融信息服务，以国家战略和全球市场需求为导向，以市场为导向、以新技术开拓新发展为自主创新理念和模式，积极引领我国金融信息服务业的创新与发展，并提升金融信息服务业自主创新能力。

同时，网新恒天将通过不断完善企业服务创新的系统支持机制、建设以市场为导向、以新技术开拓新发展的各项组织能力、完备研发中心的软硬件设施、发展技术预见能力等整体能力提升方案，期望逐步形成能引领国内行业、最终代表国际先进水平的技术实力，推动国内金融信息服务业的发展与进步。

网新恒天在其发展的过程中一直以"打造最值得信赖的金融领域 IT 服务提供商"为经营理念，即：利用为世界金融领域顶级金融服务提供商提供 IT 服务的经验，针对全球金融机构的需求，在 IT 服务方面寻求到更具创新性、更有效的解决方案。

在经营理念的指引下，网新恒天提出"技术市场化、技术产品化、技术产业化；以市场为导向，以新技术开拓新发展"的技术创新理念和模式。即：利用网新恒天的既有优势和资源，对传统金融 IT 服务技术进行系统整合与拓展，形成新的服务能力，使之具有强大的市场突破能力，在市场竞争中获胜。同时通过国际合作、产学研合作，以消化引进吸收再创新、集成创新等方式获取关键的核心技术，从而提升该产业的技术能力和技术水平，推动整个产业的快速发展。

（二）完善的技术创新机制

1. 严谨的企业研发管理体系

强有力的制度保障是研发工作顺利有效实施的前提条件。结合现有管理结构、流程重组的要求及公司自身的产业特点,网新恒天按照 ISO27001:2013 信息安全管理体系及 CMMI5 的要求,深化管理思想,设立了技术研发管理相关部门和一系列有利于技术创新和发展的管理制度。

PMO(Project Management Office)部门作为独立于各个项目组之外的职能部门,该部门主要承担了项目监管、过程控制和沟通协调的相关职责,是公司高层管理和项目组之间的桥梁。PMO 部门建立以来,通过建立项目管理和过程管理的标准流程,并在项目组中进行有效实施,采用标准的流程、工具和模板对项目与过程执行进行监管,实现项目的标准化管理。通过 PMO 部门的统一管理,不仅对服务外包过程和流程具有强有力的管控能力,更确保每个研发项目都能够高质量、高效率地完成。

除此之外,公司另设立了 ACS(Advanced Consulting Services)部门,以最快最专业的方式,配合市场营销和销售部门,按照客户要求提供一流的解决方案。另一方面,ACS 部门为公司各项目组提供服务,比如为项目组提供一定的解决方案,提供架构咨询服务,或者举办知识分享、资源共享等活动。ACS 部门的工作不仅使恒天的服务流程更趋专业化,更提高了各部门的协同工作能力,提高工作效率。

为了提供业内一流的软件质量保证,网新恒天在管理体系中还专门设立了软件质量保证部门,分别从产品质量保证、过程质量保证和人员质量保证为客户提供高质量的软件产品,在公司内部对项目质量进行独立和全面的监控,提高了公司的全面质量管理意识。

2. 全方位的技术创新和分享系统

网新恒天开发了一套名为"Innovation Lab"的系统,即"创新实验室"系统,鼓励技术人员结合企业技术创新发展的需求,在此系统中提出创新想法,集思广益进行优化创新,最终实现技术创新的飞跃发展。利用"Innovation Lab"系统,网新恒天拥有更高效的技术创新交流平台,极大地缩短了技术创新思想转化为实践的时间。"Innovation Lab"系统是网新恒天在技术创新方面的"助推器"。

成立"创新筹划指导委员会"，在"创新筹划指导委员会"的领导下，为不断提高技术创新能力，集中技术创新中坚力量，公司内部成立了五个技术卓越中心（Center of Excellent，COE），分别是 Java COE，NET COE，QA COE，Mobile COE 和 UED COE，为公司内的技术达人创造良好集中的创新和交流环境，更有利于创新技术能力提升，总结各项目的"最佳实践"，将技术达人的创新概念提炼成新产品、新技术。除了五个卓越中心，公司内部还组织了多个虚拟小组，如 UI 虚拟小组，架构虚拟小组等，以小组的形式团结公司内的技术人员，进行技术探讨和创新。

网新恒天从企业管理和发展的需要出发，在不断建立和完善信息安全管理体系、技术标准体系以及信息分类授权体系的基础上，把企业内部网络互联互通和信息资源共享作为一条基本要求逐步落实，最终实现企业内部信息双向授权互动共享和高效的协同运作。

网新恒天知识分享系统是一套用于收集、处理和分享网新恒天全部知识的线上信息的系统。包括知识分享平台和企业内部信息搜索引擎。利用这些平台，网新恒天可对组织中大量的有价值的解决方案、架构、具体技术、经验等知识进行分类存储和管理，促进知识的学习、共享、培训、再利用和创新。另一个方面，促进企业内部员工之间的异地交流，异地协同工作，加强企业的凝聚力。

（三）合作创新机制：产学研合作

产学研合作是网新恒天研究开发工作的灵魂，也是公司自主创新的最重要的方法和途径之一。作为一家面向市场需求，整合浙江大学计算机学科优势组建的高新技术企业，网新恒天的建立、发展与壮大与浙江大学计算机和软件学科的发展息息相关、紧密联系。公司在战略的制定上充分与浙江大学等高校互动，并通过与高校联合研发、项目合作、联合培养人才等方式，走出了一条具有鲜明特色的产学研互动发展道路。本着优势互补、强强联合的合作宗旨，网新恒天与浙江大学软件学院签订了战略合作协议，该协议旨在在互惠互利、共同发展的基础上建立全面的、战略的产学研合作关系，以充分发挥高校雄厚的技术研发和人才实力，以及网新恒天强大成熟的信息技术服务经验的资源优势，从而实现"校企合作,产学研共赢"。

1. 共建"金融信息技术实验室"

在网新恒天与浙江大学软件学院的共同努力下,成立了"金融信息技术实验室"。该实验室致力于培养具有金融类软件项目系统分析、设计、开发和项目管理能力的专业人才,并在全球化金融软件开发、遗留系统软件再工程、软件过程管理和软件质量保证等方面开展金融信息技术的研究和开发工作。

实验室总结前期经验后,针对课程设置和教学内容进行了大胆而有效的改革:双方共同负责教学大纲的制定和承担教学任务;网新恒天参与人才的培养过程,并对教学质量等教学环节进行管理和监控。结合公司的实战经验,公司派遣富有经验的项目经理,承担一定的金融信息专业相关的课程教学工作,同时采取技术讲座等灵活多样的学术形式向学生传授经验。

2. 成立实训中心

为深化实验室的合作模式,网新恒天与浙江大学软件学院在先前合作的基础上特别成立了实训中心,致力于成为浙大软件学院学生项目实训、自主创新实践、ACM 程序大赛的重要场所。在运作过程中,双方共同承担一定的科研经费、设备及资金等投入,通过"通用技能培养""仿真性项目实训""工业化项目实战"及"高端技术研发"无缝对接,积极构建一个与国际市场需求接轨、理论教学、技能培训和工程实践相结合的软件实用人才培养体系。

3. 强强联合创建实习基地

为了使软件学院学生能够参与具体的软件开发过程,在实践中培养学生的系统分析与设计、软件开发、技术支持和系统维护等能力,使学生熟悉现代软件生产的流程,提高学生的综合素质和工程实践能力,网新恒天联手浙江大学软件学院共建实习基地,培养计算机应用高级人才。自实习基地建立以来,网新恒天企业技术中心先后派出技术专家近百人次,从软件项目需求分析、设计、开发、测试及维护的各个阶段,为 300 多名来自浙江大学软件学院的实习生进行讲解、分析和演示。留用人员中,20%已经获得公司重用,担任公司内部项目经理、架构师等重要岗位职务。为社会输出的优秀人才的就业单位包括 IBM、阿里巴巴、中兴、中国移动、银联等,这种双赢局面为企业和社会带来了良好的收益。同时,网新恒天亦获得了浙江大学软件学院颁发的 2014 年度产学研合作成就奖。

4. 设立"优秀学生奖学金"

为了培养更多品学兼优的软件人才,吸引对软件工程领域有浓厚兴趣并且学有所长的学子加入 IT 行业,网新恒天于 2007 年起在浙江大学软件学院设立"浙江大学网新恒天优秀学生奖学金",每年向品学兼优的 20 名学子颁发该笔奖学金,而且这些学子可以获得公司实习的优先机会。

该笔奖学金自 2007 年开始每年颁发,已颁发 9 期,受惠学生达百余人,资助金额达 90 万。通过该奖学金的设立,鼓励学生勤奋学习、刻苦钻研、勇于创新,在软件工程和金融信息领域进行深入研究和探索,从而促进我国软件事业的蓬勃发展。

（四）创新研发成果

在充分解读国家相关产业政策的基础上,网新恒天以市场为导向,利用在信息科学与软件服务行业的优势,通过自主创新与产学研合作等形式,发展技术能力、创新服务模式,除了在原有的"金融信息服务"和"企业系统管理"领域保持领先的市场业绩,还持续开拓了电子商务、互联网金融、物流配送等新兴领域,并且在云和大数据以及遗留系统再工程技术领域,都拥有自己的具有自主知识产权的核心技术。

1. 互联网金融服务平台

网新恒天开发的小微企业互联网融金融服务平台基于广大的小微金融主体需求,将会员线上注册审核、融资产品发布、多样化行情展示、担保公司风险保障及平台全程监控完美集成,为互联网金融企业构建了安全高效的投融资交易服务平台。

平台架构采用分布式集群,通过负载均衡提供服务,采用 spring MVC,JPA,hibernate,hazelcast 等主流技术。前端采用 bootstrap 、jQuery、requirejs 作为重交换的轻量级框架,同时提供 andriod、ios、PC、mac 等多种不同的客户端满足用户的需求。

目前基于该平台,网新恒天已为多家互联网金融企业打造了相应的系统,构建了安全高效的投融资平台。

2. 量化交易系统

恒盈量化交易系统是由网新恒天企业技术中心自主研发的一款量化交易（也称程序化交易）软件平台系统,它基于分布式服务技术构建,具有很好的可靠性、可用性、安全性和扩展性。恒盈量化交易系统提供自定义高速行情数据、实现基于 C#高级语言的投资策略编写、无缝集成基于 MATLAB 开发的交易策略、提供独立稳定的自动交易、提供全方位的投资分析报告、提供灵活的交易风险控制、支持分账户投资管理等。

目前该系统已经运行并获得了多方客户的高度评价,为多家投资机构提供了集实用性和前瞻性于一体的高性能量化交易系统。

3. 电子商务解决方案

网新恒天企业技术中心基于电子商务领域的项目经验以及技术积累,打造了恒天电子商务整体解决方案,旨在为品牌厂商建立完全自主的电子商务门户,实现企业物流、信息流、资金流的统一管理,树立品牌形象,同时依托互联网和移动社交网络的强大触角,实现营销渠道的扩展。该平台能让厂商快速构建在线商城,同时可根据品牌厂商自身业务特点,增加定制化业务流程和功能模块。

目前此研究成果已成功应用于国内多家知名快消品企业,帮助企业打造全新的互联网门户,满足企业互联网化的需求。

4. 智慧物流配送系统

目前各行业物流体系基本都实现了对货物进行销存和分拣配送信息的实时采集、跟踪与监控。但是在实际操作中,尤其是作为物流关键步骤的配送,依然存在着不少问题。

因此,网新恒天提出了一整套基于自动学习优化路径算法,整合 GIS、GPS、移动互联网等技术的配送系统。通过智能算法配送路线规划、实时监控、实时导航实现全配送周期管理,并借助移动 APP、数据挖掘等先进技术,解决目前配送过程中存在的问题,优化物流配送最终环节,真正实现"科技物流、精益物流、人本物流"。

根据这套算法,网新恒天技术中心开发的网新恒天智慧物流配送系统软件拥有智能路径规划、配送实时监控、自动导航、无名道路自动识别、统计分析、数据挖掘、全方位多角度的服务体验等特点,可广泛适用于具有配送环节的各个行业及企业。网新恒天智慧物流配送系统软件可有效解决目前配送过程中存在的问题，平衡各路线的送货任务，实现实时监控与配送管理，降低配送成本，提升配送服务，真正实现精益物流和智慧物流。

5. 恒天云——企业基础设施私有云管理平台

恒天云是网新恒天自主研发的一款企业级的基础设施私有云管理平台。恒天云以 openstack 云操作系统作为内核，跟紧社区版本，修复 bug，稳定系统。选择合适的存储方案，网络架构，对虚拟化技术优化，增加监控能力；引进工作流体系，把资源提交做进企业流程中，并提供细粒度的资源管理、环境管理系统，使得云在企业的落地成为可能；提高资源供应的自动化程度，从而提高企业效率；提供企业智能，根据历史资料优化资源供应方案，并提供资源使用状态报表和建议；提供自动化部署能力，提供虚拟机迁移自动化工具，提供补丁升级。恒天将云计算与教育行业、IT 行业相结合，分别推出了高校云实验室整体解决方案和测试云解决方案。

恒天云可用于统一管理数据中心，对企业传统数据中心的 IT 基础设施进行"融合重构"，将传统的 x86 架构服务器集群变成一个透明的计算、网络和存储资源池，并支持多区域部署。目前恒天云的签约客户有 40 余家。为各行业客户实现了 IT 资源的高效管理，提升了资源利用率，降低了使用成本。帮助企业化繁为简，使企业的 IT 支撑系统从成本中心转型成为推动企业核心业务不断发展的引擎，实现商业价值最大化。

恒天云获得了第十八届中国国际软件博览会创新奖。

6. 闪蝶——大型金融遗留系统再工程自动化解决方案

为解决大型金融遗留系统再工程问题，对遗留系统实施演化，使之适应和支持业务发展需要。网新恒天自 2011 年起开始研究将逆向工程与正向工程充分集成的、通用的、高度自动化的系统再工程解决方案。

恒天自主研发完成程序语义抽象模型 HTL，用于各种程序语言的语义表达、分析和不同语言之间的程序转换；项目将创新性地搭建系统再工程自动化执行框架，以及基于插件的功能扩展框架；实现高级系统分析功能、高级系统转换功能和遗留系统自动化测试用例提取。

目前该方案已成功为国外金融客户的再工程项目提供了有力的支撑。加速了客户方再工程的效率,节省了成本,产生了显著的经济效益。

7. 恒天大数据解决方案

恒天的大数据解决方案(HTAnalytics)是以自主平台 + 行业解决方案 + 服务的综合产品线,把自主研发的恒天数据分析平台与开源大数据技术进行有效集成,并结合企业在大数据的采集、存储、处理、挖掘、报表和可视化方面的具体需求,打造定制化的相关产品和服务。

HTAnalytics 覆盖从数据采集、数据存储、数据处理、数据挖掘和数据可视化整个技术线。其基于开源的分布式处理和流式处理框架,具有海量数据处理和实时数据处理能力;利用 HDFS、HBase、MongoDB 等 NoSQL 技术,支持非结构化数据的管理和分析;内置了多维度统计、分类、聚类、关联分析、推荐系统、文本挖掘等高级分析和挖掘模型,利用机器学习算法发掘数据的深层价值;支持各种前沿的大数据展现方式,包括动态报表和高级可视化分析功能,将数据分析结果完美地呈现出来。目前平台已经积累了欺诈监测、精准营销、新闻聚类、舆情监控、金融合规等多个行业垂直模型,可快速切入相关领域,打造可落地的企业数据分析解决方案。

该方案获得第十八届中国国际软件博览会创新奖,2014 年浙江省信息服务发展专项资金重点资助项目以及 2014 年第五届中国软件外包和信息技术服务产业年会获工信部优秀金融创新解决方案。

东软睿道教育信息技术有限公司

刘京誉①

本案例主要介绍了东软集团在服务外包人才培养方面的基本经验。东软集团根据教育部的建议,组建了东软睿道教育信息技术有限公司,为全国的IT行业提供专业化的工程教育服务和职业技能培训,形成了一套独特的工程技术人才培训和方法论,并构建了服务外包人才培养能力模型、服务外包IT知识体系以及岗位能力人才培养解决方案,为包括信息技术服务外包、软件技术出口和服务、电子商务在内的服务贸易领域提供有力的人力资源支撑。

一、发展概况

东软睿道教育信息技术有限公司(简称东软睿道)由东软创办,是东软基于20年来对IT产业实践的理解和对IT教育实践的洞察,整合国内外众多优秀合作伙伴的教育资源和产品,依托信息与通信技术,通过线上与线下服务模式的组合,基于互联网和云计算来实现交互式与实践式学习的教育与人才服务提供商。

东软集团创立于1991年,是中国第一家上市的软件公司(1996年),连续15年被国家发改委、工信部、财政部、国税总局认定为"国家规划布局内重点软件企业",也是中国最先通过CMM5和PCMM认证的软件公司。目前,东软体系拥有员工近40000名,在中国建立了8个区域总部、10个软件研发基地、16个软件开发与技术支持中心,在60多个城市建立了营销与服务网络;在海外,于美国、日本、欧洲、中东等地设有子公司。

---

① 刘京誉:东软睿道教育信息技术有限公司副总裁。

作为发轫于东北的中国 IT 解决方案与服务供应领军企业,东软以软件技术为核心,为客户提供行业解决方案、智能互联产品、平台产品以及云数据服务。目前东软为全国 13 亿人提供人口数据服务,为 4 亿国人提供社会保险系统服务,为全国 700 家三甲医院、5000 余家医疗机构服务提供医疗 IT 解决方案,为7000 万户股民提供证券交易服务。26 年来,东软专注于社会基础行业和重要民生领域的信息化建设,提供满足行业发展与管理的解决方案、产品及服务,涵盖领域包括:电信、能源、金融、政府、制造业、商贸流通业、医疗卫生、教育与文化、交通、移动互联网、传媒、环保等。东软在众多行业领域的市场占有率全国第一,并参与多项中国国家级信息化标准制定。

东软已与沈阳、宁波、秦皇岛、宜昌、潍坊等城市签署战略合作协议,发挥东软在医疗健康领域的优势和经验,建设一体化的智慧城市健康医疗体系与服务,让市民享受到优质的医疗与全面的健康服务。结合大健康产业发展趋势以及东软的探索,东软针对"看病贵,医疗费用结构不合理;看病难,供需系统性扭曲;医保基金支付压力大,持续性发展不足;重医疗轻健康服务"等突出问题,提出以付费方支付方式改革为核心驱动力,以医疗成本及资源合理配置为抓手,以互联网和大数据技术为手段,以个性化医疗和健康管理模式为目标,整合、汇集动态、连续、完整的居民健康档案大数据,促进城市优质医疗资源效率最大化,助力政府构建医保、医疗、医药联动的健康服务生态体系。

东软构建了面向汽车电子、智能终端、数字家庭产品全球分布式的研发体系;在车载导航以及辅助驾驶安全领域处于全球领先。东软在汽车电子领域拥有 20 多年服务于全球顶级客户的经验,全球研发网络分布于中国、德国、日本、罗马尼亚和美国,拥有 3000 名汽车电子工程师。

随着移动互联、人工智能和新能源技术在汽车产业的快速发展,未来汽车将朝着更加智能化、互联网化和新能源化方向迈进。东软正在新能源汽车电池组管理和智能充电、新一代驾驶辅助系统和无人驾驶关键技术以及基于开放云平台的 Telematics 车载计算机系统等领域开展创新和研发。

面向全球市场,东软提供 IT 驱动的创新型解决方案与服务,致力于推动社会的发展与变革,为个人创造新的生活方式,为社会创造价值。

东软具有自有品牌和自主知识产权的 CT、核磁共振、数字 X 线机、彩超、实验室自动化、放射治疗设备以及核医学成像设备等系列产品销往全球 100 多个国家和地区，为全球 9000 余家医疗机构提供医疗设备产品与服务。2015 年东软发布拥有全部自主知识产权和核心技术的 128 层 CT，使我国继美、德之后成为世界第三个高端 CT 整机生产国和出口国，标志着中国高端医疗器械市场被国外厂商垄断的局面被彻底打破，中国从此迈向国际高端 CT 的主流竞争行列。

二、主要经验

在东软 26 年的发展历程中，东软得到了各级党和政府部门的指导和支持，习近平、李克强等党和国家领导人先后到东软视察，对东软取得的成就给予高度评价，对东软未来的成长和发展寄予殷切希望。2013 年 9 月，习近平总书记视察东软时指出："全面小康社会靠什么实现？……必须走出一条新路，依靠创新驱动。……要把人才工作抓好，让人才事业兴旺起来，国家发展靠人才，民族振兴靠人才。"

东软 26 年能够保持快速稳健发展，其中一个重要因素源自东软的教育体系。东软自建了一套完整的高素质创新型人才教育体系。东软现有 3 所教育部批准设立的全日制普通高等院校（大连东软信息学院、成都东软信息学院、广东东软信息学院）和 1 个博士后创新实践基地，在校学生 3 万名。

面向 IT 职业教育和工程教育，东软睿道公司已成为国家级工程实践教育中心，构建了应用技术型人才、创新创业型人才培养的完整体系，在沈阳、大连、天津、南京、青岛、广州、成都等城市建立了分布式的人才培养基地，目前已累计为中国 IT 行业培训和输送人才 10 万余人。

1991 年，东软创立伊始，就与东北大学合作设立"软件加强班"，联合培养人才。

2006 年，东软设立人才储备中心，与全国高校开展软件人才的"定制培养"，为东软自身输送合格人才。

2008 年，东软设立人才实训中心，构造了分布式的实训基地，搭建面向全国高校的人才培养平台。

2009 年，东软被教育部认定为软件工程专业大学生实习实训基地并开始大规模实施面向软件相关专业大学生实训,合作院校 200 余所,培养学员 2 万人;面向全国 100 多家企业提供人才供给服务。

2012 年,东软被认定为国家级工程实践教育中心后,根据教育部的建议,东软组建了东软睿道公司,为全国的 IT 行业提供专业化的工程教育服务和职业技能培训。

三、创新发展的主要思路

对于以服务外包为代表的高端服务业,人是第一生产要素。东软睿道结合 26 年来东软在服务外包和软件出口与服务领域成功的发展经验和行业积累,形成了一套独特的工程技术人才培训和方法论,并构建了服务外包人才培养能力模型、服务外包 IT 知识体系以及岗位能力人才培养解决方案。这些旨在将现有高校学生的人力优势转化为人才优势,通过供给侧结构性改革与创新,向行业输送充足的人才供给,为包括信息技术服务外包、软件技术出口和服务、电子商务在内的服务贸易领域提供有力的人力资源支撑。

(一)人才培养思路

东软睿道以落实"专业建设实施方案"为重点,以实行"课程建设实施方案"为核心,进一步深化教育教学改革。依据服务外包在管理、技术、营销等岗位的需求,从工程开发、工程管理、过程改善与质量管理、技术商务、发包管理、产业运营六个方向,构成初、中、高的服务外包梯度人才培养模型。其中,初级人才包括在校大学生以及工作三年以内具备基本的知识和技能的从业群体。中高级人才是具备关键技能、掌握核心技术、控制关键资源的复合型人才。

(二)人才培养方式

1.初级人才培养

东软睿道初级人才培养体系是以东软 TCOE(卓越技术团队)计划为基础,面向服务外包人才的培养体系。东软睿道在人才的成长和发展方面积累了大量丰富的经验,围绕 TCOE 计划,以人员的能力发展为基础,形成了东软人才培养

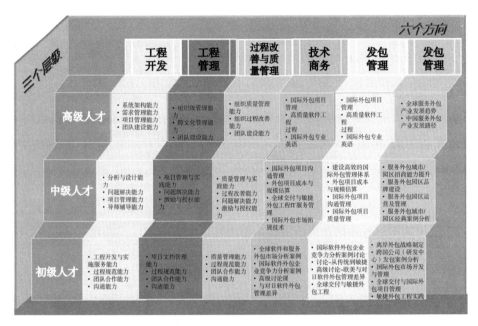

图 6-18　服务外包梯度人才培养模型

框架 NeuTA。NeuTA 由相互作用的六个域构成,包括课程体系、训练体系、学员管理体系、企业化教学管理体系、质量管理与考核体系、人才培养解决方案。

东软睿道针对国家应用型大学转型政策以及国务院对服务外包产业发展意见,提出了全新的校企合作培养模式。校企合作本着"资源共享,优势互补,互相合作,共同发展"的原则,整合高校和企业的优势,共同培养人才,实现互惠互利、合作共赢。通过校企合作对学生进行理论与实践紧密结合的工程技术教育,并通过充分的职业技能实训,使其成为在某一领域既有专业理论知识,又有较强技术应用能力和实践能力,可解决生产中实际问题的高级专业技术人才。

校企合作是服务外包人才培养学校与企业高度合作,全面提升服务外包人才能力。合作模式包括:学院共建、专业共建、基地共建、教师培养、创新创业、职业认证、教研合作等。简要说明以下几个方面:

(1)人才培养模式构建。东软睿道与校方通过学院共建、专业共建等方式,加强学生的科学素养、技术思维和实践能力培养,为企业提供符合职业能力要求的技术应用型人才。通过研究生"1+1"、本科"2.5+1.5"、专科"1.5+1.5"的全

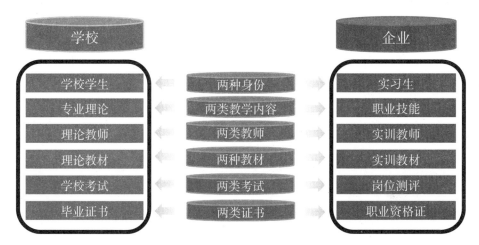

图 6-19 校企合作培养模式

周期共同培养模式,立体化促进人才培养效率提升,加强理论与实践的结合,加快学生从学校人到企业人的转变。

(2)课程体系建设和实施。从服务外包行业需求出发,把工作岗位能力融入教学目标,以工作中的实际案例作为教学内容,把问题引入、案例教学、项目整合结合进入教学设计,并采取了做中学、参与式的教学方法。主要技术方向有:物联网工程、电子商务、移动互联网、软件工程、艺术设计、BPO 业务、网站开发、软件测试、网络营销等。让学员在学校理论教育的基础上,增加大量企业实践项目环节,大大提高了学生实际动手操作能力。

(3)师资队伍培养。东软睿道培训讲师来自东软集团一线的行业解决方案及嵌入式产品工程相关资深软件工程师。在校企合作过程中,企业和校方共同进行"双师型教师"培养,企业向学校教师分享企业针对行业发展研究的最新成果,接收学校教师到企业来进行定期培训、实习或兼职锻炼。

(4)O2O 教学模式。学生在学习过程中,以 O2O 线上和线下结合的培养方式,部分课程和项目实训可以采用企业提供的线上学习、实训平台等辅导学习、实践工具,企业老师再进行线下课堂指导。线上课程设置与测评知识点技能树相匹配,保持学习指导的科学性及连续性。项目建设紧扣测评及课程体系,贯通网站"做测试—学课程—做项目"的学习逻辑流程;通过完善的项目组织形式及项目开发交互途径,真实模拟项目开发过程。

（5）教学技术与工具支持。企业协助高校构建实训平台，加快数字化专业课程体系的建设，为学校提供专业课程学习过程中需要使用的计算机仿真教学、实验室、数字化实训、远程实时教育等信息化教学技术与工具。实训平台集成了软件工程项目生命周期的各阶段，为辅助高校教师按照企业项目管理流程进行实训教学实施，并监控实训过程，保障实训质量而开发的一个管理平台。通过平台可获取参考资料，课件学习，查看任务，全程指导实训教学顺利进行。

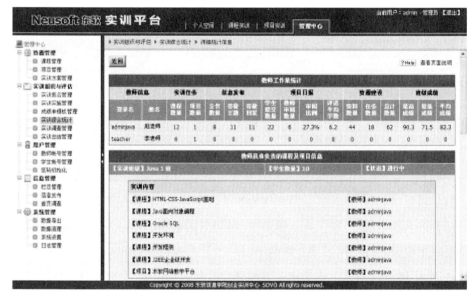

图 6-20　实训平台

（6）创新创业培训。东软睿道研发与建设创新创业人才培养体系与方法学，及配套的课程、实践项目、解决方案等相关教学资源。培养体系建设的内容应覆盖大学所有专业的通用创新创业课程与实践的需求，满足大学创业教育的目标。结合创新创业人才培养与服务体系的规划，研发易于高校及大学生进行创新创业学习与实践的信息化平台——共创平台。共创平台包括数字新媒体、智能可穿戴设备、微页开发等创业工具的培训，以培训的方式推广共创平台及其创业工具的使用，推动共创平台用户和使用率的增加。推动共创平台资源的丰富与良好生态的建立。

2. 中高端人才培养

东软睿道服务外包中高级人才培养形成了一套来源于实践、行之有效的构

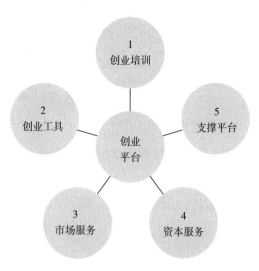

图 6-21　创新创业培训

建高绩效组织的方法学——BEM（Business Excellence Model）。东软睿道将这一方法学不断实践应用加以整合,向企业客户提供咨询、培训、人才服务、IT 信息系统四个维度的产品和服务。

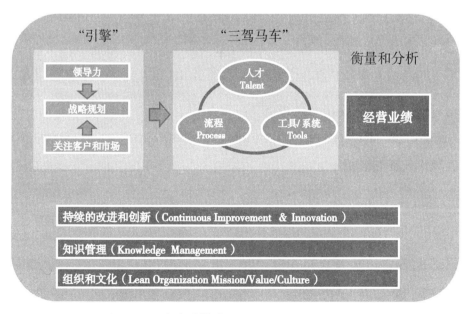

图 6-22　业务卓越模型（Business Excellence Model）

"高绩效金字塔"中的 BEM 业务卓越模型,从促进业务卓越的关键要素"引擎"(领导力、市场客户、战略规划)、"三驾马车"(人才、过程、工具)和"承载平台"(组织文化、改善创新、知识管理)出发,力求企业中的每个人都要像 CEO 一样思考,在正确的方向上做正确的事情,并考虑各种因素/资源的互动和平衡,同时进行持续改善,最终对内具备较高的组织能力,对外达成良好的经营业绩。东软睿道为中高端人才提供基于 BEM 的产品和服务,具体如下:

(1)咨询服务

提供多种咨询服务,包括:人才战略规划、流程改善、企业文化、员工发展、能力素质模型、领导力模型、职位管理、绩效管理、薪酬管理、六西格玛方法、知识管理、项目管理等。

(2)培训服务

基于能力素质模型,向企业客户提供优质的技术、管理、外语等培训服务,同时提供完善的线上学习课件产品。

(3)人才服务

主要针对 IT 企业提供人才派遣、猎头、人力资源政策法规解读应对等方面的服务,为合作伙伴提供降低人力成本、规避用工风险的解决方案。

(4)IT 信息系统

基于东软多年的 IT 解决方案经验,提供 SkillBase 在线学习系统、数字内容产品和服务、EHR 人力资源管理系统、KM 知识管理系统等 IT 信息系统产品和服务。

(三)师资来源

东软睿道培训讲师均来自东软集团一线的行业解决方案及嵌入式产品工程相关资深软件工程师、项目经理以及系统架构师。目前,东软睿道拥有近百位课程专家、培训专家、就业指导专家,其中,5 年以上开发经验的高级讲师 100 余人、3 年以上开发经验的讲师 300 余人,覆盖行业解决方案、嵌入式产品工程、移动平台、物联网四大领域,航空信息管理、物流信息管理、HR 信息管理、软件测试、汽车电子、智能家电、医疗物联网七大方面,软件开发与测试、嵌入式工程、移动平台、物联网、数字媒体、网站设计、IT 技术服务、BPO 服务等类别的近 20 余种发展方向。

（四）新培训模式的开拓

在飞速发展的信息技术服务领域，新知识、新技术、新商业模式、新服务业态在全球化的推波助澜下加速更新、加速迭代、百花齐放。与此同时，全球范围内IT行业从业人员呈现低龄化，他们对新生事物十分敏感，但注意力集中时间缩短，因此更加愿意接受更加开放的培训方式，以适应他们的"碎片化"学习习惯。目前，中国正处在产业急剧转型升级的过程中，这个过程迫切需要从业人员素质的提高，在市场快速发展的需求下，整个服务外包行业年平均人才缺口达到20%—30%，并且在比例和绝对数量上都有连年提高的趋势，这对于中国的服务外包企业人才培养提出了新的课题。

根据上述特点和需求，东软勇于实践，积极探索和创新，推出了东软睿道服务外包智慧教育云平台。

该平台是东软与华为强强联手，优势互补，基于华为云基础设施环境，建设统一开放、兼容共享、多种终端应用，集自主选学、组织培训、考试测评和分级管理等功能于一体的服务外包职业能力发展平台。

东软睿道以服务外包公共领域的典型需求为导向，构建服务外包产业全覆盖课件资源库系统。系统覆盖服务外包产业的热门专业课程及微课程，采用个性化、交互式学习模式，促进综合创新的人才培养系统工程的构建和达成，为实现服务外包产业跨越式发展所需的人才培养与发展提供先进学习环境和资源保障。

平台应用对象涵盖服务外包相关专业大学生、服务外包行业从业人员以及服务外包企业。在服务开展过程中，应用PCMMI5人力资源成熟度模型对培养对象进行国际规范化的培养与过程管理，保障人才培养的高质量。

平台技术架构横向分为软件服务、运行管理机制、扩展开发环境三个部分展开建设。技术架构纵向分为四层提供，IaaS建设以华为云为依托，提供虚拟硬件资源，对基础设施云服务的物理资源进行虚拟化和自动化管理，对上层提供各类服务。PaaS层的构建以应用引擎为运行核心，由运营管理、应用支撑环境和开发支撑三个部分构成。SaaS层建设，提供常规的服务外包公共培训和学习等相关服务,包含学习服务、评测服务、档案服务、协作服务等。在 Client 层建设,提供面向移动设备的资源播放器、用户接口渲染组件、APPs 和扩展开发 SDK。实现支持用户使用浏览器、移动设备以及第三方定制的终端访问。

平台基于 JavaEE 技术提供数据库模型、领域模型、业务逻辑层到表现层的全面支撑。采用 Struts 框架研发应用框架支撑,由 Spring IoC 容器管理调用业务逻辑层,表现层采用 FreeMarker 将数据处理结果以合适的表现形式呈现给用户,完成各类业务逻辑,核心存储采用 Oracle 数据库,并发性、稳定性和安全性高,为平台提供统一的、可复用的业务操作,屏蔽底层的数据库访问。平台总体架构如图 6-23 所示:

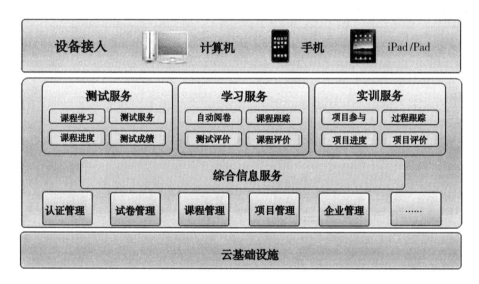

图 6-23　东软睿道服务外包智慧教育云平台总体架构

1. 基础设施层的服务

基础设施层将所有资源整合为一个大的可重复使用的资源池。将复杂的工作负载分解成小块的工作,并将工作分配到可逐渐扩展的云计算中心。采用基于服务为导向的架构,动态地分配和部署共享的计算资源。

平台的 IaaS 层建设以华为云为依托,提供虚拟硬件资源,对基础设施云服务的物理资源进行虚拟化和自动化管理,对上层提供各类服务。

2. 软件即服务，SaaS 层构建以实训驱动、实训环境、实训支持及评估转化的核心实训平台

核心实训平台主要包括以下三个子系统：实训管理系统（PMS），内容管理系统（CMS）和教务管理系统，是整个平台的核心，功能如下：

（1）用户管理：通过向服务外包企业派发企业账号，通过锁定 IP 的方式，供服务外包企业员工按需学习。

（2）学习管理：服务外包企业的用户学员可以通过浏览课程体系、课程简介，根据自己的需要进行在线选课，系统将记载学员的学习进度等活动记录，如学员的学习状态、进度、笔记、书签、按日历安排计划等相关信息，实现进度跟踪功能。

（3）平台还会为每个服务外包企业设置一个管理员账号，负责系统的数据维护、数据统计、权限分配等。管理员可随时查看学员的学习记录，便于及时地给学员提供指导、督促学习，提高学员的学习质量。

（4）课程管理：本项目根据服务外包企业员工继续教育的实际需求，设计规划完整的课程体系，所有的课程课件将被导入该体系中，供学员学习；课程的导入导出将遵循通用的国际（SCORM/AICC/ IMS）、国家远程教育（DLTS）规范或标准。

（5）项目管理：项目按照 CMMI 标准，从需求分析、系统设计、概要设计、详细设计、编码、单体测试、结合测试、系统测试、产品提交、项目总结全部阶段的项目管理与执行。

（6）日报管理：学员定期提交日报，对自己的项目进度进行管理，管理员可根据情况检查每日项目完成情况并跟踪管理。

（7）答疑管理：系统根据每门课程都有相应的 FAQ 问题列表，学员在学习过程中能够随时查阅 FAQ，帮助自己解惑。

（8）题库管理：系统提供题库试题的维护、自动组卷、自动判卷等功能；东软集团会定期做试题维护。组卷、判卷均依据一定的规则进行；这些试题可供学员在平时学习的时候进行自测，增强学习效果；也可用于部门考核等。

（9）测试、成绩管理：自测——学员在学习课程章节结束后，可以自己组织试卷，自己选择试题的类型与试题的数量进行自测。系统按照预先设定的参数自动组成考试卷,并发布至终端,学员在终端上答完题后提交,客观题可自动评卷,主观题由管理员评卷,帮助企业合理分配人力资源,做人才调配的依据。

东软睿道服务外包智慧教育云平台的统一信息门户接入系统遵循国际领先的技术标准与规范,采用先进的单点登录技术、灵活的访问控制机制,依据设定的信息资源自身密级与用户访问权限,访问符合权限的信息资源和应用服务,全面实现自定义、个性化的综合信息服务。统一信息门户系统面向高校管理者、计算机及相关专业大学生、软件和信息技术从业人员、社会个体等受众群体,提供精准的软件和信息技术职业技能测评,海量的软件和信息技术在线学习资源,丰富的在线实践项目,专业的软件和信息技术人才交流社区及联盟式软件和信息技术人才招聘等服务内容。信息门户系统规划设计如图 6-24 所示:

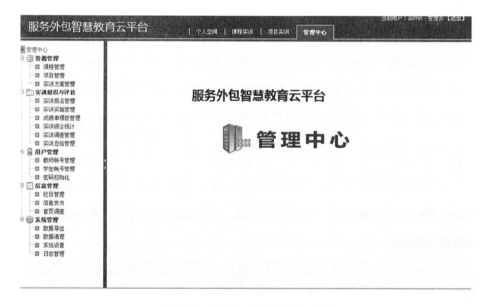

图 6-24　服务外包智慧教育云平台

3. 在 Client 层面,提供面向浏览器、移动设备的资源播放器、用户接口渲染组件、APPs 和扩展开发 SDK,实现支持用户使用浏览器、移动设备以及第三方定制的终端访问

目前,东软与华为合作选取新一批服务外包示范城市——长春进行试点部署,通过一段时间的试运行,得到了行业主管部门和业内的广泛认可,认为东软睿道服务外包智慧教育云平台是人才技能提升与发展的有力支撑,平台作为建立健全服务外包人才培训公共服务体系的重要抓手,对公共服务能力的提升发挥着重要作用。

第一,通过实训平台的搭建,可以从服务外包企业的开发流程入手,改变作坊式的开发方式,彻底提高内部管理的质量。

第二,通过平台的构建,将全面提升服务外包企业员工的能力,缩短转岗周期,最大限度地提升企业的人员饱和度。

第三,通过平台的构建,为企业人才调控及人才生态链条构建提供基本保障,缓解服务外包企业人才短缺,人才流动率大等矛盾,满足不同层面、不同领域企业的用人及项目研发需求。利用本平台,能够有效提高服务外包人才综合能力,降低企业人才培训投入,从而提高人才总体质量。

上海然至博科技有限公司

袁 静[①]

本案例主要介绍上海然至博科技有限公司根据人力资源外包发展趋势,创新人力资源外包服务的实践经验,具有一定的参考价值。

上海然至博科技有限公司作为人力资源外包企业,产品研究从 2000 年年初的探索进入了实施与商品、服务阶段。如何建立与优化符合中国特色社会主义市场经济的人力资源外包产品模型,在更大空间与行业上得以应用,面对巨大的市场缺口,实践商务模型,抓住国家产业转型中的机会,在服务贸易领域建立中国的本地化人力资源标准,不仅可以补充商业实践的空白,更可以变无形价值为有形资源。据 2014 年全球人力资源外包市场公开数据计算,自 2012 年开始,全球人力资源外包业务市场容量达 2721 亿美元,折合 16678.37 亿人民币,相当于 2014 年海尔集团全球营业额 2007 亿元的 8 倍。人力资源外包业务市场容量占全球人力资源外包市场总量的 70%。彼得·德鲁克(Peter Drucke)认为:"在所有经济资源中,人力资源是使用效率最低的资源,也是最有希望提高经济效益的资源。企业能否提高经营业绩,完全要看能否促使员工提高工作绩效。员工对自己要不要工作,要不要投入地工作,握有绝对的自主权。管理者和员工的态度决定着生产力,生产力是一种态度。"人力资源这一商业模式在全球发达国家的应用极其广泛。以 Adecco、Randstad、Manpower 三家公司为例,公司占据了全球人力资源外包业务市场容量 18% 的份额(数据来源:Ranstad AR2014)。中国作为世界人口大国,全球第二大经济体,不仅坐拥全球最大的消费市场,与此同时

[①] 袁静:上海然至博科技有限公司执行董事。

还将面临改革开放三十多年后人口红利逐年消失、人工成本上升等问题,如何提升人力资源的利用效率,提升单位时间内的劳动效率,不断提高企业综合竞争的软实力,人力资源外包必将涵藏巨大的市场潜能。

2013 年由国际著名咨询公司埃森哲资助、HfS Research 实施的一项研究显示,外包行业未能在人力资源方面进行投资,获得外包协议带来的全部价值。研究报告指出,为了获得成本节约之外的持续价值,外包买家和供应商都必须提高对人才开发的关注度。报告调查了 282 家企业的管理人员,其中有 77% 的管理者认为中国开展服务外包业务时,在人力资源中人才招聘、培训、员工管理、劳动力风险规避等方面存在问题。仅仅有不足 1/3 的企业外包客户相信他们目前的人才资源在招聘上能够推动满足业务需求的人才供给。且仅有约一半的外包供应商设立了正式的培训项目,针对人才进行培养分析和管理方面的行业技术和技能。

市场上缺乏对于人力资源外包的投资造成了一种"人才矛盾"。随着外包从后台服务转型中端和前台服务,价值创造变得非常重要,且买家希望获得成本节约以外的更加可持续的业务成果,但买家和供应商都围在价值创造最重要的推动力——人员上作必要投资。"如果外包想要发挥全部潜力,那么买家和供应商就需要在开发技能和人才方面投资,从第四代和第五代 BPO 解决方案中获得最大的价值。"埃森哲业务流程外包部集团首席执行官迈克·萨尔维诺(Mike Salvino)说:"这项研究强调了行业及客户想要获得的价值与缺乏对实现价值所需人才的投资之间的差距。我们希望这能唤起外包业务中每一个人的意识。"然至博科技正是这样一家抓住市场需求与空白优化传统的人力资源外包服务解决方案提供商。然至博科技将招聘、培训、绩效管理、员工关系等人力资源管理的全过程进行信息化管理,利用信息云共享,大数据技术与移动技术,达成 O2O 即(online to offline)人力资源外包产品的优化。

然至博科技成立于 2002 年,是一家集 TMO、BPO、ITO、KPO(即人才管理外包、业务流程外包、信息技术外包与科技服务外包)于一身,具有独立知识产权的以 O2O 整体解决方案为核心的服务外包提供商。2015 年在上海自贸区投资了上海然至博科技有限公司,全面发力人力资源外包业务。当前,在天津高新区、成都高新区、常州创意软件园、银川高新区等建立子公司与办事处,服务于中国一、二线主要城市 200 余家客户。

2015 年然至博科技率先行业推出了智慧人力整体解决方案。将传统的人力资源外包中的招聘、培训、绩效管理、员工关系等人力资源管理的全过程进行系统布局，通过信息云共享、大数据支持、云端数据交互，最优化人力方面的 ROI 比重。通过 Rainbow SaaS 2.0 与 Rainbow money 1.0 核心产品为基础将员工终端小程序与客户 PC 端有机互动互联。其中 Rainbow SaaS 2.0 管理系统布局人力资源基础管理模块，Rainbow money 1.0 将人力资源激励管理与人才发展动态管理，以游戏互动的形式，主动激励员工，提升人力资源效能。

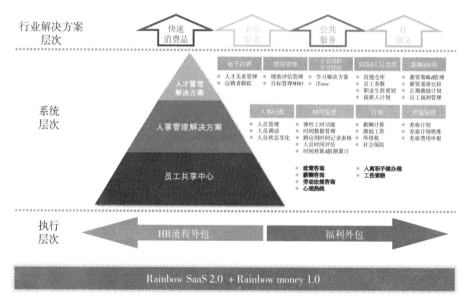

图 6-25　Rainbow SaaS 2.0+ Rainbow money 1.0

人力资本理论（Human Capital Management，HCM）最初起源于经济学研究。美国经济学家贝克尔和舒尔茨创立人力资本理论，开创了关于人类生产能力的全新思路。人力资本管理是建立在人力资源的基础之上，将企业中的人作为资本来进行投资与管理，综合了"人"的管理和经济学的"资本投资回报"两大分析维度，并根据不断变化的人力资本市场情况和投资收益率等信息，及时调整管理措施，从而获得长期的价值回报。然至博科技的人力资源外包管理服务便是基于人力资源资本的人的管理与资本投资回报两大维度进行商务模型设计的。

从人力资源外包产品的趋势出发,外包本身与市场形成了相互替代的关系。针对于经常化交易而言,高昂的交易费用令人难以承受,以企业服务替代市场则可以很大程度上节约交易费用。然而随企业规模的不断扩张,企业的行政组织成本也将逐渐上升,平衡企业的内部组织成本与企业外部的交易费用,人力资源外包便可以解决这一矛盾而节省交易费用。传统的人力资源外包是通过显性成本的成本差来实现交易费用的成本控制的,以服务贸易的形式聚焦低成本区域资源向高成本区域进行交换。这种传统的交付方式在新技术引领的今天,必将被优化和重新排序。

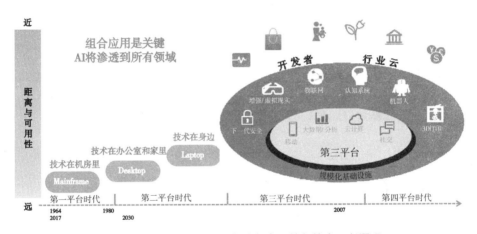

图 6-26 技术引领:影响服务外包内涵的新技术不断涌现

资料来源:IDC 2017。

正如 IDC 预测的一样,组合应用正在改变着我们的产品模型与服务的形式展现。然至博科技自 2015 年推出 Rainbow SaaS 2.0 以来,通过 B2B2C 的业务布局覆盖人力资源用户 2186 万,其中活跃用户比例达到 38.78%,通过组合应用链接移动支付,商企管理端提供人力资源模块内容服务。以移动端社保缴纳为例:

然至博科技为通联支付提供全国社保缴纳的核算与技术对接服务,实现跨区域,不同社保基数与落地社保平台的时时更新与对接。通过通联的全国性支付平台高效完成社保核算与缴纳工作。同时针对商户还将推出商户的工资绩效自动核算等 B 端产品。然至博科技不仅仅将人力资源模块进行了垂直产品化应用的设计,还通过 Rainbow SaaS 2.0 的企业端应用,将烦琐的工资绩效核算进行了重新的业务流设计。把劳动者报酬、绩效与福利激励有效结合在一起。如

图 6-27　通联 APP 手机应用实现社保全国范围支付落地

图 6-28 所示：

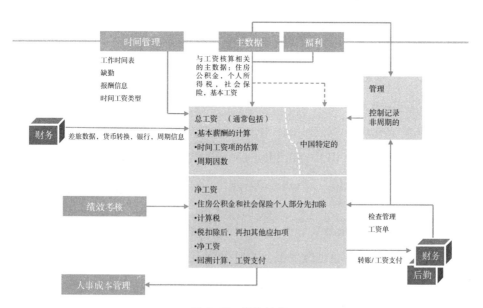

图 6-28　薪资计算

随着新技术的应用与云端交付趋式的必然性,我们保守预计至 2020 年,人

1.支持按照组织机构、业务单元、级别、人员序列定义奖金池

2.支持按指定规则定义奖金或福利分配人员范围，并可按规则进行激励分类

3.支持不同薪酬类型及激励方案下，采用不同的奖金分配方案（如固浮比例等）

4.根据员工全年薪酬情况给出测算结果，并支持手工对调整值进行修正，允许批量导入方案

5.支持按个人、指定群、指定周期做实际支付分析表

图 6-29　服务支持类型

力资源外包的服务于云端交付的比例将高达 80%，特别是中国人口红利消退，二胎人口增长周期还未来临的这 14 年中，人力资源成本的加大属于常规发展趋势，以 2007 年至 2016 年社平工资与社保缴纳基数的增长情况为例，平均每年的增长比例都高于 GDP 增长水平。个别年限增长超 10%。人力资源服务是以大数据为基础的服务外包中的一员，其与云交互、AI 技术结合具有更为真实有效的数据基础。然至博科技就是在这个细分点为企业客户提供更为便利的人力资源管理交付平台与垂直细分服务。

以人力资源外包服务中员工激励这一细分模块为例。2016 年然至博科技推出的 Rainbow money 1.0 彩虹福利平台服务自有项目员工数已经突破 20 万，对接企业级用户平台十余家，行业分布航空、物流、电子商务、大金融与园区服务等。Rainbow money 1.0 不仅将员工假日福利与日常激励考核相关联，变企业管理为员工游戏，更具有自我学习能力，通过分析员工兑换喜爱，主动推荐相关兑换产品，与员工在平台兑换时实现趣味交互的同时为企业福利管理优化现金流，提高员工体验度，加强员工与企业人力资源之间的趣味交换，从而提高员工满意度，降低员工流失率。

通过将传统人力资源外包的流程优化并结合新技术的应用，重视目标和绩效。以员工为中心，将员工行为数据与任何企业数据相关联，从问题出发，平台

将告诉客户每个模块需要关注的重点问题，分析现在的具体情况，发现问题，提出解决措施建议。着重于人力资源行为指标与数据的分解，包括人员结构、流动性、人员发展，每个指标从时间、组织、年龄、层级、性别、绩效、继任准备等维度进行分析，采用最佳实践数据进行对比，从而引发出专业的在线分析报告，及时优化员工工作行为，提供员工个人工作绩效，从而带动整体公司绩效的提升。客户通过与然至博的合作达到战略分解与目标对齐，智能目标设定，监控目标进展，增强管理透明度。在众多的客户体验评估中，不同的客户会得出不同的投资回报量化反馈，分布于低绩效员工占比、劳动生产率、关键岗位员工招聘到岗率、流失控制率等。

随着现今"互联网+"的日趋深入，创新 2.0 下的互联网与传统行业融合发展的新形态、新业态，是知识社会创新 2.0 推动下的互联网形态演进及其催生的经济社会发展新形态。"互联网+"代表一种新的经济形态，即最大限度发挥互联网于生产要素配置中的优化与集成作用，将互联网的创新成果深度融入于经济社会各领域之中，提升实体经济的生产力和创新力，形成更广泛的以互联网为基础设施和实现工具的经济增长新业态。人力资源外包也不例外。

经验证明产品趋势及优化的成败取决于客户体验反馈，更体现在现实的经营数据上。然至博科技布局于人力资源外包服务实践当中发现，人力资源的价值体现最不容易被直接量化评估，在众多的企业级客户中，客户选择我们的外包产品，根本是希望解决人力价值提升的问题，作为第三方服务平台的提供商，直接参与客户的管理造成的影响就是执行成本与重复管理成本的加大，如此一来，虽然表面上外包人力价值可以得到提升，但却难以实现规模化，其伴随高昂的运营管理费用不仅不能提升然至博科技产品本身的投资回报率，也间接对客户的服务体验造成多重不可控的因素。因此在这个时间节点上我们打破常规，进行的产品云端布属，是对一家企业未来五年市场运营的重中之重。通过然至博科技在人力资源外包产品方面的实践，利用 Rainbow SaaS 2.0 将分布式人力资源数据与共享云的优化结合，打破原有信息数据共享与传输的壁垒，为实现服务可视、可查、可测量提供了量化依据，基于以员工行为为核心的服务基底设计技术，通过 Rainbow money 1.0 在移动终端小程序应用上呈现出人力资源外包各管理模块的逻辑对应关系，最终实现信息传递，查询并与云终端数据相联，提高信息收集的速度与准确度,从而达成O2O(即 online to offline)人力资源产品的优化的创新。特别对于目标管理与战略落实执行起到了积极的作用,促使人力价值良性自我提升,从而最终达到了营业收入稳定提升,异于同业竞争对手,创造最佳企业实践,提升客户体验的目标。

江苏徐工信息技术股份有限公司

张启亮①

本案例主要介绍江苏徐工信息技术股份有限公司立足自身技术优势和行业经验,坚持自主创新,发展高端服务外包业务,形成具有徐工信息特色的高端服务外包新模式的基本经验。

一、企业简介

江苏徐工信息技术股份有限公司(简称"徐工信息")是一家混合所有制的国家高新技术企业,于2014年7月1日正式注册成立。公司秉持"为工业赋能,与伙伴共生"的企业使命,基于徐工集团的深厚制造业背景,在物联网、智能制造、两化融合等业务领域奋力开拓,致力于"成为工业互联网技术和解决方案的引领者"。

公司快速发展,已在徐州、南京、上海三地设置分支机构,现有员工200余人,其中博士、硕士研究生占比36%。作为国家首批两化融合管理体系贯标咨询服务机构,分别主导和参与了国家两化融合管理体系、工业云、智能工厂等国家级标准的制定。公司重视建设自主知识产权体系,已累计发明专利、软件著作权、软件产品证书近百项,并通过"双软"企业认定、新能源车辆平台国标符合性测试。

公司以"更懂制造的工业互联网专家"为定位,致力于服务高端客户,如北京奔驰、奇瑞汽车、陕鼓动力、潍柴动力、陕汽重卡、中国商飞、兵器工业集团、

---

① 张启亮:江苏徐工信息技术股份有限公司总经理。

中集集团、青岛红领、开祥化工、天顺风能等一大批行业领先企业,赢得客户高度满意并先后荣获"江苏省首批企业互联网化优秀服务机构""智能制造年度优秀示范解决方案""中德智能制造灯塔企业""最佳解决方案服务商"等大奖,并于2015—2017年连续三年蝉联"两化融合管理体系优秀贯标咨询服务机构"。

徐工信息公司将继续秉承"创新、创业、创未来"的企业精神,通过构建"软件平台、硬件产品、超值服务"三位一体的核心竞争力助推业务全速起航,借势工业4.0发展机遇,努力发展成为"中国制造2025"的先行者、实践者、领导者。

二、发展现状

徐工信息坚持走自主研发的创新创业之路,尤其重视对原创性核心技术的研发投入。公司高度重视服务外包产业发展,结合企业自身优势,形成了工业物联网、智能制造、两化融合等特色鲜明的服务外包整体解决方案。2016年全年徐工信息公司服务外包业务总额近4500万元,占到主营业务收入的54%,2017年上半年服务外包业务突破6000万元,业务领域覆盖装备制造、新能源汽车、风电、光缆等几十个行业、近200家企业客户。

(一)工业物联网整体解决方案

依托企业自主创新,徐工信息在国内首个推出了云架构的工业物联网大数据平台,以此为核心形成了工业物联网云端整体解决方案,可以支持千万级设备接入,实时处理百万级吞吐量达到秒级、网络延迟达到毫秒级、对TB级数据进行分布式处理响应时间达到分钟级、对千亿级数据查询响应时间达到秒级,以及秒级故障修复时间,具备极高的稳定性。目前入网设备数量超过40万台,覆盖设备类型6000余种,累计数据总量达PB级。

徐工信息先后攻克基于BLE蓝牙通信集成技术、基于BDS定位功能集成技术、基于物联网专用卡集成技术、基于SMS的物联网专用卡统一接口交互技术、基于A-GPS的定位敏感度纠正技术等5项核心技术,打破技术壁垒,并在低功率、大传输、双模等关键技术领域实现突破,成功地研发了LRC型信息终端、

图 6-30　工业物联网大数据平台

SRC 型信息终端、ERC 型信息终端、BRC 型信息终端、车载智能诊断仪 5 款新型物联网信息终端产品。

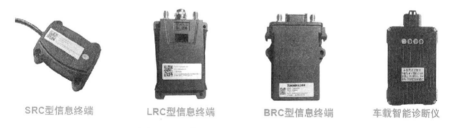

SRC型信息终端　　　LRC型信息终端　　　BRC型信息终端　　　车载智能诊断仪

图 6-31　新型物联网信息终端产品

（二）智能制造整体解决方案

基于在工程机械行业的实践经验,徐工信息为企业提供以计算机、虚拟现实、3D 漫游等技术为基础的数字化工厂解决方案;以 PLC、光电传感、RFID、物联网等技术为基础的物流自动化解决方案;以柔性生产单元和分布式数控编程（DNC）等技术为基础的柔性制造解决方案;以 APS、MES、WMS、Andon、EMS 等专业咨询实施服务为内容的制造过程管理信息化方案;以 SRM、MES、SPC、CRM 等专业咨询实施服务为内容的集成质量解决方案;以网络通信、信息集成、大数据分析等技术为基础的生产控制中心解决方案,同时为企业提供智能工厂规划与设计、智能设备应用与集成、设备智能化改造升级、生产管理信息系统开发实施等服务。

此外，徐工信息依托几十年装备制造经验，以 PI 智能制造连接器和云 MES 管理平台为核心打造了智能制造云端整体解决方案，不仅实现了 MES 产品的轻量化、模块化、可配置，构建了底层+应用+产品的创新模式，同时构建了行业首个云、管、端互动的全面生产信息化终端及管理系统，填补了国内空白。目前已累计在风电、光缆等十几个行业、近百家标杆客户获得成功应用，累计上线人数突破 50 万人次，累计制造大数据近 700TB。

公司自主研发的 PI 智能化信息终端，采用从底层到上层的智能硬件研发控制，实现从底层数据采集到顶层系统开发的全流程技术掌控，将制造业、物联网和云生态相结合。PI 产品涵盖智能管理平台、PI 智能终端、手机 APP 三端产品，贴合用户使用需求、可基于用户关注点推送生产实时信息、节省用户时间、提高客户产品黏性。

（三）两化融合整体解决方案

徐工信息形成了以"1334"贯标法为核心的两化融合整体解决方案，不仅局限于管理体系咨询，将战略咨询、组织咨询、企业管理信息化咨询、智能制造咨询、物联网咨询、企业系统集成咨询与实施等徐工信息优势业务进行整合，为企业提供全方位的咨询与指导，并且向客户提供可落地实施的策略、方案和成熟的产品。该解决方案坚持以未来视野审视企业发展，紧密围绕企业经营实践和行业特殊性，立足行业发展趋势、行业竞争状况、企业经营战略、企业经营现状和两化融合管理体系标准五个基础上，对照标准和对比标杆，精准把握信息化环境下企业成功关键要素和企业转型方向的两大关键要点，提出涉及经营战略、商业模式、业务模式和管理模式等全方位的行业解决方案，帮助各个行业的企业客户明确差距，找准能力提升方向，持续打造企业动态竞争优势，实现企业可持续发展。徐工信息两化融合凭借着优秀的贯标效果，赢得了行业内的一致好评，目前行业排名前五。

在企业顶层规划设计上，公司承接了徐工集团、常太集团、江南实业集团、广东科达洁能集团、悦达拖拉机等公司的两化融合整体规划工作，通过对企业现状

本质贯标——"1334"贯标法

根据两化融合的贯标体系标准，徐工信息深化理解两化融合管理体系的9项原则和6个导向，形成了"1334"贯标法，用以指导两化融合管理体系贯标工作开展。

"1"条主线 | 抓住一条主线：
发展战略–可持续竞争优势–新型能力

"3"个循环 | 推动三个循环：
要素循环、四管理域循环、战略循环

"3"个阶段 | 实施三个阶段：
体系建立阶段、体系实施阶段、体系认证阶段

"4"个要点 | 掌控四个要点：
一把手参与、组织保障、顶层设计、过程管控

图6-32 "1334"贯标法

本质贯标——战略—优势—能力主线

充分运用过程方法和系统方法，围绕打造信息化环境下的新型能力，以业务流程为导向，实现策划、业务流程与组织结构优化、技术实现、匹配与规范、运行维护、数据开发利用、动态调整等两化融合实施过程的全程受控和全面优化，以确保两化融合的整体绩效。

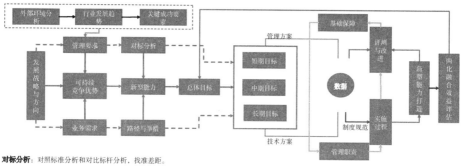

对标分析：对照标准分析和对比标杆分析，找准差距。

图6-33 战略—优势—能力主线

分析、管理诊断并提出问题解决思路和办法，推动涵盖公司现有流程梳理、数据运用、业务集成工作，从业务分析、系统选型、系统集成等角度开展集团层面的IT总体规划，搭建智能制造总体设计规划方向和实现路径。

在能力打造活动上，公司以两化融合管理体系标准要求为纲领，深入挖掘客户需求，并提供相关的能力打造解决方案。公司已先后为徐工集团、天顺风能、徐工重型、徐工液压件、徐工履带底盘公司、新格灌排、新时代照明等公司提供了ERP实施、工业云服务平台、PDM、TOP-down设计、MES系统、精益生产、PI系

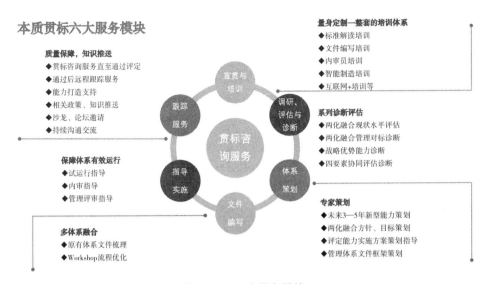

图 6-34　六大服务模块

统、生产自动化改造、物联网终端等多种解决方案。帮助企业在提升研发协同能力、生产精益管控能力、基于互联网的创新能力、产品在线远程诊断能力等方面做了积极的探索与服务。两化融合管理体系的指导下,这些企业的能力打造活动卓有成效,基本实现了预期新型能力目标。

三、主要经验

(一)以物联网、大数据等新一代信息技术的应用为契机,快速向高端外包服务转型

以新一代物联网智能信息终端和工业物联网大数据平台为核心形成了工业物联网整体解决方案,该方案可以支持千万级设备接入,实时处理百万级吞吐量达到秒级、网络延迟达到毫秒级、对 TB 级数据进行分布式处理响应时间达到分钟级、对千亿级数据查询响应时间达到秒级,秒级故障修复时间,具备极高的稳定性。目前入网设备数量超过 40 万台,覆盖设备类型 6000 余种,累计数据总量达 PB 级。该解决方案的广泛应用,也标志着徐工信息从信息技术外包服务(ITO)向知识流程外包服务(KPO)的高端外包服务成功转型。

（二）立足自身技术优势和行业经验，迅速占领智能制造高端市场

依托几十年装备制造经验，以 PI 智能制造连接器和云 MES 管理平台为核心打造了智能制造整体解决方案，不仅实现了 MES 产品的轻量化、模块化、可配置，构建了底层+应用+产品的创新模式，同时构建了行业首个云、管、端互动的全面生产信息化终端及管理系统，填补了国内空白。目前已累计在风电、光缆、机械制造、汽车制造、重工装备等十几个行业、近百家标杆客户获得成功应用，累计上线人数突破 50 万人次、累计制造大数据近 700TB，是徐工信息在高端外包服务领域（KPO）的又一个典型实践。

（三）紧跟国家政策，巩固和拓展既有外包服务领域

以"1334"贯标法为核心梳理出两化融合贯标咨询解决方案，立足抓住企业经营的关键命题和核心诉求，与客户共同推进两化融合建设，帮助企业建立"四位一体"的经营管理模式，即引导企业建立一体化的管理体系，从获取互联网时代的战略思维、推动企业组织变革、实现企业资源重构、落实企业创新管理四个维度重塑企业核心竞争力，实现转型升级，提升经营效益。2016 年全年徐工信息共向 50 余家企业提供信息技术外包服务（ITO）、业务（商业）流程外包服务（BPO），在赢得客户好评的同时，进一步巩固和拓展了企业的外包服务领域。

（四）牵头成立服务外包协会，不断扩大协会影响力

2017 年 2 月牵头成立徐州市服务外包协会，并担任会长单位；3 月配合江苏省服务外包协会，召开省服务外包专题交流会议，各市服务外包协会均应邀出席；召开首届徐州市服务外包协会理事会议，商议协会发展思路，规划协会 2017 年发展路径；4 月份参加全国服务外包协会年会，与来自全国各省市的服务外包专家交流经验；5 月开展会员单位拓展训练活动；6 月组织培训，宣贯徐州市对服务外包的支持政策，帮助企业做好服务外包申报相关工作；同时，协助商务局筹备国际服务外包合作大会相关工作。

四、创新发展思路

(一)战略定位

在巩固信息技术外包服务(ITO)、业务(商业)流程外包服务(BPO)的同时,不断向高端外包服务 KPO 转型。同时重点拓展离岸服务外包业务,将徐工信息打造成为工业物联网和智能制造领域的服务外包领军企业。

(二)创新发展思路

1. 聚焦品牌建设,发挥品牌效应

外包实质上是一个基于信誉的生意,信任和合作是外包服务的基础和前提条件,在信任的基础上,才能真正发展出外包的服务。针对品牌建设,徐工信息公司认为自身要不断强化客户服务、凝聚行业口碑,努力成为客户的合作伙伴,通过不断提供增值的、超出预期的服务来提升对现有客户的服务水平。其次,针对公司从事的业务和行业,不断总结行业发展的最新动态和自身的实践成果,提出趋势性、规律性和理念性的观点,通过白皮书、研究报告等方式进行宣传,树立在行业中"思想者"的形象。

2. 利用服务外包协会集聚优势,强化合作与共享

徐工信息作为徐州市服务外包协会的会长单位,在立足徐州凝聚本土服务外包企业优势,不断加强与国家服务外包协会、省级服务外包协会和各市级服务外包协会的沟通、交流,强化协会的纽带作用,整合利用多方资源,强化跨区域合作,在拓展自身业务覆盖区域外,带领徐州服务外包企业"走出去",实现合作与共享。

3. 对标龙头,创新模式,积极拓展服务外包业务

与国际、国内知名服务外包机构交流合作,创新现有模式,提升企业内生动力,共同拓展服务外包业务。与知名服务外包机构开展战略合作,重点发展离岸服务外包业务,以离岸带动在岸业务,形成离岸、在岸协调发展的新态势;同时,积极对标服务外包龙头企业,由 ITO、BPO 向 KPO 转型,发展高端服务外包业务,形成具有徐工信息特色的高端服务外包新模式。

4. 搭建公共服务平台，健全服务功能

发挥企业自身优势，建设工业物联网、智能制造、两化融合领域公共服务平台，汇聚优秀服务供应商，以优质服务能力吸引更多企业入驻平台，打造工业物联网、智能制造、两化融合等多方向的服务外包生态圈，并向入驻企业的产业链上下游延伸，形成辐射效应，不断扩大公共服务平台的影响力。同时，健全服务功能，为有需求的企业提供专业的咨询方案和落地解决方案，提高服务外包质量水平，不断提高服务外包的满意度。

5. 提升专业技术能力及自主创新能力

随着产业的进一步升级发展，徐工信息更专注于整体能力的提升，专注于自身技术研发能力和自主创新能力的提升，关注核心能力打造，通过提高企业专业技术能力及业务流程和服务模式的创新，努力实现企业增长方式从外延性增长到内生式发展的成功转型。

6. 重视人才引进和培养，把人才体系建设作为企业的核心能力

服务外包产业需要独特的复合知识体系，较高的应用能力和严格的职业素养，因此人才是徐工信息公司服务外包产业发展的核心与关键所在。针对人才体系建设，徐工信息一方面向国内外市场招贤纳才，引进服务外包领军型人才，特别是熟悉国际外包业务流程管理、能与国外发包客户进行直接业务沟通的中高级专业技术人才和管理人才。其次与国内外著名高校及机构合作，提高人才培养起点。最后，建立服务外包实习基地，不但可以为经过培训后的学生直接提供工作机会，而且服务外包企业可以将符合企业自身条件的优秀实习生留用，形成双赢局面。

参考文献

1. 黄烨菁、权衡、黎晓寅:《印度 IT 服务外包产业的可持续发展——产业价值链为视角的分析》,《世界经济研究》2014 年第 5 期。

2. 江小涓等:《服务全球化与服务外包:现状、趋势及理论分析》,人民出版社 2008 年版。

3. 江小涓:《服务全球化的发展趋势和理论分析》,《经济研究》2008 年第 2 期。

4. 商务部中国服务外包研究中心:《中国服务外包发展报告》2012、2014、2015、2016,中国商务出版社。

5. 商务部:《中国软件出口发展报告》2015 年、2016 年。

6. 商务部:《2016 年我国服务外包产业持续逆势增长》,中国外包网,2017 年 2 月 8 日。

7. 王晓红:《中国承接国际设计服务外包的技术外溢效应研究》,《财贸经济》2008 年第 8 期。

8. 土晓红:《服务外包:跨越发展与整体提升》,山西经济出版社 2012 年版。

9. 王晓红、李蕊、刘英奎:《融入全球价值链:推动服务外包转型升级》,《全球化》2014 年第 3 期。

10. 王晓红、丁倩:《全球经济治理视野的服务外包产业转型》,《改革》2016 年第 4 期。

11. 王子先:《中国参与全球价值链的新一轮开放战略》,经济管理出版社 2014 年版。

12. 王子先:《基于全球价值链的外贸转型战略》,《国际贸易》2014 年第 12 期。

13. 邢厚媛、涂舒:《2016 年中国服务外包发展回顾和 2017 年七大发展趋势》,中国服务外包研究中心网,2017 年 3 月。

14. 杨丹辉:《全球化:服务外包与中国的政策选择》,经济管理出版社 2012 年版。

15. 中国服务外包研究中心编:《中国服务外包发展报告 2016》,中国商务出版社 2016 年版。

16. Bhagwati,Jagdish,Panagariya Arvind and T.N Srinivasan,The Muddles over Outsourcing,*Journal of Economic Perspectives*,2003(4).

17. Mohammed I R., Creating Flex-lean-agile Value Chain by Outsourcing, *Business Process Management Journal*,2013,14(3).

18. Milberg W S, Winkler D., *Outsourcing Economics*:*Global Value Chains in Capitalist Development*,Cambridge University Press,2013.

19. Misako Sawai and TJ Singh, *Competitive Landscape*:*The Next Frontier for BPO Services*,Asia/Pacific,2014. 12.

20. The ISG Outsourcing Index Market Data and Insights, ISG, 2016. 1. http://www.isg-one.com/pdf/index/4Q15-ISG-Outsourcing-Index.pdf.